Heinrich von Kleist

Die Marquise von O... und andere Prosa

Texte • **Medien**

Heinrich von Kleist

Die Marquise von O...

und andere Prosa

Erarbeitet von Wilhelm Große

Schroedel

Texte.Medien

Herausgegeben von Peter Bekes und Volker Frederking

Druck A 2 / Jahr 2010
Alle Drucke der Serie A sind im Unterricht parallel verwendbar.

Redaktion: Frank Sauer
Herstellung: Ira Petersohn, Ellerbek
Reihentypografie: Iris Farnschläder, Hamburg
Satz und Repro: UMP Utesch Media Processing GmbH, Hamburg
Druck: CPI – Clausen & Bosse, Leck
Titelbild: Hans Jürgen Syberberg. Syberberg Filmproduktion, München

Das Texte.Medien-Programm zu »Die Marquise von O… und andere Prosa«:

978-3-507-47069-9 Textausgabe mit Materialien
978-3-507-47169-6 Arbeitsheft
978-3-507-47269-3 Informationen für Lehrerinnen und Lehrer

Informationen und Materialien im Internet:
www.schroedel.de/textemedien

ISBN 978-3-507-47069-9

Inhalt

Heinrich von Kleist

Verstehen und Deuten

Zu »Die Marquise von O...«

Zu »Das Erdbeben in Chili«

Selbst das Einzige, das wir besitzen, die Sprache taugt nicht dazu, sie kann die Seele nicht malen, und was sie uns gibt sind nur zerrissene Bruchstücke. Daher habe ich jedesmal eine Empfindung, wie ein Grauen, wenn ich jemandem mein Innerstes aufdecken soll; nicht eben weil es sich vor der Blöße scheut, aber weil ich ihm nicht alles zeigen kann, nicht kann, und daher fürchten muss, aus den Bruchstücken falsch verstanden zu werden.

Heinrich von Kleist an Ulrike von Kleist
5. Februar 1801

Die Marquise von O... 1808

(Nach einer wahren Begebenheit, deren Schauplatz vom Norden nach dem Süden verlegt worden)

In M..., einer bedeutenden Stadt im oberen Italien, ließ die verwitwete Marquise von O..., eine Dame von vortrefflichem Ruf, und Mutter von mehreren wohlerzogenen Kindern, durch die Zeitungen bekannt machen: dass sie, ohne ihr Wissen, in andre Umstände gekommen sei, dass der Vater zu dem Kinde, das sie gebären würde, sich melden solle; und dass sie, aus Familienrücksichten, entschlossen wäre, ihn zu heiraten. Die Dame, die einen so sonderbaren, den Spott der Welt reizenden Schritt, beim Drang unabänderlicher Umstände, mit solcher Sicherheit tat, war die Tochter des Herrn von G..., Kommandanten der Zitadelle bei M... Sie hatte, vor ungefähr drei Jahren, ihren Gemahl, den Marquis von O..., dem sie auf das innigste und zärtlichste zugetan war, auf einer Reise verloren, die er, in Geschäften der Familie, nach Paris gemacht hatte. Auf Frau von G...s, ihrer würdigen Mutter, Wunsch, hatte sie, nach seinem Tode, den Landsitz verlassen, den sie bisher bei V... bewohnt hatte, und war, mit ihren beiden Kindern, in das Kommandantenhaus, zu ihrem Vater, zurückgekehrt. Hier hatte sie die nächsten Jahre mit Kunst, Lektüre, mit Erziehung, und ihrer Eltern Pflege beschäftigt, in der größten Eingezogenheit zugebracht: bis der ... Krieg plötzlich die Gegend umher mit den Truppen fast aller Mächte und auch mit russischen erfüllte. Der Obrist von G..., welcher den Platz zu verteidigen Order hatte, forderte seine Gemahlin und seine Tochter auf, sich auf das Landgut, entweder der

Zitadelle **kleine Festung**

Eingezogenheit **Zurückgezogenheit**
Obrist **Oberst**
Order **Befehl**

letzteren, oder seines Sohnes, das bei V… lag, zurückzuziehen. Doch ehe sich die Abschätzung noch, hier der Bedrängnisse, denen man in der Festung, dort der Gräuel, denen man auf dem platten Lande ausgesetzt sein konnte, auf der Waage der weiblichen Überlegung entschieden hatte: war die Zitadelle von den russischen Truppen schon berennt, und aufgefordert, sich zu ergeben. Der Obrist erklärte gegen seine Familie, dass er sich nunmehr verhalten würde, als ob sie nicht vorhanden wäre; und antwortete mit Kugeln und Granaten. Der Feind, seinerseits, bombardierte die Zitadelle. Er steckte die Magazine in Brand, eroberte ein Außenwerk, und als der Kommandant, nach einer nochmaligen Aufforderung, mit der Übergabe zauderte, so ordnete er einen nächtlichen Überfall an, und eroberte die Festung mit Sturm.

Abschätzung Abwägung

berennt angegriffen

Magazin Vorratsraum

mit im

Eben als die russischen Truppen, unter einem heftigen Haubitzenspiel, von außen eindrangen, fing der linke Flügel des Kommandantenhauses Feuer und nötigte die Frauen, ihn zu verlassen. Die Obristin, indem sie der Tochter, die mit den Kindern die Treppe hinabfloh, nacheilte, rief, dass man zusammenbleiben, und sich in die unteren Gewölbe flüchten möchte; doch eine Granate, die, eben in diesem Augenblicke, in dem Hause zerplatzte, vollendete die gänzliche Verwirrung in demselben. Die Marquise kam, mit ihren beiden Kindern, auf den Vorplatz des Schlosses, wo die Schüsse schon, im heftigsten Kampf, durch die Nacht blitzten, und sie, besinnungslos, wohin sie sich wenden solle, wieder in das brennende Gebäude zurückjagten. Hier, unglücklicherweise, begegnete ihr, da sie eben durch die Hintertür entschlüpfen wollte, ein Trupp feindlicher Scharfschützen, der, bei ihrem Anblick, plötzlich still ward, die Gewehre über die Schultern hing, und sie, unter abscheulichen Gebärden, mit sich fortführte. Vergebens rief die Marquise, von der entsetzlichen, sich unter einander selbst bekämpfenden, Rotte bald hier, bald dorthin ge-

Haubitzenspiel → Seite 264

besinnungslos ohne sich zu besinnen

Rotte Bande

zerrt, ihre zitternden, durch die Pforte zurückfliehenden Frauen, zu Hülfe. Man schleppte sie in den hinteren Schlosshof, wo sie eben, unter den schändlichsten Misshandlungen, zu Boden sinken wollte, als, von dem Zetergeschrei der Dame herbeigerufen, ein russischer Offizier erschien, und die Hunde, die nach solchem Raub lüstern waren, mit wütenden Hieben zerstreute. Der Marquise schien er ein Engel des Himmels zu sein. Er stieß noch dem letzten viehischen Mordknecht, der ihren schlanken Leib umfasst hielt, mit dem Griff des Degens ins Gesicht, dass er, mit aus dem Mund vorquellendem Blut, zurücktaumelte; bot dann der Dame, unter einer verbindlichen, französischen Anrede den Arm, und führte sie, die von allen solchen Auftritten sprachlos war, in den anderen, von der Flamme noch nicht ergriffenen, Flügel des Palastes, wo sie auch völlig bewusstlos niedersank. Hier – traf er, da bald darauf ihre erschrockenen Frauen erschienen, Anstalten, einen Arzt zu rufen; versicherte, indem er sich den Hut aufsetzte, dass sie sich bald erholen würde; und kehrte in den Kampf zurück. Der Platz war in kurzer Zeit völlig erobert, und der Kommandant, der sich nur noch wehrte, weil man ihm keinen Pardon geben wollte, zog sich eben mit sinkenden Kräften nach dem Portal des Hauses zurück, als der russische Offizier, sehr erhitzt im Gesicht, aus demselben hervortrat, und ihm zurief, sich zu ergeben. Der Kommandant antwortete, dass er auf diese Aufforderung nur gewartet habe, reichte ihm seinen Degen dar, und bat sich die Erlaubnis aus, sich ins Schloss begeben, und nach seiner Familie umsehen zu dürfen. Der russische Offizier, der, nach der Rolle zu urteilen, die er spielte, einer der Anführer des Sturms zu sein schien, gab ihm, unter Begleitung einer Wache, diese Freiheit; setzte sich, mit einiger Eilfertigkeit, an die Spitze eines Detachements, entschied, wo er noch zweifelhaft sein mochte, den Kampf, und bemannte schleunigst die festen Punkte des Forts. Bald darauf

Mordknecht **Mörder**

Detachement **kleinere Gruppe von Soldaten**

kehrte er auf den Waffenplatz zurück, gab Befehl, der Flamme, welche wütend um sich zu greifen anfing, Einhalt zu tun, und leistete selbst hierbei Wunder der Anstrengung, als man seine Befehle nicht mit dem gehörigen Eifer befolgte. Bald kletterte er, den Schlauch in der Hand, mitten unter brennenden Giebeln umher, und regierte den Wasserstrahl; bald steckte er, die Naturen der Asiaten mit Schaudern erfüllend, in den Arsenälen, und wälzte Pulverfässer und gefüllte Bomben heraus. Der Kommandant, der inzwischen in das Haus getreten war, geriet auf die Nachricht von dem Unfall, der die Marquise betroffen hatte, in die äußerste Bestürzung. Die Marquise, die sich schon völlig, ohne Beihülfe des Arztes, wie der russische Offizier vorher gesagt hatte, aus ihrer Ohnmacht wieder erholt hatte, und bei der Freude, alle die Ihrigen gesund und wohl zu sehen, nur noch, um die übermäßige Sorge derselben zu beschwichtigen, das Bett hütete, versicherte ihn, dass sie keinen andern Wunsch habe, als aufstehen zu dürfen, um ihrem Retter ihre Dankbarkeit zu bezeugen. Sie wusste schon, dass er der Graf F…, Obristlieutenant vom t…n Jägerkorps, und Ritter eines Verdienst- und mehrerer anderen Orden war. Sie bat ihren Vater, ihn inständigst zu ersuchen, dass er die Zitadelle nicht verlasse, ohne sich einen Augenblick im Schloss gezeigt zu haben. Der Kommandant, der das Gefühl seiner Tochter ehrte, kehrte auch ungesäumt in das Fort zurück, und trug ihm, da er unter unaufhörlichen Kriegsanordnungen umherschweifte, und keine bessere Gelegenheit zu finden war, auf den Wällen, wo er eben die zerschossenen Rotten revidierte, den Wunsch seiner gerührten Tochter vor. Der Graf versicherte ihn, dass er nur auf den Augenblick warte, den er seinen Geschäften würde abmüßigen können, um ihr seine Ehrerbietigkeit zu bezeugen. Er wollte noch hören, wie sich die Frau Marquise befinde? als ihn die Rapporte mehrerer Offiziere schon wieder in das Ge-

Asiaten hier: asiatische Soldaten beim russischen Militär

Arsenal Vorratshaus für Kriegsmaterialien

Jägerkorps Einheit leicht bewaffneter Soldaten

revidierte musterte

Rapport Bericht

wühl des Krieges zurückrissen. Als der Tag anbrach, erschien der Befehlshaber der russischen Truppen, und besichtigte das Fort. Er bezeugte dem Kommandanten seine Hochachtung, bedauerte, dass das Glück seinen Mut nicht besser unterstützt habe, und gab ihm, auf sein Ehrenwort, die Freiheit, sich hinzubegeben, wohin er wolle. Der Kommandant versicherte ihn seiner Dankbarkeit, und äußerte, wie viel er, an diesem Tage, den Russen überhaupt, und besonders dem jungen Grafen F..., Obristlieutenant vom t...n Jägerkorps, schuldig geworden sei. Der General fragte, was vorgefallen sei; und als man ihn von dem frevelhaften Anschlag auf die Tochter desselben unterrichtete, zeigte er sich auf das Äußerste entrüstet. Er rief den Grafen F... bei Namen vor. Nachdem er ihm zuvörderst wegen seines eignen edelmütigen Verhaltens eine kurze Lobrede gehalten hatte: wobei der Graf über das ganze Gesicht rot ward; schloss er, dass er die Schandkerle, die den Namen des Kaisers brandmarkten, niederschießen lassen wolle; und befahl ihm, zu sagen, wer sie seien? Der Graf F... antwortete, in einer verwirrten Rede, dass er nicht im Stande sei, ihre Namen anzugeben, indem es ihm, bei dem schwachen Schimmer der Reverberen im Schlosshof, unmöglich gewesen wäre, ihre Gesichter zu erkennen. Der General, welcher gehört hatte, dass damals schon das Schloss in Flammen stand, wunderte sich darüber; er bemerkte, wie man wohl bekannte Leute in der Nacht an ihren Stimmen erkennen könnte; und gab ihm, da er mit einem verlegenen Gesicht die Achseln zuckte, auf, der Sache auf das allereifrigste und strengste nachzuspüren. In diesem Augenblick berichtete jemand, der sich aus dem hintern Kreise hervordrängte, dass einer von den, durch den Grafen F... verwundeten, Frevlern, da er in dem Korridor niedergesunken, von den Leuten des Kommandanten in ein Behältnis geschleppt worden, und darin noch befindlich sei. Der General ließ diesen hierauf durch eine Wache herbeifüh-

Name des Kaisers hier: der russische Zar Paul I.
brandmarken entehren

Reverberen → Seite 264

ren, ein kurzes Verhör über ihn halten; und die ganze Rotte, nachdem jener sie genannt hatte, fünf an der Zahl zusammen, erschießen. Dies abgemacht, gab der General, nach Zurücklassung einer kleinen Besatzung, Befehl zum allgemeinen Aufbruch der übrigen Truppen; die Offiziere zerstreuten sich eiligst zu ihren Korps; der Graf trat, durch die Verwirrung der Auseinander-Eilenden, zum Kommandanten, und bedauerte, dass er sich der Frau Marquise, unter diesen Umständen, gehorsamst empfehlen müsse: und in weniger, als einer Stunde, war das ganze Fort von Russen wieder leer.

Die Familie dachte nun darauf, wie sie in der Zukunft eine Gelegenheit finden würde, dem Grafen irgendeine Äußerung ihrer Dankbarkeit zu geben; doch wie groß war ihr Schrecken, als sie erfuhr, dass derselbe noch am Tage seines Aufbruchs aus dem Fort, in einem Gefecht mit den feindlichen Truppen, seinen Tod gefunden habe. Der Kurier, der diese Nachricht nach M… brachte, hatte ihn mit eignen Augen, tödlich durch die Brust geschossen, nach P… tragen sehen, wo er, wie man sichere Nachricht hatte, in dem Augenblick, da ihn die Träger von den Schultern nehmen wollten, verblichen war. Der Kommandant, der sich selbst auf das Posthaus verfügte, und sich nach den näheren Umständen dieses Vorfalls erkundigte, erfuhr noch, dass er auf dem Schlachtfeld, in dem Moment, da ihn der Schuss traf, gerufen habe: »Julietta! Diese Kugel rächt dich!« und nachher seine Lippen auf immer geschlossen hätte. Die Marquise war untröstlich, dass sie die Gelegenheit hatte vorbeigehen lassen, sich zu seinen Füßen zu werfen. Sie machte sich die lebhaftesten Vorwürfe, dass sie ihn, bei seiner, vielleicht aus Bescheidenheit, wie sie meinte, herrührenden Weigerung, im Schlosse zu erscheinen, nicht selbst aufgesucht habe; bedauerte die Unglückliche, ihre Namensschwester, an die er noch im Tode gedacht hatte; bemühte sich vergebens, ihren Aufenthalt zu erforschen, um sie von diesem unglücklichen und rührenden Vorfall zu unterrichten; und mehrere Monden vergingen, ehe sie selbst ihn vergessen konnte.

Die Familie musste nun das Kommandantenhaus räumen, um dem russischen Befehlshaber darin Platz zu machen. Man überlegte anfangs, ob man sich nicht auf die Güter des Kommandanten begeben sollte, wozu die Marquise einen großen Hang hatte; doch da der Obrist das Landleben nicht liebte, so bezog die Familie ein Haus in der Stadt, und richtete sich dasselbe zu einer immerwährenden Wohnung ein. Alles kehrte nun in die alte Ordnung der Dinge zurück. Die Marquise knüpfte den lange unterbrochenen Unterricht ihrer Kinder wieder an, und suchte, für die Feierstunden, ihre Staffelei und Bücher hervor: als sie sich, sonst die Göttin der Gesundheit selbst, von wiederholten Unpässlichkeiten befallen fühlte, die sie ganze Wochen lang, für die Gesellschaft untauglich machten. Sie litt an Übelkeiten, Schwindeln und Ohnmachten, und wusste nicht, was sie aus diesem sonderbaren Zustand machen solle. Eines Morgens, da die Familie beim Tee saß, und der Vater sich, auf einen Augenblick, aus dem Zimmer entfernt hatte, sagte die Marquise, aus einer langen Gedankenlosigkeit erwachend, zu ihrer Mutter: wenn mir eine Frau sagte, dass sie ein Gefühl hätte, ebenso, wie ich jetzt, da ich die Tasse ergriff, so würde ich bei mir denken, dass sie in gesegneten Leibesumständen wäre. Frau von G… sagte, sie verstände sie nicht. Die Marquise erklärte sich noch einmal, dass sie eben jetzt eine Sensation gehabt hätte, wie damals, als sie mit ihrer zweiten Tochter schwanger war. Frau von G… sagte, sie würde vielleicht den Phantasus gebären, und lachte. Morpheus wenigstens, versetzte die Marquise, oder einer der Träume aus seinem Gefolge, würde sein Vater sein; und scherzte gleichfalls. Doch der Obrist kam, das Gespräch ward abgebrochen, und der ganze Gegenstand, da die Marquise sich in einigen Tagen wieder erholte, vergessen.

Monde **Monate**

Sensation **sinnliche Empfindung**

Phantasus und Morpheus **Traumgötter der antiken Mythologie** **→ Seite 264**

Bald darauf ward der Familie, eben zu einer Zeit, da sich auch der Forstmeister von G…, des Kommandanten Sohn, in dem Hause eingefunden hatte, der sonderbare Schrecken, durch einen Kammerdiener, der ins Zimmer trat, den Grafen F… anmelden zu hören. Der Graf F… ! sagte der Vater und die Tochter zugleich; und das Erstaunen machte alle sprachlos. Der Kammerdiener versicherte, dass er recht gesehen und gehört habe, und dass der Graf schon im Vorzimmer stehe, und warte. Der Kommandant sprang sogleich selbst auf, ihm zu öffnen, worauf er, schön, wie ein junger Gott, ein wenig bleich im Gesicht, eintrat. Nachdem die Szene unbegreiflicher Verwunderung vorüber war, und der Graf, auf die Anschuldigung der Eltern, dass er ja tot sei, versichert hatte, dass er lebe; wandte er sich, mit vieler Rührung im Gesicht, zur Tochter, und seine erste Frage war gleich, wie sie sich befinde? Die Marquise versicherte, sehr wohl, und wollte nur wissen, wie er ins Leben erstanden sei? Doch er, auf seinem Gegenstand beharrend, erwiderte: dass sie ihm nicht die Wahrheit sage; auf ihrem Antlitz drücke sich eine seltsame Mattigkeit aus; ihn müsse alles trügen, oder sie sei unpässlich, und leide. Die Marquise, durch die Herzlichkeit, womit er dies vorbrachte, gut gestimmt, versetzte: nun ja; diese Mattigkeit, wenn er wolle, könne für die Spur einer Kränklichkeit gelten, an welcher sie vor einigen Wochen gelitten hätte; sie fürchte inzwischen nicht, dass diese weiter von Folgen sein würde. Worauf er, mit einer aufflammenden Freude, erwiderte: er auch nicht! und hinzusetzte, ob sie ihn heiraten wolle? Die Marquise wusste nicht, was sie von dieser Aufführung denken solle. Sie sah, über und über rot, ihre Mutter, und diese, mit Verlegenheit, den Sohn und den Vater an; während der Graf vor die Marquise trat, und indem er ihre Hand nahm, als ob er sie küssen wollte, wiederholte: ob sie ihn verstanden hätte? Der Kommandant sagte: ob er nicht Platz nehmen wolle; und

erstanden auferstanden

setzte ihm, auf eine verbindliche, obschon etwas ernsthafte, Art einen Stuhl hin. Die Obristin sprach: in der Tat, wir werden glauben, dass Sie ein Geist sind, bis Sie uns werden eröffnet haben, wie Sie aus dem Grabe, in welches man Sie zu P… gelegt hatte, erstanden sind. Der Graf setzte sich, indem er die Hand der Dame fahren ließ, nieder, und sagte, dass er, durch die Umstände gezwungen, sich sehr kurz fassen müsse; dass er, tödlich durch die Brust geschossen, nach P… gebracht worden wäre; dass er mehrere Monate daselbst an seinem Leben verzweifelt hätte; dass während dessen die Frau Marquise sein einziger Gedanke gewesen wäre; dass er die Lust und den Schmerz nicht beschreiben könnte, die sich in dieser Vorstellung umarmt hätten; dass er endlich, nach seiner Wiederherstellung, wieder zur Armee gegangen wäre; dass er daselbst die lebhafteste Unruhe empfunden hätte; dass er mehrere Male die Feder ergriffen, um in einem Briefe, an den Herrn Obristen und die Frau Marquise, seinem Herzen Luft zu machen; dass er plötzlich mit Depeschen nach Neapel geschickt worden wäre; dass er nicht wisse, ob er nicht von dort weiter nach Konstantinopel werde abgeordert werden; dass er vielleicht gar nach St. Petersburg werde gehen müssen; dass ihm inzwischen unmöglich wäre, länger zu leben, ohne über eine notwendige Forderung seiner Seele ins Reine zu sein; dass er dem Drang bei seiner Durchreise durch M…, einige Schritte zu diesem Zweck zu tun, nicht habe widerstehen können; kurz, dass er den Wunsch hege, mit der Hand der Frau Marquise beglückt zu werden, und dass er auf das ehrfurchtsvollste, inständigste und dringendste bitte, sich ihm hierüber gütig zu erklären. – Der Kommandant, nach einer langen Pause, erwiderte: dass ihm dieser Antrag zwar, wenn er, wie er nicht zweifle, ernsthaft gemeint sei, sehr schmeichelhaft wäre. Bei dem Tode ihres Gemahls, des Marquis von O…, hätte sich seine Tochter aber entschlossen, in keine zweite Vermählung

fahren ließ **losließ**

Depesche **Eilschreiben**

einzugehen. Da ihr jedoch kürzlich von ihm eine so große Verbindlichkeit auferlegt worden sei: so wäre es nicht unmöglich, dass ihr Entschluss dadurch, seinen Wünschen gemäß, eine Abänderung erleide; er bitte sich inzwischen die Erlaubnis für sie aus, darüber im Stillen während einiger Zeit nachdenken zu dürfen. Der Graf versicherte, dass diese gütige Erklärung zwar alle seine Hoffnungen befriedige; dass sie ihn, unter anderen Umständen, auch völlig beglücken würde; dass er die ganze Unschicklichkeit fühle, sich mit derselben nicht zu beruhigen: dass dringende Verhältnisse jedoch, über welche er sich näher auszulassen nicht im Stande sei, ihm eine bestimmtere Erklärung äußerst wünschenswert machten; dass die Pferde, die ihn nach Neapel tragen sollten, vor seinem Wagen stünden; und dass er inständigst bitte, wenn irgendetwas in diesem Hause günstig für ihn spreche, – wobei er die Marquise ansah – ihn nicht, ohne eine gütige Äußerung darüber, abreisen zu lassen. Der Obrist, durch diese Aufführung ein wenig betreten, antwortete, dass die Dankbarkeit, die die Marquise für ihn empfände, ihn zwar zu großen Voraussetzungen berechtige: doch nicht zu so großen; sie werde bei einem Schritte, bei welchem es das Glück ihres Lebens gelte, nicht ohne die gehörige Klugheit verfahren. Es wäre unerlässlich, dass seiner Tochter, bevor sie sich erkläre, das Glück seiner näheren Bekanntschaft würde. Er lade ihn ein, nach Vollendung seiner Geschäftsreise, nach M... zurückzukehren, und auf einige Zeit der Gast seines Hauses zu sein. Wenn alsdann die Frau Marquise hoffen könne, durch ihn glücklich zu werden, so werde auch er, eher aber nicht, mit Freuden vernehmen, dass sie ihm eine bestimmte Antwort gegeben habe. Der Graf äußerte, indem ihm eine Röte ins Gesicht stieg, dass er seinen ungeduldigen Wünschen, während seiner ganzen Reise, dies Schicksal vorausgesagt habe; dass er sich inzwischen dadurch in die äußerste Bekümmernis gestürzt sehe;

dass ihm, bei der ungünstigen Rolle, die er eben jetzt zu spielen gezwungen sei, eine nähere Bekanntschaft nicht anders als vorteilhaft sein könne; dass er für seinen Ruf, wenn anders diese zweideutigste aller Eigenschaften in Erwägung gezogen werden solle, einstehen zu dürfen glaube; dass die einzige nichtswürdige Handlung, die er in seinem Leben begangen hätte, der Welt unbekannt, und er schon im Begriff sei, sie wieder gut zu machen; dass er, mit einem Wort, ein ehrlicher Mann sei, und die Versicherung anzunehmen bitte, dass diese Versicherung wahrhaftig sei. – Der Kommandant erwiderte, indem er ein wenig, obschon ohne Ironie, lächelte, dass er alle diese Äußerungen unterschreibe. Noch hätte er keines jungen Mannes Bekanntschaft gemacht, der, in so kurzer Zeit, so viele vortreffliche Eigenschaften des Charakters entwickelt hätte. Er glaube fast, dass eine kurze Bedenkzeit die Unschlüssigkeit, die noch obwalte, heben würde; bevor er jedoch Rücksprache genommen hätte, mit seiner sowohl, als des Herrn Grafen Familie, könne keine andere Erklärung, als die gegebene, erfolgen. Hierauf äußerte der Graf, dass er ohne Eltern und frei sei. Sein Onkel sei der General K…, für dessen Einwilligung er stehe. Er setzte hinzu, dass er Herr eines ansehnlichen Vermögens wäre, und sich würde entschließen können, Italien zu seinem Vaterlande zu machen. – Der Kommandant machte ihm eine verbindliche Verbeugung, erklärte seinen Willen noch einmal; und bat ihn, bis nach vollendeter Reise, von dieser Sache abzubrechen. Der Graf, nach einer kurzen Pause, in welcher er alle Merkmale der größten Unruhe gegeben hatte, sagte, indem er sich zur Mutter wandte, dass er sein Äußerstes getan hätte, um dieser Geschäftsreise auszuweichen; dass die Schritte, die er deshalb beim General en Chef, und dem General K…, seinem Onkel, gewagt hätte, die entscheidendsten gewesen wären, die sich hätten tun lassen; dass man aber geglaubt hätte, ihn dadurch aus einer Schwer-

einstehen bürgen

obwalte bestehe

frei hier: weder verlobt noch verheiratet

von dieser Sache abzubrechen davon Abstand zu nehmen

General en Chef oberster Befehlshaber

mut aufzurütteln, die ihm von seiner Krankheit noch zurückgeblieben wäre; und dass er sich jetzt völlig dadurch ins Elend gestürzt sehe. – Die Familie wusste nicht, was sie zu dieser Äußerung sagen sollte. Der Graf fuhr fort, indem er sich die Stirn rieb, dass wenn irgend Hoffnung wäre, dem Ziele seiner Wünsche dadurch näher zu kommen, er seine Reise auf einen Tag, auch wohl noch etwas darüber, aussetzen würde, um es zu versuchen. – Hierbei sah er, nach der Reihe, den Kommandanten, die Marquise und die Mutter an. Der Kommandant blickte missvergnügt vor sich nieder, und antwortete ihm nicht. Die Obristin sagte: gehn Sie, gehn Sie, Herr Graf; reisen Sie nach Neapel; schenken Sie uns, wenn Sie wiederkehren, auf einige Zeit das Glück Ihrer Gegenwart; so wird sich das Übrige finden. – Der Graf saß einen Augenblick, und schien zu suchen, was er zu tun habe. Drauf, indem er sich erhob, und seinen Stuhl wegsetzte: da er die Hoffnungen, sprach er, mit denen er in dies Haus getreten sei, als übereilt erkennen müsse, und die Familie, wie er nicht missbillige, auf eine nähere Bekanntschaft bestehe: so werde er seine Depeschen, zu einer anderweitigen Expedition, nach Z..., in das Hauptquartier, zurückschicken, und das gütige Anerbieten, der Gast dieses Hauses zu sein, auf einige Wochen annehmen. Worauf er noch, den Stuhl in der Hand, an der Wand stehend, einen Augenblick verharrte, und den Kommandanten ansah. Der Kommandant versetzte, dass es ihm äußerst leid tun würde, wenn die Leidenschaft, die er zu seiner Tochter gefasst zu haben scheine, ihm Unannehmlichkeiten von der ernsthaftesten Art zuzöge: dass er indessen wissen müsse, was er zu tun und zu lassen habe, die Depeschen abschicken, und die für ihn bestimmten Zimmer beziehen möchte. Man sah ihn bei diesen Worten sich entfärben, der Mutter ehrerbietig die Hand küssen, sich gegen die Übrigen verneigen und sich entfernen.

Expedition
hier: Beförderung

Als er das Zimmer verlassen hatte, wusste die Familie nicht, was sie aus dieser Erscheinung machen solle. Die Mutter sagte, es wäre wohl nicht möglich, dass er Depeschen, mit denen er nach Neapel ginge, nach Z... zurückschicken wolle, bloß, weil es ihm nicht gelungen wäre, auf seiner Durchreise durch M..., in einer fünf Minuten langen Unterredung, von einer ihm ganz unbekannten Dame ein Jawort zu erhalten. Der Forstmeister äußerte, dass eine so leichtsinnige Tat ja mit nichts Geringerem, als Festungsarrest, bestraft werden würde! Und Kassation obenein, setzte der Kommandant hinzu. Es habe aber damit keine Gefahr, fuhr er fort. Es sei ein bloßer Schreckschuss beim Sturm; er werde sich wohl noch, ehe er die Depeschen abgeschickt, wieder besinnen. Die Mutter, als sie von dieser Gefahr unterrichtet ward, äußerte die lebhafteste Besorgnis, dass er sie abschicken werde. Sein heftiger, auf einen Punkt hintreibender Wille, meinte sie, scheine ihr grade einer solchen Tat fähig. Sie bat den Forstmeister auf das dringendste, ihm sogleich nachzugehen, und ihn von einer so unglückdrohenden Handlung abzuhalten. Der Forstmeister erwiderte, dass ein solcher Schritt gerade das Gegenteil bewirken, und ihn nur in der Hoffnung, durch seine Kriegslist zu siegen, bestärken würde. Die Marquise war derselben Meinung, obschon sie versicherte, dass ohne ihn die Absendung der Depeschen unfehlbar erfolgen würde, indem er lieber werde unglücklich werden, als sich eine Blöße geben wollen. Alle kamen darin überein, dass sein Betragen sehr sonderbar sei, und dass er Damenherzen durch Anlauf, wie Festungen, zu erobern gewohnt scheine. In diesem Augenblick bemerkte der Kommandant den angespannten Wagen des Grafen vor seiner Tür. Er rief die Familie ans Fenster, und fragte einen eben eintretenden Bedienten, erstaunt, ob der Graf noch im Hause sei? Der Bediente antwortete, dass er unten, in der Domestikenstube, in Gesellschaft eines Adju-

Kassation entehrende Dienstentlassung

Adjutant Dienstgehilfe

tanten, Briefe schreibe und Pakete versiegle. Der Kommandant, der seine Bestürzung unterdrückte, eilte mit dem Forstmeister hinunter, und fragte den Grafen, da er ihn auf dazu nicht schicklichen Tischen seine Geschäfte betreiben sah, ob er nicht in seine Zimmer treten wolle? Und ob er sonst irgend etwas befehle? Der Graf erwiderte, indem er mit Eilfertigkeit fortschrieb, dass er untertänigst danke, und dass sein Geschäft abgemacht sei; fragte noch, indem er den Brief zusiegelte, nach der Uhr; und wünschte dem Adjutanten, nachdem er ihm das ganze Portefeuille übergeben hatte, eine glückliche Reise. Der Kommandant, der seinen Augen nicht traute, sagte, indem der Adjutant zum Hause hinausging: Herr Graf, wenn Sie nicht sehr wichtige Gründe haben – Entscheidende! fiel ihm der Graf ins Wort; begleitete den Adjutanten zum Wagen, und öffnete ihm die Tür. In diesem Fall würde ich wenigstens, fuhr der Kommandant fort, die Depeschen – Es ist nicht möglich, antwortete der Graf, indem er den Adjutanten in den Sitz hob. Die Depeschen gelten nichts in Neapel ohne mich. Ich habe auch daran gedacht. Fahr zu! – Und die Briefe Ihres Herrn Onkels? rief der Adjutant, sich aus der Tür hervorbeugend. Treffen mich, erwiderte der Graf, in M… Fahr zu, sagte der Adjutant, und rollte mit dem Wagen dahin.

Portefeuille Mappe für Schriftstücke oder Briefe

Hierauf fragte der Graf F…, indem er sich zum Kommandanten wandte, ob er ihm gefälligst sein Zimmer anweisen lassen wolle? Er würde gleich selbst die Ehre haben, antwortete der verwirrte Obrist; rief seinen und des Grafen Leuten, das Gepäck desselben aufzunehmen: und führte ihn in die für fremden Besuch bestimmten Gemächer des Hauses, wo er sich ihm mit einem trocknen Gesicht empfahl. Der Graf kleidete sich um; verließ das Haus, um sich bei dem Gouverneur des Platzes zu melden, und für den ganzen weiteren Rest des Tages im Hause unsichtbar, kehrte er erst kurz vor der Abendtafel dahin zurück.

trocknen hier: ausdruckslosen

Inzwischen war die Familie in der lebhaftesten Unruhe. Der Forstmeister erzählte, wie bestimmt, auf einige Vorstellungen des Kommandanten, des Grafen Antworten ausgefallen wären; meinte, dass sein Verhalten einem völlig überlegten Schritt ähnlich sehe; und fragte, in aller Welt, nach den Ursachen einer so auf Kurierpferden gehenden Bewerbung. Der Kommandant sagte, dass er von der Sache nichts verstehe, und forderte die Familie auf, davon weiter nicht in seiner Gegenwart zu sprechen. Die Mutter sah alle Augenblicke aus dem Fenster, ob er nicht kommen, seine leichtsinnige Tat bereuen, und wiedergutmachen werde. Endlich, da es finster ward, setzte sie sich zur Marquise nieder, welche, mit vieler Emsigkeit, an einem Tisch arbeitete, und das Gespräch zu vermeiden schien. Sie fragte sie halblaut, während der Vater auf und niederging, ob sie begreife, was aus dieser Sache werden solle? Die Marquise antwortete, mit einem schüchtern nach dem Kommandanten gewandten Blick: wenn der Vater bewirkt hätte, dass er nach Neapel gereist wäre, so wäre alles gut. Nach Neapel! rief der Kommandant, der dies gehört hatte. Sollt ich den Priester holen lassen? Oder hätt ich ihn schließen lassen und arretieren, und mit Bewachung nach Neapel schicken sollen? – Nein, antwortete die Marquise, aber lebhafte und eindringliche Vorstellungen tun ihre Wirkung; und sah, ein wenig unwillig, wieder auf ihre Arbeit nieder. – Endlich gegen die Nacht erschien der Graf. Man erwartete nur, nach den ersten Höflichkeitsbezeugungen, dass dieser Gegenstand zur Sprache kommen würde, um ihn mit vereinter Kraft zu bestürmen, den Schritt, den er gewagt hatte, wenn es noch möglich sei, wieder zurückzunehmen. Doch vergebens, während der ganzen Abendtafel, erharrte man diesen Augenblick. Geflissentlich alles, was darauf führen konnte, vermeidend, unterhielt er den Kommandanten vom Kriege, und den Forstmeister von der Jagd. Als er des Gefechts bei P…, in

Vorstellungen hier: eindringliche Darlegungen

schließen hier: einsperren
arretieren verhaften

erharrte erwartete

welchem er verwundet worden war, erwähnte, verwickelte ihn die Mutter bei der Geschichte seiner Krankheit, fragte ihn, wie es ihm an diesem kleinen Orte ergangen sei, und ob er die gehörigen Bequemlichkeiten gefunden hätte. Hierauf erzählte er mehrere, durch seine Leidenschaft zur Marquise interessanten, Züge: wie sie beständig, während seiner Krankheit, an seinem Bette gesessen hätte; wie er die Vorstellung von ihr, in der Hitze des Wundfiebers, immer mit der Vorstellung eines Schwans verwechselt hätte, den er, als Knabe, auf seines Onkels Gütern gesehen; dass ihm besonders eine Erinnerung rührend gewesen wäre, da er diesen Schwan einst mit Kot beworfen, worauf dieser still untergetaucht, und rein aus der Flut wieder emporgekommen sei; dass sie immer auf feurigen Fluten umhergeschwommen wäre, und er Thinka gerufen hätte, welches der Name jenes Schwans gewesen, dass er aber nicht im Stande gewesen wäre, sie an sich zu locken, indem sie ihre Freude gehabt hätte, bloß am Rudern und In-die-Brust-sich-werfen; versicherte plötzlich, blutrot im Gesicht, dass er sie außerordentlich liebe: sah wieder auf seinen Teller nieder, und schwieg. Man musste endlich von der Tafel aufstehen; und da der Graf, nach einem kurzen Gespräch mit der Mutter, sich sogleich gegen die Gesellschaft verneigte, und wieder in sein Zimmer zurückzog: so standen die Mitglieder derselben wieder, und wussten nicht, was sie denken sollten. Der Kommandant meinte: man müsse der Sache ihren Lauf lassen. Er rechne wahrscheinlich auf seine Verwandten bei diesem Schritte. Infame Kassation stünde sonst darauf. Frau von G… fragte ihre Tochter, was sie denn von ihm halte? Und ob sie sich wohl zu irgendeiner Äußerung, die ein Unglück vermiede, würde verstehen können? Die Marquise antwortete: Liebste Mutter! Das ist nicht möglich. Es tut mir leid, dass meine Dankbarkeit auf eine so harte Probe gestellt wird. Doch es war mein Entschluss, mich nicht

Kot Schmutz

infam unehrenhaft

wieder zu vermählen; ich mag mein Glück nicht, und nicht so unüberlegt, auf ein zweites Spiel setzen. Der Forstmeister bemerkte, dass wenn dies ihr fester Wille wäre, auch *diese* Erklärung ihm Nutzen schaffen könne, und dass es fast notwendig scheine, ihm irgend*eine* bestimmte zu geben. Die Obristin versetzte, dass da dieser junge Mann, den so viele außerordentliche Eigenschaften empföhlen, seinen Aufenthalt in Italien nehmen zu wollen, erklärt habe, sein Antrag, nach ihrer Meinung, einige Rücksicht, und der Entschluss der Marquise Prüfung verdiene. Der Forstmeister, indem er sich bei ihr niederließ, fragte, wie er ihr denn, was seine Person anbetreffe, gefalle? Die Marquise antwortete, mit einiger Verlegenheit: er gefällt und missfällt mir; und berief sich auf das Gefühl der anderen. Die Obristin sagte: wenn er von Neapel zurückkehrt, und die Erkundigungen, die wir inzwischen über ihn einziehen könnten, dem Gesamteindruck, den du von ihm empfangen hast, nicht widersprächen: wie würdest du dich, falls er alsdann seinen Antrag wiederholte, erklären? In diesem Fall, versetzte die Marquise, würd ich – da in der Tat seine Wünsche so lebhaft scheinen, diese Wünsche – sie stockte, und ihre Augen glänzten, indem sie dies sagte – um der Verbindlichkeit willen, die ich ihm schuldig bin, erfüllen. Die Mutter, die eine zweite Vermählung ihrer Tochter immer gewünscht hatte, hatte Mühe, ihre Freude über diese Erklärung zu verbergen, und sann, was sich wohl daraus machen lasse. Der Forstmeister sagte, indem er unruhig vom Sitz wieder aufstand, dass wenn die Marquise irgend an die Möglichkeit denke, ihn einst mit ihrer Hand zu erfreuen, jetzt gleich notwendig ein Schritt dazu geschehen müsse, um den Folgen seiner rasenden Tat vorzubeugen. Die Mutter war derselben Meinung, und behauptete, dass zuletzt das Wagstück nicht allzu groß wäre, indem bei so vielen vortrefflichen Eigenschaften, die er in jener Nacht, da das Fort von den Russen erstürmt ward, entwickelte, kaum zu fürchten sei, dass sein übriger Lebenswandel ihnen nicht entsprechen sollte. Die Marquise sah, mit dem Ausdruck der lebhaftesten Unruhe, vor sich nieder. Man könnte ihm ja, fuhr die Mutter fort, indem sie ihre Hand ergriff, etwa eine Erklärung, dass du, bis zu seiner Rückkehr von Neapel, in keine andere Verbindung eingehen wollest, zukommen lassen. Die Marquise sagte: *diese* Erklärung, liebste Mutter, kann ich ihm geben; ich fürchte nur, dass sie ihn nicht beruhigen, und uns verwickeln wird. Das sei meine Sorge! erwiderte die Mutter, mit lebhafter Freude; und sah sich nach dem Kommandanten um. Lorenzo! fragte sie, was meinst du? und machte Anstalten, sich vom Sitz zu erheben. Der Kommandant, der alles gehört hatte, stand am Fenster, sah auf die Straße hinaus, und sagte nichts. Der Forstmeister versicherte, dass er, mit dieser unschädlichen Erklärung, den Grafen aus dem Hause zu schaffen, sich anheischig mache. Nun so macht! macht! macht! rief der Vater, indem er sich umkehrte: ich muss mich diesem Russen schon zum zweiten Mal ergeben! – Hierauf sprang die Mutter auf, küsste ihn und die Tochter, und fragte, indem der Vater über ihre Geschäftigkeit lächelte, wie man dem Grafen jetzt diese Erklärung augenblicklich hinterbringen solle? Man beschloss, auf den Vorschlag des Forstmeisters, ihn bitten zu lassen, sich, falls er noch nicht entkleidet sei, gefälligst auf einen Augenblick zur Familie zu verfügen. Er werde gleich die Ehre haben zu erscheinen! ließ der Graf antworten, und kaum war der Kammerdiener mit dieser Meldung zurück, als er schon selbst, mit Schritten, die die Freude beflügelte, ins Zimmer trat, und zu den Füßen der Marquise, in der allerlebhaftesten Rührung niedersank. Der Kommandant wollte etwas sagen: doch er, indem er aufstand, versetzte, er wisse genug! küsste ihm und der Mutter die Hand, umarmte den Bruder, und bat nur um die Gefälligkeit, ihm sogleich zu

verwickeln hier: verpflichten

einem Reisewagen zu verhelfen. Die Marquise, obschon von diesem Auftritt bewegt, sagte doch: ich fürchte nicht, Herr Graf, dass Ihre rasche Hoffnung Sie zu weit – Nichts! Nichts! versetzte der Graf; es ist nichts geschehen, wenn die Erkundigungen, die Sie über mich einziehen mögen, dem Gefühl widersprechen, das mich zu Ihnen in dies Zimmer zurückberief. Hierauf umarmte der Kommandant ihn auf das herzlichste, der Forstmeister bot ihm sogleich seinen eigenen Reisewagen an, ein Jäger flog auf die Post, Kurierpferde auf Prämien zu bestellen, und Freude war bei dieser Abreise, wie noch niemals bei einem Empfang. Er hoffe, sagte der Graf, die Depeschen in B… einzuholen, von wo er jetzt einen näheren Weg nach Neapel, als über M… einschlagen würde; in Neapel würde er sein Möglichstes tun, die fernere Geschäftsreise nach Konstantinopel abzulehnen; und da er, auf den äußersten Fall, entschlossen wäre, sich krank anzugeben, so versicherte er, dass wenn nicht unvermeidliche Hindernisse ihn abhielten, er in Zeit von vier bis sechs Wochen unfehlbar wieder in M… sein würde. Hierauf meldete sein Jäger, dass der Wagen angespannt, und alles zur Abreise bereit sei. Der Graf nahm seinen Hut, trat vor die Marquise, und ergriff ihre Hand. Nun denn, sprach er, Julietta, so bin ich einigermaßen beruhigt; und legte seine Hand in die ihrige; obschon es mein sehnlichster Wunsch war, mich noch vor meiner Abreise mit Ihnen zu vermählen. Vermählen! riefen alle Mitglieder der Familie aus. Vermählen, wiederholte der Graf, küsste der Marquise die Hand, und versicherte, da diese fragte, ob er von Sinnen sei: es würde ein Tag kommen, wo sie ihn verstehen würde! Die Familie wollte auf ihn böse werden; doch er nahm gleich auf das wärmste von allen Abschied, bat sie, über diese Äußerung nicht weiter nachzudenken, und reiste ab.

Prämien **hier: Kaution, Sicherheiten**

Mehrere Wochen, in welchen die Familie, mit sehr verschiedenen Empfindungen, auf den Ausgang dieser sonderbaren Sache gespannt war, verstrichen. Der Kommandant empfing vom General K…, dem Onkel des Grafen, eine höfliche Zuschrift; der Graf selbst schrieb aus Neapel; die Erkundigungen, die man über ihn einzog, sprachen ziemlich zu seinem Vorteil; kurz, man hielt die Verlobung schon für so gut, wie abgemacht: als sich die Kränklichkeiten der Marquise, mit größerer Lebhaftigkeit, als jemals, wieder einstellten. Sie bemerkte eine unbegreifliche Veränderung ihrer Gestalt. Sie entdeckte sich mit völliger Freimütigkeit ihrer Mutter, und sagte, sie wisse nicht, was sie von ihrem Zustand denken solle. Die Mutter, welche so sonderbare Zufälle für die Gesundheit ihrer Tochter äußerst besorgt machten, verlangte, dass sie einen Arzt zu Rate ziehe. Die Marquise, die durch ihre Natur zu siegen hoffte, sträubte sich dagegen; sie brachte mehrere Tage noch, ohne dem Rat der Mutter zu folgen, unter den empfindlichsten Leiden zu: bis Gefühle, immer wiederkehrend und von so wunderbarer Art, sie in die lebhafteste Unruhe stürzten. Sie ließ einen Arzt rufen, der das Vertrauen ihres Vaters besaß, nötigte ihn, da gerade die Mutter abwesend war, auf den Diwan nieder, und eröffnete ihm, nach einer kurzen Einleitung, scherzend, was sie von sich glaube. Der Arzt warf einen forschenden Blick auf sie; schwieg noch, nachdem er eine genaue Untersuchung vollendet hatte, eine Zeitlang: und antwortete dann mit einer sehr ernsthaften Miene, dass die Frau Marquise ganz richtig urteile. Nachdem er sich auf die Frage der Dame, wie er dies verstehe, ganz deutlich erklärt, und mit einem Lächeln, das er nicht unterdrücken konnte, gesagt hatte, dass sie ganz gesund sei, und keinen Arzt brauche, zog die Marquise, und sah ihn sehr streng von der Seite an, die Klingel, und bat ihn, sich zu entfernen. Sie äußerte halblaut, als ob er der Rede nicht wert wäre, vor sich nieder murmelnd: dass sie nicht Lust hätte, mit ihm über Gegenstände dieser Art zu scherzen. Der Doktor erwiderte

Zuschrift förmliches Schreiben, Brief

Zufälle Anfälle

empfindlich: er müsse wünschen, dass sie immer zum Scherz so wenig aufgelegt gewesen wäre, wie jetzt; nahm Stock und Hut, und machte Anstalten, sich sogleich zu empfehlen. Die Marquise versicherte, dass sie von diesen Beleidigungen ihren Vater unterrichten würde. Der Arzt antwortete, dass er seine Aussage vor Gericht beschwören könne: öffnete die Tür, verneigte sich, und wollte das Zimmer verlassen. Die Marquise fragte, da er noch einen Handschuh, den er hatte fallen lassen, von der Erde aufnahm: und die Möglichkeit davon, Herr Doktor? Der Doktor erwiderte, dass er ihr die letzten Gründe der Dinge nicht werde zu erklären brauchen; verneigte sich ihr noch einmal, und ging ab.

Die Marquise stand, wie vom Donner gerührt. Sie raffte sich auf, und wollte zu ihrem Vater eilen; doch der sonderbare Ernst des Mannes, von dem sie sich beleidigt sah, lähmte alle ihre Glieder. Sie warf sich in der größten Bewegung auf den Diwan nieder. Sie durchlief, gegen sich selbst misstrauisch, alle Momente des verflossenen Jahres, und hielt sich für verrückt, wenn sie an den letzten dachte. Endlich erschien die Mutter; und auf die bestürzte Frage, warum sie so unruhig sei? erzählte ihr die Tochter, was ihr der Arzt soeben eröffnet hatte. Frau von G… nannte ihn einen Unverschämten und Nichtswürdigen, und bestärkte die Tochter in dem Entschluss, diese Beleidigung dem Vater zu entdecken. Die Marquise versicherte, dass es sein völliger Ernst gewesen sei, und dass er entschlossen scheine, dem Vater ins Gesicht seine rasende Behauptung zu wiederholen. Frau von G… fragte, nicht wenig erschrocken, ob sie denn an die Möglichkeit eines solchen Zustandes glaube? Eher, antwortete die Marquise, dass die Gräber befruchtet werden, und sich dem Schoße der Leichen eine Geburt entwickeln wird! Nun, du liebes wunderliches Weib, sagte die Obristin, indem sie sie fest an sich drückte: was beunruhigt dich denn? Wenn dein Bewusstsein

wunderliches **sonderbares**

Konsulta beratende Versammlung

konvulsivisch krampfartig zuckend

dich rein spricht: wie kann dich ein Urteil, und wäre es das einer ganzen Konsulta von Ärzten, nur kümmern? Ob das seinige aus Irrtum, ob es aus Bosheit entsprang: gilt es dir nicht völlig gleichviel? Doch schicklich ist es, dass wir es dem Vater entdecken. – O Gott! sagte die Marquise, mit einer konvulsivischen Bewegung: wie kann ich mich beruhigen. Hab ich nicht mein eignes, innerliches, mir nur allzuwohlbekanntes Gefühl gegen mich? Würd ich nicht, wenn ich in einer andern meine Empfindung wüsste, von ihr selbst urteilen, dass es damit seine Richtigkeit habe? Es ist entsetzlich, versetzte die Obristin. Bosheit! Irrtum! fuhr die Marquise fort. Was kann dieser Mann, der uns bis auf den heutigen Tag schätzenswürdig erschien, für Gründe haben, mich auf eine so mutwillige und niederträchtige Art zu kränken? Mich, die ihn nie beleidigt hatte? Die ihn mit Vertrauen, und dem Vorgefühl zukünftiger Dankbarkeit, empfing? Bei der er, wie seine ersten Worte zeugten, mit dem reinen und unverfälschten Willen erschien, zu helfen, nicht Schmerzen, grimmigere, als ich empfand, erst zu erregen? Und wenn ich in der Notwendigkeit der Wahl, fuhr sie fort, während die Mutter sie unverwandt ansah, an einen Irrtum glauben wollte: ist es wohl möglich, dass ein Arzt, auch nur von mittelmäßiger Geschicklichkeit, in solchem Falle irre? – Die Obristin sagte ein wenig spitz: und gleichwohl muss es doch notwendig eins oder das andere gewesen sein. Ja! versetzte die Marquise, meine teuerste Mutter, indem sie ihr, mit dem Ausdruck der gekränkten Würde, hochrot im Gesicht glühend, die Hand küsste: das muss es! Obschon die Umstände so außerordentlich sind, dass es mir erlaubt ist, daran zu zweifeln. Ich schwöre, weil es doch einer Versicherung bedarf, dass mein Bewusstsein, gleich dem meiner Kinder ist; nicht reiner, Verehrungswürdigste, kann das Ihrige sein. Gleichwohl bitte ich Sie, mir eine Hebamme rufen zu lassen, damit ich mich von dem, was ist, überzeuge, und gleichviel alsdann, *was* es sei, beruhige. Eine Hebamme! rief Frau von G… mit Entwürdigung. Ein reines Bewusstsein, und eine Hebamme! Und die Sprache ging ihr aus. Eine Hebamme, meine teuerste Mutter, wiederholte die Marquise, indem sie sich auf Knien vor ihr niederließ; und das augenblicklich, wenn ich nicht wahnsinnig werden soll. O sehr gern, versetzte die Obristin; nur bitte ich, das Wochenlager nicht in meinem Hause zu halten. Und damit stand sie auf, und wollte das Zimmer verlassen. Die Marquise, ihr mit ausgebreiteten Armen folgend, fiel ganz auf das Gesicht nieder, und umfasste ihre Knie. Wenn irgendein unsträfliches Leben, rief sie, mit der Beredsamkeit des Schmerzes, ein Leben, nach Ihrem Muster geführt, mir ein Recht auf Ihre Achtung gibt, wenn irgendein mütterliches Gefühl auch nur, so lange meine Schuld nicht sonnenklar entschieden ist, in Ihrem Busen für mich spricht: so verlassen Sie mich in diesen entsetzlichen Augenblicken nicht. – Was ist es, das dich beunruhigt? fragte die Mutter. Ist es weiter nichts, als der Ausspruch des Arztes? Weiter nichts, als dein innerliches Gefühl? Nichts weiter, meine Mutter, versetzte die Marquise, und legte ihre Hand auf die Brust. Nichts, Julietta? fuhr die Mutter fort. Besinne dich. Ein Fehltritt, so unsäglich er mich schmerzen würde, er ließe sich, und ich müsste ihn zuletzt verzeihn; doch wenn du, um einem mütterlichen Verweis auszuweichen, ein Märchen von der Umwälzung der Weltordnung ersinnen, und gotteslästerliche Schwüre häufen könntest, um es meinem, dir nur allzugerngläubigen, Herzen aufzubürden: so wäre das schändlich; ich würde dir niemals wieder gut werden. – Möge das Reich der Erlösung einst so offen vor mir liegen, wie meine Seele vor Ihnen, rief die Marquise. Ich verschwieg Ihnen nichts, meine Mutter. – Diese Äußerung, voll Pathos getan, erschütterte die Mutter. O Himmel! rief sie: mein liebenswürdiges Kind! Wie rührst du mich! Und hob sie auf, und küsste

Entwürdigung **Entrüstung**

Wochenlager **Zeit nach der Entbindung**

sie, und drückte sie an ihre Brust. Was denn, in aller Welt, fürchtest du? Komm, du bist sehr krank. Sie wollte sie in ein Bett führen. Doch die Marquise, welcher die Tränen häufig flossen, versicherte, dass sie sehr gesund wäre, und dass ihr gar nichts fehle, außer jenem sonderbaren und unbegreiflichen Zustand. – Zustand! rief die Mutter wieder; welch ein Zustand? Wenn dein Gedächtnis über die Vergangenheit so sicher ist, welch ein Wahnsinn der Furcht ergriff dich? Kann ein innerliches Gefühl denn, das doch nur dunkel sich regt, nicht trügen? Nein! Nein! sagte die Marquise, es trügt mich nicht! Und wenn Sie die Hebamme rufen lassen wollen, so werden Sie hören, dass das Entsetzliche, mich Vernichtende, wahr ist. Komm, meine liebste Tochter, sagte Frau von G…, die für ihren Verstand zu fürchten anfing. Komm, folge mir, und lege dich zu Bett. Was meintest du, dass dir der Arzt gesagt hat? Wie dein Gesicht glüht! Wie du an allen Gliedern so zitterst! Was war es schon, das dir der Arzt gesagt hat? Und damit zog sie die Marquise, ungläubig nunmehr an den ganzen Auftritt, den sie ihr erzählt hatte, mit sich fort. – Die Marquise sagte: Liebe! Vortreffliche! indem sie mit weinenden Augen lächelte. Ich bin meiner Sinne mächtig. Der Arzt hat mir gesagt, dass ich in gesegneten Leibesumständen bin. Lassen Sie die Hebamme rufen: und sobald sie sagt, dass es nicht wahr ist, bin ich wieder ruhig. Gut, gut! erwiderte die Obristin, die ihre Angst unterdrückte. Sie soll gleich kommen; sie soll gleich, wenn du dich von ihr willst auslachen lassen, erscheinen, und dir sagen, dass du eine Träumerin, und nicht recht klug bist. Und damit zog sie die Klingel, und schickte augenblicklich einen ihrer Leute, der die Hebamme rufe.

Die Marquise lag noch, mit unruhig sich hebender Brust, in den Armen ihrer Mutter, als diese Frau erschien, und die Obristin ihr, an welcher seltsamen Vorstellung ihre Tochter krank liege, eröffnete. Die Frau Marquise schwöre, dass sie sich tugendhaft verhalten habe, und gleichwohl halte sie, von einer unbegreiflichen Empfindung getäuscht, für nötig, dass eine sachverständige Frau ihren Zustand untersuche. Die Hebamme, während sie sich von demselben unterrichtete, sprach von jungem Blut und der Arglist der Welt; äußerte, als sie ihr Geschäft vollendet hatte, dergleichen Fälle wären ihr schon vorgekommen; die jungen Witwen, die in ihre Lage kämen, meinten alle auf wüsten Inseln gelebt zu haben; beruhigte inzwischen die Frau Marquise, und versicherte sie, dass sich der muntere Korsar, der zur Nachtzeit gelandet, schon finden würde. Bei diesen Worten fiel die Marquise in Ohnmacht. Die Obristin, die ihr mütterliches Gefühl nicht überwältigen konnte, brachte sie zwar, mit Hülfe der Hebamme, wieder ins Leben zurück. Doch die Entrüstung siegte, da sie erwacht war. Julietta! rief die Mutter mit dem lebhaftesten Schmerz. Willst du dich mir entdecken, willst du den Vater mir nennen? Und schien noch zur Versöhnung geneigt. Doch als die Marquise sagte, dass sie wahnsinnig werden würde, sprach die Mutter, indem sie sich vom Diwan erhob: geh! geh! du bist nichtswürdig! Verflucht sei die Stunde, da ich dich gebar! und verließ das Zimmer.

Geschäft hier: Untersuchung

Korsar Seeräuber

überwältigen unterdrücken

Die Marquise, der das Tageslicht von neuem schwinden wollte, zog die Geburtshelferin vor sich nieder, und legte ihr Haupt heftig zitternd an ihre Brust. Sie fragte, mit gebrochener Stimme, wie denn die Natur auf ihren Wegen walte? Und ob die Möglichkeit einer unwissentlichen Empfängnis sei? – Die Hebamme lächelte, machte ihr das Tuch los, und sagte, das würde ja doch der Frau Marquise Fall nicht sein. Nein, nein, antwortete die Marquise, sie habe wissentlich empfangen, sie wolle nur im Allgemeinen wissen, ob diese Erscheinung im Reiche der Natur sei? Die Hebamme versetzte, dass dies, außer der heiligen Jungfrau, noch keinem Weibe auf Erden zugestoßen wäre. Die Marquise zitterte im-

Leumund Ruf in der Öffentlichkeit

mer heftiger. Sie glaubte, dass sie augenblicklich niederkommen würde, und bat die Geburtshelferin, indem sie sich mit krampfhafter Beängstigung an sie schloss, sie nicht zu verlassen. Die Hebamme beruhigte sie. Sie versicherte, dass das Wochenbett noch beträchtlich entfernt wäre, gab ihr auch die Mittel an, wie man, in solchen Fällen, dem Leumund der Welt ausweichen könne, und meinte, es würde noch alles gut werden. Doch da diese Trostgründe der unglücklichen Dame völlig wie Messerstiche durch die Brust fuhren, so sammelte sie sich, sagte, sie befände sich besser, und bat ihre Gesellschafterin sich zu entfernen.

ausließ äußerte

Kaum war die Hebamme aus dem Zimmer, als ihr ein Schreiben von der Mutter gebracht ward, in welchem diese sich so ausließ: »Herr von G… wünsche, unter den obwaltenden Umständen, dass sie sein Haus verlasse. Er sende ihr hierbei die über ihr Vermögen lautenden Papiere, und hoffe dass ihm Gott den Jammer ersparen werde, sie wieder zu sehen.« – Der Brief war inzwischen von Tränen benetzt; und in einem Winkel stand ein verwischtes Wort: diktiert. – Der Marquise stürzte der Schmerz aus den Augen. Sie ging, heftig über den Irrtum ihrer Eltern weinend, und über die Ungerechtigkeit, zu welcher diese vortrefflichen Menschen verführt wurden, nach den Gemächern ihrer Mutter. Es hieß, sie sei bei ihrem Vater; sie wankte nach den Gemächern ihres Vaters. Sie sank, als sie die Türe verschlossen fand, mit jammernder Stimme, alle Heiligen zu Zeugen ihrer Unschuld anrufend, vor derselben nieder. Sie mochte wohl schon einige Minuten hier gelegen haben, als der Forstmeister daraus hervortrat, und zu ihr mit flammendem Gesicht sagte: sie höre dass der Kommandant sie nicht sehen wolle. Die Marquise rief: mein liebster Bruder! unter vielem Schluchzen; drängte sich ins Zimmer, und rief: mein teuerster Vater! und streckte die Arme nach ihm aus. Der Kommandant wandte ihr, bei ihrem Anblick, den Rücken zu, und eilte in sein Schlafgemach. Er rief, als sie ihn dahin verfolgte, hinweg! und wollte die Türe zuwerfen; doch da sie, unter Jammern und Flehen, dass er sie schließe, verhinderte, so gab er plötzlich nach und eilte, während die Marquise zu ihm hineintrat, nach der hintern Wand. Sie warf sich ihm, der ihr den Rücken zugekehrt hatte, eben zu Füßen, und umfasste zitternd seine Knie, als ein Pistol, das er ergriffen hatte, in dem Augenblick, da er es von der Wand herabriss, losging, und der Schuss schmetternd in die Decke fuhr. Herr meines Lebens! rief die Marquise, erhob sich leichenblass von ihren Knien, und eilte aus seinen Gemächern wieder hinweg. Man soll sogleich anspannen, sagte sie, indem sie in die ihrigen trat; setzte sich, matt bis in den Tod, auf einen Sessel nieder, zog ihre Kinder eilfertig an, und ließ die Sachen einpacken. Sie hatte eben ihr Kleinstes zwischen den Knien, und schlug ihm noch ein Tuch um, um nunmehr, da alles zur Abreise bereit war, in den Wagen zu steigen: als der Forstmeister eintrat, und auf Befehl des Kommandanten die Zurücklassung und Überlieferung der Kinder von ihr forderte. Dieser Kinder? fragte sie; und stand auf. Sag deinem unmenschlichen Vater, dass er kommen, und mich niederschießen, nicht aber mir meine Kinder entreißen könne! Und hob, mit dem ganzen Stolz der Unschuld gerüstet, ihre Kinder auf, trug sie ohne dass der Bruder gewagt hätte, sie anzuhalten, in den Wagen, und fuhr ab.

Durch diese schöne Anstrengung mit sich selbst bekannt gemacht, hob sie sich plötzlich, wie an ihrer eigenen Hand, aus der ganzen Tiefe, in welche das Schicksal sie herabgestürzt hatte, empor. Der Aufruhr, der ihre Brust zerriss, legte sich, als sie im Freien war, sie küsste häufig die Kinder, diese ihre liebe Beute, und mit großer Selbstzufriedenheit gedachte sie, welch einen Sieg sie, durch die Kraft ihres schuldfreien Bewusstseins, über ihren Bruder davon getragen hatte. Ihr Ver-

Anfälle hier: Angriffe

ausschließend ausschließlich

stand, stark genug, in ihrer sonderbaren Lage nicht zu reißen, gab sich ganz unter der großen, heiligen und unerklärlichen Einrichtung der Welt gefangen. Sie sah die Unmöglichkeit ein, ihre Familie von ihrer Unschuld zu überzeugen, begriff, dass sie sich darüber trösten müsse, falls sie nicht untergehen wolle, und wenige Tage nur waren nach ihrer Ankunft in V... verflossen, als der Schmerz ganz und gar dem heldenmütigen Vorsatz Platz machte, sich mit Stolz gegen die Anfälle der Welt zu rüsten. Sie beschloss, sich ganz in ihr Innerstes zurückzuziehen, sich, mit ausschließendem Eifer, der Erziehung ihrer beiden Kinder zu widmen, und des Geschenks, das ihr Gott mit dem dritten gemacht hatte, mit voller mütterlichen Liebe zu pflegen. Sie machte Anstalten, in wenig Wochen, sobald sie ihre Niederkunft überstanden haben würde, ihren schönen, aber durch die lange Abwesenheit ein wenig verfallenen Landsitz wieder herzustellen; saß in der Gartenlaube, und dachte, während sie kleine Mützen, und Strümpfe für kleine Beine strickte, wie sie die Zimmer bequem verteilen würde; auch, welches sie mit Büchern füllen, und in welchem die Staffelei am schicklichsten stehen würde. Und so war der Zeitpunkt, da der Graf F... von Neapel wiederkehren sollte, noch nicht abgelaufen, als sie schon völlig mit dem Schicksal, in ewig klösterlicher Eingezogenheit zu leben, vertraut war. Der Türsteher erhielt Befehl, keinen Menschen im Hause vorzulassen. Nur der Gedanke war ihr unerträglich, dass dem jungen Wesen, das sie in der größten Unschuld und Reinheit empfangen hatte, und dessen Ursprung, eben weil er geheimnisvoller war, auch göttlicher zu sein schien, als der anderer Menschen, ein Schandfleck in der bürgerlichen Gesellschaft ankleben sollte. Ein sonderbares Mittel war ihr eingefallen, den Vater zu entdecken: ein Mittel, bei dem sie, als sie es zuerst dachte, das Strickzeug selbst vor Schrecken aus der Hand fallen ließ. Durch ganze Nächte, in unruhiger Schlaflosigkeit durchwacht, ward es gedreht und gewendet um sich an seine ihr innerstes Gefühl verletzende, Natur zu gewöhnen. Immer noch sträubte sie sich, mit dem Menschen, der sie so hintergangen hatte, in irgendein Verhältnis zu treten: indem sie sehr richtig schloss, dass derselbe doch, ohne alle Rettung, zum Auswurf seiner Gattung gehören müsse, und, auf welchem Platz der Welt man ihn auch denken wolle, nur aus dem zertretensten und unflätigsten Schlamm derselben, hervorgegangen sein könne. Doch da das Gefühl ihrer Selbständigkeit immer lebhafter in ihr ward, und sie bedachte, dass der Stein seinen Wert behält, er mag auch eingefasst sein, wie man wolle, so griff sie eines Morgens, da sich das junge Leben wieder in ihr regte, ein Herz, und ließ jene sonderbare Aufforderung in die Intelligenzblätter von M... rücken, die man am Eingang dieser Erzählung gelesen hat.

Auswurf seiner Gattung **ein ganz und gar verdorbener Mensch**
unflätig **widerlich**
Intelligenzblatt **Anzeigenblatt**

Der Graf F..., den unvermeidliche Geschäfte in Neapel aufhielten, hatte inzwischen zum zweiten Mal an die Marquise geschrieben, und sie aufgefordert, es möchten fremde Umstände eintreten, welche da wollten, ihrer, ihm gegebenen, stillschweigenden Erklärung getreu zu bleiben. Sobald es ihm geglückt war, seine fernere Geschäftsreise nach Konstantinopel abzulehnen, und es seine übrigen Verhältnisse gestatteten, ging er augenblicklich von Neapel ab, und kam auch richtig, nur wenige Tage nach der von ihm bestimmten Frist, in M... an. Der Kommandant empfing ihn mit einem verlegenen Gesicht, sagte, dass ein notwendiges Geschäft ihn aus dem Hause nötige, und forderte den Forstmeister auf, ihn inzwischen zu unterhalten. Der Forstmeister zog ihn auf sein Zimmer, und fragte ihn, nach einer kurzen Begrüßung, ob er schon wisse, was sich während seiner Abwesenheit in dem Hause des Kommandanten zugetragen habe. Der Graf antwortete, mit einer flüchtigen Blässe: nein. Hierauf unterrichtete ihn der Forstmeister von der Schande, die die Marquise über die

Familie gebracht hatte, und gab ihm die Geschichtserzählung dessen, was unsre Leser soeben erfahren haben. Der Graf schlug sich mit der Hand vor die Stirn. Warum legte man mir so viele Hindernisse in den Weg! rief er in der Vergessenheit seiner. Wenn die Vermählung erfolgt wäre: so wäre alle Schmach und jedes Unglück uns erspart! Der Forstmeister fragte, indem er ihn anglotzte, ob er rasend genug wäre, zu wünschen, mit dieser Nichtswürdigen vermählt zu sein? Der Graf erwiderte, dass sie mehr wert wäre, als die ganze Welt, die sie verachtete; dass ihre Erklärung über ihre Unschuld vollkommnen Glauben bei ihm fände; und dass er noch heute nach V... gehen, und seinen Antrag bei ihr wiederholen würde. Er ergriff auch sogleich seinen Hut, empfahl sich dem Forstmeister, der ihn für seiner Sinne völlig beraubt hielt, und ging ab.

Er bestieg ein Pferd und sprengte nach V... hinaus. Als er am Tore abgestiegen war, und in den Vorplatz treten wollte, sagte ihm der Türsteher, dass die Frau Marquise keinen Menschen spräche. Der Graf fragte, ob diese, für Fremde getroffene, Maßregel auch einem Freund des Hauses gälte; worauf jener antwortete, dass er von keiner Ausnahme wisse, und bald darauf, auf eine zweideutige Art hinzusetzte: ob er vielleicht der Graf F... wäre? Der Graf erwiderte, nach einem forschenden Blick, nein; und äußerte, zu seinem Bedienten gewandt, doch so, dass jener es hören konnte, er werde, unter solchen Umständen, in einem Gasthofe absteigen, und sich bei der Frau Marquise schriftlich anmelden. Sobald er inzwischen dem Türsteher aus den Augen war, bog er um eine Ecke, und umschlich die Mauer eines weitläufigen Gartens, der sich hinter dem Hause ausbreitete. Er trat durch eine Pforte, die er offen fand, in den Garten, durchstrich die Gänge desselben, und wollte eben die hintere Rampe hinaufsteigen, als er, in einer Laube, die zur Seite lag, die Marquise, in ihrer lieblichen und geheimnisvollen Gestalt, an einem kleinen Tischchen emsig arbeiten sah. Er näherte sich ihr so, dass sie ihn nicht früher erblicken konnte, als bis er am Eingang der Laube, drei kleine Schritte von ihren Füßen, stand. Der Graf F…! sagte die Marquise, als sie die Augen aufschlug, und die Röte der Überraschung überflog ihr Gesicht. Der Graf lächelte, blieb noch eine Zeitlang, ohne sich im Eingang zu rühren, stehen; setzte sich dann, mit so bescheidener Zudringlichkeit, als sie nicht zu erschrecken nötig war, neben ihr nieder, und schlug, ehe sie noch, in ihrer sonderbaren Lage, einen Entschluss gefasst hatte, seinen Arm sanft um ihren lieben Leib. Von wo, Herr Graf, ist es möglich, fragte die Marquise – und sah schüchtern vor sich auf die Erde nieder. Der Graf sagte: von M…, und drückte sie ganz leise an sich; durch eine hintere Pforte, die ich offen fand. Ich glaubte auf Ihre Verzeihung rechnen zu dürfen, und trat ein. Hat man Ihnen denn in M… nicht gesagt –? – fragte sie, und rührte noch kein Glied in seinen Armen. Alles, geliebte Frau, versetzte der Graf; doch von Ihrer Unschuld völlig überzeugt – Wie! rief die Marquise, indem sie aufstand, und sich loswickelte; und Sie kommen gleichwohl? – Der Welt zum Trotz, fuhr er fort, indem er sie festhielt, und Ihrer Familie zum Trotz, und dieser lieblichen Erscheinung sogar zum Trotz; wobei er einen glühenden Kuss auf ihre Brust drückte. – Hinweg! rief die Marquise – So überzeugt, sagte er, Julietta, als ob ich allwissend wäre, als ob meine Seele in deiner Brust wohnte – Die Marquise rief: Lassen Sie mich! Ich komme, schloss er – und ließ sie nicht – meinen Antrag zu wiederholen, und das Los der Seligen, wenn Sie mich erhören wollen, von Ihrer Hand zu empfangen. Lassen Sie mich augenblicklich! rief die Marquise; ich befehls Ihnen! riss sich gewaltsam aus seinen Armen, und entfloh. Geliebte! Vortreffliche! flüsterte er, indem er wieder aufstand, und ihr folgte. – Sie hören! rief die Marquise, und wandte sich, und wich ihm aus. Ein einziges, heimliches, geflüstertes –! sagte der Graf, und griff hastig nach ihrem glatten, ihm entschlüpfenden Arm. – Ich *will nichts* wissen, versetzte die Marquise, stieß ihn heftig vor die Brust zurück, eilte auf die Rampe, und verschwand.

Er war schon halb auf die Rampe gekommen, um sich, es koste, was es wolle, bei ihr Gehör zu verschaffen, als die Tür vor ihm zuflog, und der Riegel heftig, mit verstörter Beeiferung, vor seinen Schritten zurasselte. Unschlüssig, einen Augenblick, was unter solchen Umständen zu tun sei, stand er, und überlegte, ob er durch ein, zur Seite offenstehendes Fenster einsteigen, und seinen Zweck, bis er ihn erreicht, verfolgen solle; doch so schwer es ihm auch in jedem Sinne war, umzukehren, diesmal schien es die Notwendigkeit zu erfordern, und grimmig erbittert über sich, dass er sie aus seinen Armen gelassen hatte, schlich er die Rampe hinab, und verließ den Garten, um seine Pferde aufzusuchen. Er fühlte, dass der Versuch, sich an ihrem Busen zu erklären, für immer fehlgeschlagen sei, und ritt schrittweis, indem er einen Brief überlegte, den er jetzt zu schreiben verdammt war, nach M… zurück. Abends, da er sich, in der übelsten Laune von der Welt, bei einer öffentlichen Tafel eingefunden hatte, traf er den Forstmeister an, der ihn auch sogleich befragte, ob er seinen Antrag in V… glücklich angebracht habe? Der Graf antwortete kurz: nein! und war sehr gestimmt, ihn mit einer bitteren Wendung abzufertigen; doch um der Höflichkeit ein Genüge zu tun, setzte er nach einer Weile hinzu: er habe sich entschlossen, sich schriftlich an sie zu wenden, und werde damit in kurzem ins Reine sein. Der Forstmeister sagte: er sehe mit Bedauern, dass seine Leidenschaft für die Marquise ihn seiner Sinne beraube. Er müsse ihm inzwischen versichern, dass sie bereits auf dem Wege sei, eine andere Wahl zu treffen; klingelte nach den neuesten Zeitungen, und gab ihm das Blatt, in

öffentliche Tafel Gasthaus

welchem die Aufforderung derselben an den Vater ihres Kindes eingerückt war. Der Graf durchlief, indem ihm das Blut ins Gesicht schoss, die Schrift. Ein Wechsel von Gefühlen durchkreuzte ihn. Der Forstmeister fragte, ob er nicht glaube, dass die Person, die die Frau Marquise suche, sich finden werde? – Unzweifelhaft! versetzte der Graf, indessen er mit ganzer Seele über dem Papier lag, und den Sinn desselben gierig verschlang. Darauf nachdem er einen Augenblick, während er das Blatt zusammenlegte, an das Fenster getreten war, sagte er: nun ist es gut! nun weiß ich, was ich zu tun habe! kehrte sich sodann um; und fragte den Forstmeister noch, auf eine verbindliche Art, ob man ihn bald wiedersehen werde; empfahl sich ihm, und ging, völlig ausgesöhnt mit seinem Schicksal, fort. –

Inzwischen waren in dem Hause des Kommandanten die lebhaftesten Auftritte vorgefallen. Die Obristin war über die zerstörende Heftigkeit ihres Gatten und über die Schwäche, mit welcher sie sich, bei der tyrannischen Verstoßung der Tochter, von ihm hatte unterjochen lassen, äußerst erbittert. Sie war, als der Schuss in des Kommandanten Schlafgemach fiel, und die Tochter aus demselben hervorstürzte, in eine Ohnmacht gesunken, aus der sie sich zwar bald wieder erholte; doch der Kommandant hatte, in dem Augenblick ihres Erwachens, weiter nichts gesagt, als, es täte ihm leid, dass sie diesen Schrecken umsonst gehabt, und das abgeschossene Pistol auf einen Tisch geworfen. Nachher, da von der Abforderung der Kinder die Rede war, wagte sie schüchtern, zu erklären, dass man zu einem solchen Schritt kein Recht habe; sie bat mit einer, durch die gehabte Anwandlung, schwachen und rührenden Stimme, heftige Auftritte im Hause zu vermeiden; doch der Kommandant erwiderte weiter nichts, als, indem er sich zum Forstmeister wandte, vor Wut schäumend: geh! und schaff sie mir! Als der zweite Brief des Grafen F...

ankam, hatte der Kommandant befohlen, dass er nach V… zur Marquise herausgeschickt werden solle, welche ihn, wie man nachher durch den Boten erfuhr, bei Seite gelegt, und gesagt hatte, es wäre gut. Die Obristin, der in der ganzen Begebenheit so vieles, und besonders die Geneigtheit der Marquise, eine neue, ihr ganz gleichgültige Vermählung einzugehen, dunkel war, suchte vergebens, diesen Umstand zur Sprache zu bringen. Der Kommandant bat immer, auf eine Art, die einem Befehle gleich sah, zu schweigen; versicherte, indem er einst, bei einer solchen Gelegenheit, ein Porträt herabnahm, das noch von ihr an der Wand hing, dass er sein Gedächtnis ihrer ganz zu vertilgen wünsche; und meinte, er hätte keine Tochter mehr. Drauf erschien der sonderbare Aufruf der Marquise in den Zeitungen. Die Obristin, die auf das lebhafteste darüber betroffen war, ging mit dem Zeitungsblatt, das sie von dem Kommandanten erhalten hatte, in sein Zimmer, wo sie ihn an einem Tisch arbeitend fand, und fragte ihn, was er in aller Welt davon halte? Der Kommandant sagte, indem er fortschrieb: o! sie ist unschuldig. Wie! rief Frau von G…, mit dem alleräußersten Erstaunen: unschuldig? Sie hat es im Schlaf getan, sagte der Kommandant, ohne aufzusehen. Im Schlafe! versetzte Frau von G… Und ein so ungeheurer Vorfall wäre –? Die Närrin! rief der Kommandant, schob die Papiere übereinander, und ging weg.

Am nächsten Zeitungstage las die Obristin, da beide beim Frühstück saßen, in einem Intelligenzblatt, das eben ganz feucht von der Presse kam, folgende Antwort:

»Wenn die Frau Marquise von O… sich, am 3ten… 11 Uhr morgens, im Hause des Herrn von G…, ihres Vaters, einfinden will: so wird sich derjenige, den sie sucht, ihr daselbst zu Füßen werfen.« –

Der Obristin verging, ehe sie noch auf die Hälfte dieses unerhörten Artikels gekommen war, die Sprache; sie überflog das Ende, und reichte das Blatt dem Kommandanten dar. Der Obrist durchlas das Blatt dreimal, als ob er seinen eignen Augen nicht traute. Nun sage mir, um des Himmels willen, Lorenzo, rief die Obristin, was hältst du davon? O die Schändliche! versetzte der Kommandant, und stand auf; o die verschmitzte Heuchlerin! Zehnmal die Schamlosigkeit einer Hündin, mit zehnfacher List des Fuchses gepaart, reichen noch an die ihrige nicht! Solch eine Miene! Zwei solche Augen! Ein Cherub hat sie nicht treuer! – und jammerte und konnte sich nicht beruhigen. Aber was in aller Welt, fragte die Obristin, wenn es eine List ist, kann sie damit bezwecken? – Was sie damit bezweckt? Ihre nichtswürdige Betrügerei, mit Gewalt will sie sie durchsetzen, erwiderte der Obrist. Auswendig gelernt ist sie schon, die Fabel, die sie uns beide, sie und er, am Dritten 11 Uhr morgens hier aufbürden wollen. Mein liebes Töchterchen, soll ich sagen, das wusste ich nicht, wer konnte das denken, vergib mir, nimm meinen Segen, und sei wieder gut. Aber die Kugel dem, der am Dritten morgens über meine Schwelle tritt! Es müsste denn schicklicher sein, ihn mir durch Bedienten aus dem Hause zu schaffen. – Frau von G… sagte, nach einer nochmaligen Überlesung des Zeitungsblattes, dass wenn sie, von zwei unbegreiflichen Dingen, einem, Glauben beimessen solle, sie lieber an ein unerhörtes Spiel des Schicksals, als an diese Niederträchtigkeit ihrer sonst so vortrefflichen Tochter glauben wolle. Doch ehe sie noch vollendet hatte, rief der Kommandant schon: tu mir den Gefallen und schweig! und verließ das Zimmer. Es ist mir verhasst, wenn ich nur davon höre.

Wenige Tage nachher erhielt der Kommandant, in Beziehung auf diesen Zeitungsartikel, einen Brief von der Marquise, in welchem sie ihn, da ihr die Gnade versagt wäre, in seinem Hause erscheinen zu dürfen, auf eine ehrfurchtsvolle und rührende Art bat, denjenigen, der sich am Dritten morgens

verschmitzt hier: raffiniert

Cherub Engel → Seite 264

Fabel hier: Lügengeschichte

bei ihm zeigen würde, gefälligst zu ihr nach V... hinauszuschicken. Die Obristin war gerade gegenwärtig, als der Kommandant diesen Brief empfing; und da sie auf seinem Gesicht deutlich bemerkte, dass er in seiner Empfindung irre geworden war: denn welch ein Motiv jetzt, falls es eine Betrügerei war, sollte er ihr unterlegen, da sie auf seine Verzeihung gar keine Ansprüche zu machen schien? so rückte sie, dadurch dreist gemacht, mit einem Plan hervor, den sie schon lange, in ihrer von Zweifeln bewegten Brust, mit sich herumgetragen hatte. Sie sagte, während der Obrist noch, mit einer nichtssagenden Miene, in das Papier hineinsah: sie habe einen Einfall. Ob er ihr erlauben wolle, auf einen oder zwei Tage, nach V... hinauszufahren? Sie werde die Marquise, falls sie wirklich denjenigen, der ihr durch die Zeitungen, als ein Unbekannter, geantwortet, schon kenne, in eine Lage zu versetzen wissen, in welcher sich ihre Seele verraten müsste, und wenn sie die abgefeimteste Verräterin wäre. Der Kommandant erwiderte, indem er, mit einer plötzlich heftigen Bewegung, den Brief zerriss: sie wisse, dass er mit ihr nichts zu schaffen haben wolle, und er verbiete ihr, in irgendeine Gemeinschaft mit ihr zu treten. Er siegelte die zerrissenen Stücke ein, schrieb eine Adresse an die Marquise, und gab sie dem Boten, als Antwort, zurück. Die Obristin, durch diesen hartnäckigen Eigensinn, der alle Möglichkeit der Aufklärung vernichtete, heimlich erbittert, beschloss ihren Plan jetzt, gegen seinen Willen, auszuführen. Sie nahm einen von den Jägern des Kommandanten, und fuhr am nächstfolgenden Morgen, da ihr Gemahl noch im Bette lag, mit demselben nach V... hinaus. Als sie am Tore des Landsitzes angekommen war, sagte ihr der Türsteher, dass niemand bei der Frau Marquise vorgelassen würde. Frau von G... antwortete, dass sie von dieser Maßregel unterrichtet wäre, dass er aber gleichwohl nur gehen, und die Obristin von G... bei ihr anmelden möchte. Worauf dieser versetzte, dass

irre unsicher

dies zu nichts helfen würde, indem die Frau Marquise keinen Menschen auf der Welt spräche. Frau von G… antwortete, dass sie von ihr gesprochen werden würde, indem sie ihre Mutter wäre, und dass er nur nicht länger säumen, und sein Geschäft verrichten möchte. Kaum aber war noch der Türsteher zu diesem, wie er meinte, gleichwohl vergeblichen Versuche ins Haus gegangen, als man schon die Marquise daraus hervortreten, nach dem Tore eilen, und sich auf Knien vor dem Wagen der Obristin niederstürzen sah. Frau von G… stieg, von ihrem Jäger unterstützt, aus, und hob die Marquise, nicht ohne einige Bewegung, vom Boden auf. Die Marquise drückte sich, von Gefühlen überwältigt, tief auf ihre Hand hinab, und führte sie, indem ihr die Tränen häufig flossen, ehrfurchtsvoll in die Zimmer ihres Hauses. Meine teuerste Mutter! rief sie, nachdem sie ihr den Diwan angewiesen hatte, und noch vor ihr stehen blieb, und sich die Augen trocknete: welch ein glücklicher Zufall ist es, dem ich Ihre, mir unschätzbare Erscheinung verdanke? Frau von G… sagte, indem sie ihre Tochter vertraulich fasste, sie müsse ihr nur sagen, dass sie komme, sie wegen der Härte, mit welcher sie aus dem väterlichen Hause verstoßen worden sei, um Verzeihung zu bitten. Verzeihung! fiel ihr die Marquise ins Wort, und wollte ihre Hände küssen. Doch diese, indem sie den Handkuss vermied, fuhr fort: denn nicht nur, dass die, in den letzten öffentlichen Blättern eingerückte, Antwort auf die bewusste Bekanntmachung, mir sowohl als dem Vater, die Überzeugung von deiner Unschuld gegeben hat; so muss ich dir auch eröffnen, dass er sich selbst schon, zu unserm großen und freudigen Erstaunen, gestern im Hause gezeigt hat. Wer hat sich –? fragte die Marquise, und setzte sich bei ihrer Mutter nieder; – welcher er selbst hat sich gezeigt –? und Erwartung spannte jede ihrer Mienen. Er, erwiderte Frau von G…, der Verfasser jener Antwort, er persönlich selbst, an welchen dein

Aufruf gerichtet war. – Nun denn, sagte die Marquise, mit unruhig arbeitender Brust: wer ist es? Und noch einmal: wer ist es? – Das, erwiderte Frau von G..., möchte ich dich erraten lassen. Denn denke, dass sich gestern, da wir beim Tee sitzen, und eben das sonderbare Zeitungsblatt lesen, ein Mensch, von unsrer genauesten Bekanntschaft, mit Gebärden der Verzweiflung ins Zimmer stürzt, und deinem Vater, und bald darauf auch mir, zu Füßen fällt. Wir, unwissend, was wir davon denken sollen, fordern ihn auf, zu reden. Darauf spricht er: sein Gewissen lasse ihm keine Ruhe; er sei der Schändliche, der die Frau Marquise betrogen, er müsse wissen, wie man sein Verbrechen beurteile, und wenn Rache über ihn verhängt werden solle, so komme er, sich ihr selbst darzubieten. Aber wer? wer? wer? versetzte die Marquise. Wie gesagt, fuhr Frau von G... fort, ein junger, sonst wohlerzogener Mensch, dem wir eine solche Nichtswürdigkeit niemals zugetraut hätten. Doch erschrecken wirst du nicht, meine Tochter, wenn du erfährst, dass er von niedrigem Stande, und von allen Forderungen, die man sonst an deinen Gemahl machen dürfte, entblößt ist. Gleichviel, meine vortreffliche Mutter, sagte die Marquise, er kann nicht ganz unwürdig sein, da er sich Ihnen früher als mir, zu Füßen geworfen hat. Aber, wer? wer? Sagen Sie mir nur: wer? Nun denn, versetzte die Mutter, es ist Leopardo, der Jäger, den sich der Vater jüngst aus Tirol verschrieb, und den ich, wenn du ihn wahrnahmst, schon mitgebracht habe, um ihn dir als Bräutigam vorzustellen. Leopardo, der Jäger! rief die Marquise, und drückte ihre Hand, mit dem Ausdruck der Verzweiflung, vor die Stirn. Was erschreckt dich? fragte die Obristin. Hast du Gründe, daran zu zweifeln? – Wie? Wo? Wann? fragte die Marquise verwirrt. Das, antwortete jene, will er nur dir anvertrauen. Scham und Liebe, meinte er, machten es ihm unmöglich, sich einer andern hierüber zu erklären, als dir. Doch wenn du willst, so öffnen wir das Vorzimmer, wo er, mit klopfendem Herzen, auf den Ausgang wartet; und du magst sehen, ob du ihm sein Geheimnis, indessen ich abtrete, entlockst. – Gott, mein Vater! rief die Marquise; ich war einst in der Mittagshitze eingeschlummert, und sah ihn von meinem Diwan gehen, als ich erwachte! – Und damit legte sie ihre kleinen Hände vor ihr in Scham erglühendes Gesicht. Bei diesen Worten sank die Mutter auf Knien vor ihr nieder. O meine Tochter! rief sie; o du Vortreffliche! und schlug die Arme um sie. Und o ich Nichtswürdige! und verbarg das Antlitz in ihren Schoß. Die Marquise fragte bestürzt: was ist Ihnen, meine Mutter? Denn begreife, fuhr diese fort, o du Reinere als Engel sind, dass von allem, was ich dir sagte, nichts wahr ist; dass meine verderbte Seele an solche Unschuld nicht, als von der du umstrahlt bist, glauben konnte, und dass ich dieser schändlichen List erst bedurfte, um mich davon zu überzeugen. Meine teuerste Mutter, rief die Marquise, und neigte sich voll froher Rührung zu ihr herab, und wollte sie aufheben. Jene versetzte darauf: nein, eher nicht von deinen Füßen weich ich, bis du mir sagst, ob du mir die Niedrigkeit meines Verhaltens, du Herrliche, Überirdische, verzeihen kannst. Ich Ihnen verzeihen, meine Mutter! Stehen Sie auf, rief die Marquise, ich beschwöre Sie – Du hörst, sagte Frau von G..., ich will wissen, ob du mich noch lieben, und so aufrichtig verehren kannst, als sonst? Meine angebetete Mutter! rief die Marquise, und legte sich gleichfalls auf Knien vor ihr nieder; Ehrfurcht und Liebe sind nie aus meinem Herzen gewichen. Wer konnte mir, unter so unerhörten Umständen, Vertrauen schenken? Wie glücklich bin ich, dass Sie von meiner Unsträflichkeit überzeugt sind! Nun denn, versetzte Frau von G..., indem sie, von ihrer Tochter unterstützt, aufstand: so will ich dich auf Händen tragen, mein liebstes Kind. Du sollst bei mir dein Wochenlager halten; und wären die Verhältnisse so, dass ich einen jungen

Fürsten von dir erwartete, mit größerer Zärtlichkeit nicht und Würdigkeit könnt ich dein pflegen. Die Tage meines Lebens nicht mehr von deiner Seite weich ich. Ich biete der ganzen Welt Trotz; ich *will* keine andre Ehre mehr, als deine Schande; wenn du mir nur wieder gut wirst, und der Härte nicht, mit welcher ich dich verstieß, mehr gedenkst. Die Marquise suchte sie mit Liebkosungen und Beschwörungen ohne Ende zu trösten; doch der Abend kam heran, und Mitternacht schlug, ehe es ihr gelang. Am folgenden Tage, da sich der Affekt der alten Dame, der ihr während der Nacht eine Fieberhitze zugezogen hatte, ein wenig gelegt hatte, fuhren Mutter und Tochter und Enkel, wie im Triumph, wieder nach M… zurück. Sie waren äußerst vergnügt auf der Reise, scherzten über Leopardo, den Jäger, der vorn auf dem Bock saß; und die Mutter sagte zur Marquise, sie bemerke, dass sie rot würde, so oft sie seinen breiten Rücken ansähe. Die Marquise antwortete, mit einer Regung, die halb ein Seufzer, halb ein Lächeln war: wer weiß, wer zuletzt noch am Dritten 11 Uhr morgens bei uns erscheint! – Drauf, je mehr man sich M… näherte, je ernsthafter stimmten sich wieder die Gemüter, in der Vorahndung entscheidender Auftritte, die ihnen noch bevorstanden. Frau von G…, die sich von ihren Plänen nichts merken ließ, führte ihre Tochter, da sie vor dem Hause ausgestiegen waren, wieder in ihre alten Zimmer ein; sagte, sie möchte es sich nur bequem machen, sie würde gleich wieder bei ihr sein, und schlüpfte ab. Nach einer Stunde kam sie mit einem ganz erhitzten Gesicht wieder. Nein, solch ein Thomas! sprach sie mit heimlich vergnügter Seele; solch ein ungläubiger Thomas! Hab ich nicht eine Seigerstunde gebraucht, ihn zu überzeugen. Aber nun sitzt er, und weint. Wer? fragte die Marquise. Er, antwortete die Mutter. Wer sonst, als wer die größte Ursache dazu hat. Der Vater doch nicht? rief die Marquise. Wie ein Kind, erwiderte die Mutter; dass ich, wenn

Thomas **Anspielung auf den ungläubigen Thomas, Johannes 20, 24–29**

Seigerstunde **geschlagene Stunde**

ich mir nicht selbst hätte die Tränen aus den Augen wischen müssen, gelacht hätte, so wie ich nur aus der Türe heraus war. Und das wegen meiner? fragte die Marquise, und stand auf; und ich sollte hier –? Nicht von der Stelle! sagte Frau von G… Warum diktierte er mir den Brief! Hier sucht er *dich* auf, wenn er *mich*, so lange ich lebe, wiederfinden will. Meine teuerste Mutter, flehte die Marquise – Unerbittlich! fiel ihr die Obristin ins Wort. Warum griff er nach der Pistole. – Aber ich beschwöre Sie – Du *sollst* nicht, versetzte Frau von G…, indem sie die Tochter wieder auf ihren Sessel niederdrückte. Und wenn er nicht heut vor Abend noch kommt, zieh ich morgen mit dir weiter. Die Marquise nannte dies Verfahren hart und ungerecht. Doch die Mutter erwiderte: Beruhige dich – denn eben hörte sie jemand von weitem heranschluchzen: er kömmt schon! Wo? fragte die Marquise, und horchte. Ist wer hier draußen vor der Tür; dies heftige –? Allerdings, versetzte Frau von G… Er will, dass wir ihm die Türe öffnen. Lassen Sie mich! rief die Marquise, und riss sich vom Stuhl empor. Doch: wenn du mir gut bist, Julietta, versetzte die Obristin, so bleib; und in dem Augenblick trat auch der Kommandant schon, das Tuch vor das Gesicht haltend, ein. Die Mutter stellte sich breit vor ihre Tochter, und kehrte ihm den Rücken zu. Mein teuerster Vater! rief die Marquise, und streckte ihre Arme nach ihm aus. Nicht von der Stelle, sagte Frau von G…, du hörst! Der Kommandant stand in der Stube und weinte. Er soll dir abbitten, fuhr Frau von G… fort. Warum ist er so heftig! Und warum ist er so hartnäckig! Ich liebe ihn, aber dich auch; ich ehre ihn, aber dich auch. Und muss ich eine Wahl treffen, so bist du vortrefflicher, als er, und ich bleibe bei dir. Der Kommandant beugte sich ganz krumm, und heulte, dass die Wände erschallten. Aber mein Gott! rief die Marquise, gab der Mutter plötzlich nach, und nahm ihr Tuch, ihre eigenen Tränen fließen zu lassen. Frau von G…

sagte: – er kann nur nicht sprechen! und wich ein wenig zur Seite aus. Hierauf erhob sich die Marquise, umarmte den Kommandanten, und bat ihn, sich zu beruhigen. Sie weinte selbst heftig. Sie fragte ihn, ob er sich nicht setzen wolle? sie wollte ihn auf einen Sessel niederziehen; sie schob ihm einen Sessel hin, damit er sich daraufsetze: doch er antwortete nicht; er war nicht von der Stelle zu bringen; er setzte sich auch nicht, und stand bloß, das Gesicht tief zur Erde gebeugt, und weinte. Die Marquise sagte, indem sie ihn aufrecht hielt, halb zur Mutter gewandt: er werde krank werden; die Mutter selbst schien, da er sich ganz konvulsivisch gebärdete, ihre Standhaftigkeit verlieren zu wollen. Doch da der Kommandant sich endlich, auf die wiederholten Anforderungen der Tochter, niedergesetzt hatte, und diese ihm, mit unendlichen Liebkosungen, zu Füßen gesunken war: so nahm sie wieder das Wort, sagte, es geschehe ihm ganz recht, er werde nun wohl zur Vernunft kommen, entfernte sich aus dem Zimmer, und ließ sie allein.

Anforderungen hier: Aufforderungen

Sobald sie draußen war, wischte sie sich selbst die Tränen ab, dachte, ob ihm die heftige Erschütterung, in welche sie ihn versetzt hatte, nicht doch gefährlich sein könnte, und ob es wohl ratsam sei, einen Arzt rufen zu lassen? Sie kochte ihm für den Abend alles, was sie nur Stärkendes und Beruhigendes aufzutreiben wusste, in der Küche zusammen, bereitete und wärmte ihm das Bett, um ihn sogleich hineinzulegen, sobald er nur, an der Hand der Tochter, erscheinen würde, und schlich, da er immer noch nicht kam, und schon die Abendtafel gedeckt war, dem Zimmer der Marquise zu, um doch zu hören, was sich zutrage? Sie vernahm, da sie mit sanft an die Tür gelegtem Ohr horchte, ein leises, eben verhallendes Gelispel, das, wie es ihr schien, von der Marquise kam; und, wie sie durchs Schlüsselloch bemerkte, saß sie auch auf des Kommandanten Schoß, was er sonst in seinem Leben nicht zuge-

zugegeben geduldet

geben hatte. Drauf endlich öffnete sie die Tür, und sah nun – und das Herz quoll ihr vor Freuden empor: die Tochter still, mit zurückgebeugtem Nacken, die Augen fest geschlossen, in des Vaters Armen liegen; indessen dieser, auf dem Lehnstuhl sitzend, lange, heiße und lechzende Küsse, das große Auge voll glänzender Tränen, auf ihren Mund drückte: gerade wie ein Verliebter! Die Tochter sprach nicht, er sprach nicht; mit über sie gebeugtem Antlitz saß er, wie über das Mädchen seiner ersten Liebe, und legte ihr den Mund zurecht, und küsste sie. Die Mutter fühlte sich, wie eine Selige; ungesehen, wie sie hinter seinem Stuhle stand, säumte sie, die Lust der himmelfrohen Versöhnung, die ihrem Hause wieder geworden war, zu stören. Sie nahte sich dem Vater endlich, und sah ihn, da er eben wieder mit Fingern und Lippen in unsäglicher Lust über den Mund seiner Tochter beschäftigt war, sich um den Stuhl herumbeugend, von der Seite an. Der Kommandant schlug, bei ihrem Anblick, das Gesicht schon wieder ganz kraus nieder, und wollte etwas sagen; doch sie rief: o was für ein Gesicht ist das! küsste es jetzt auch ihrerseits in Ordnung, und machte der Rührung durch Scherzen ein Ende. Sie lud und führte beide, die wie Brautleute gingen, zur Abendtafel, an welcher der Kommandant zwar sehr heiter war, aber noch von Zeit zu Zeit schluchzte, wenig aß und sprach, auf den Teller niedersah, und mit der Hand seiner Tochter spielte.

Nun galt es, beim Anbruch des nächsten Tages, die Frage: wer nur, in aller Welt, morgen um 11 Uhr sich zeigen würde; denn morgen war der gefürchtete Dritte. Vater und Mutter, und auch der Bruder, der sich mit seiner Versöhnung eingefunden hatte, stimmten unbedingt, falls die Person nur von einiger Erträglichkeit sein würde, für Vermählung; alles, was nur immer möglich war, sollte geschehen, um die Lage der Marquise glücklich zu machen. Sollten die Verhältnisse derselben jedoch so beschaffen sein, dass sie selbst dann, wenn man ihnen durch Begünstigungen zu Hülfe käme, zu weit hinter den Verhältnissen der Marquise zurückblieben, so widersetzten sich die Eltern der Heirat; sie beschlossen, die Marquise nach wie vor bei sich zu behalten, und das Kind zu adoptieren. Die Marquise hingegen schien willens, in jedem Falle, wenn die Person nur nicht ruchlos wäre, ihr gegebenes Wort in Erfüllung zu bringen, und dem Kinde, es koste was es wolle, einen Vater zu verschaffen. Am Abend fragte die Mutter, wie es denn mit dem Empfang der Person gehalten werden solle? Der Kommandant meinte, dass es am schicklichsten sein würde, wenn man die Marquise um 11 Uhr allein ließe. Die Marquise hingegen bestand darauf, dass beide Eltern, und auch der Bruder, gegenwärtig sein möchten, indem sie keine Art des Geheimnisses mit dieser Person zu teilen haben wolle. Auch meinte sie, dass dieser Wunsch sogar in der Antwort derselben, dadurch, dass sie das Haus des Kommandanten zur Zusammenkunft vorgeschlagen, ausgedrückt scheine; ein Umstand, um dessentwillen ihr gerade diese Antwort, wie sie frei gestehen müsse, sehr gefallen habe. Die Mutter bemerkte die Unschicklichkeit der Rollen, die der Vater und der Bruder dabei zu spielen haben würden, bat die Tochter, die Entfernung der Männer zuzulassen, wogegen sie in ihren Wunsch willigen, und bei dem Empfang der Person gegenwärtig sein wolle. Nach einer kurzen Besinnung der Tochter ward dieser letzte Vorschlag endlich angenommen. Drauf nun erschien, nach einer, unter den gespanntesten Erwartungen zugebrachten, Nacht der Morgen des gefürchteten Dritten. Als die Glocke eilf Uhr schlug, saßen beide Frauen, festlich, wie zur Verlobung angekleidet, im Besuchzimmer; das Herz klopfte ihnen, dass man es gehört haben würde, wenn das Geräusch des Tages geschwiegen hätte. Der eilfte Glockenschlag summte noch, als Leopardo, der Jäger, eintrat, den der Vater aus Tirol verschrieben hatte. Die Weiber erblassten bei diesem Anblick. Der Graf F…, sprach er, ist vorgefahren, und lässt sich anmelden. Der Graf F…! riefen beide zugleich, von einer Art der Bestürzung in die andre geworfen. Die Marquise rief: Verschließt die Türen! Wir sind für ihn nicht zu Hause; stand auf, das Zimmer gleich selbst zu verriegeln, und wollte eben den Jäger, der ihr im Wege stand, hinausdrängen, als der Graf schon, in genau demselben Kriegsrock, mit Orden und Waffen, wie er sie bei der Eroberung des Forts getragen hatte, zu ihr eintrat. Die Marquise glaubte vor Verwirrung in die Erde zu sinken; sie griff nach einem Tuch, das sie auf dem Stuhl hatte liegen lassen, und wollte eben in ein Seitenzimmer entfliehn; doch Frau von G…, indem sie die Hand derselben ergriff, rief: Julietta –! und wie erstickt von Gedanken, ging ihr die Sprache aus. Sie heftete die Augen fest auf den Grafen und wiederholte: ich bitte dich, Julietta! indem sie sie nach sich zog: wen erwarten wir denn –? Die Marquise rief, indem sie sich plötzlich wandte: nun? doch ihn nicht –? und schlug mit einem Blick funkelnd, wie ein Wetterstrahl, auf ihn ein, indessen Blässe des Todes ihr Antlitz überflog. Der Graf hatte ein Knie vor ihr gesenkt; die rechte Hand lag auf seinem Herzen, das Haupt sanft auf seine Brust gebeugt, lag er, und blickte hochglühend vor sich nieder, und schwieg. Wen sonst, rief die Obristin mit beklemmter Stimme, wen sonst, wir Sinnberaubten, als ihn –? Die Marquise stand starr über ihm, und sagte: ich werde wahnsinnig werden, meine Mutter! Du Törin, erwiderte die Mutter, zog sie zu sich, und flüsterte ihr etwas in das Ohr. Die Marquise wandte sich, und stürzte, beide Hände vor das Gesicht, auf den Sofa nieder. Die Mutter rief: Unglückliche! Was fehlt dir? Was ist geschehn, worauf du nicht vorbereitet warst? – Der Graf wich nicht von der Seite der Obristin; er fasste, immer noch auf seinen Knien liegend, den äußersten Saum ihres Kleides, und küsste ihn. Liebe! Gnädige! Verehrungswür-

Kriegsrock **Uniform**

Wetterstrahl **Blitz**

Pestvergifteter **Pestkranker**

Furie **Rachegöttin**

digste! flüsterte er: eine Träne rollte ihm die Wangen herab. Die Obristin sagte: stehn Sie auf, Herr Graf, stehn Sie auf! Trösten Sie jene; so sind wir alle versöhnt, so ist alles vergeben und vergessen. Der Graf erhob sich weinend. Er ließ sich von Neuem vor der Marquise nieder, er fasste leise ihre Hand, als ob sie von Gold wäre, und der Duft der seinigen sie trüben könnte. Doch diese –: gehn Sie! gehn Sie! gehn Sie! rief sie, indem sie aufstand; auf einen Lasterhaften war ich gefasst, aber auf keinen – – – Teufel! öffnete, indem sie ihm dabei, gleich einem Pestvergifteten, auswich, die Tür des Zimmers, und sagte: ruft den Obristen! Julietta! rief die Obristin mit Erstaunen. Die Marquise blickte, mit tötender Wildheit, bald auf den Grafen, bald auf die Mutter ein; ihre Brust flog, ihr Antlitz loderte: eine Furie blickt nicht schrecklicher. Der Obrist und der Forstmeister kamen. Diesem Mann, Vater, sprach sie, als jene noch unter dem Eingang waren, kann ich mich nicht vermählen! griff in ein Gefäß mit Weihwasser, das an der hinteren Tür befestigt war, besprengte, in einem großen Wurf, Vater und Mutter und Bruder damit, und verschwand.

Der Kommandant, von dieser seltsamen Erscheinung betroffen, fragte, was vorgefallen sei; und erblasste, da er, in diesem entscheidenden Augenblick, den Grafen F… im Zimmer erblickte. Die Mutter nahm den Grafen bei der Hand und sagte: frage nicht; dieser junge Mann bereut von Herzen alles, was geschehen ist; gib deinen Segen, gib, gib: so wird sich alles noch glücklich endigen. Der Graf stand wie vernichtet. Der Kommandant legte seine Hand auf ihn; seine Augenwimpern zuckten, seine Lippen waren weiß, wie Kreide. Möge der Fluch des Himmels von diesen Scheiteln weichen! rief er: wann gedenken Sie zu heiraten? – Morgen, antwortete die Mutter für ihn, denn er konnte kein Wort hervorbringen, morgen oder heute, wie du willst; dem Herrn Grafen, der so viel schöne Beeiferung gezeigt hat, sein Vergehen wieder gutzumachen, wird immer die nächste Stunde die liebste sein. – So habe ich das Vergnügen, Sie morgen um 11 Uhr in der Augustinerkirche zu finden! sagte der Kommandant; verneigte sich gegen ihn, rief Frau und Sohn ab, um sich in das Zimmer der Marquise zu verfügen, und ließ ihn stehen.

Man bemühte sich vergebens, von der Marquise den Grund ihres sonderbaren Betragens zu erfahren; sie lag im heftigsten Fieber, wollte durchaus von Vermählung nichts wissen, und bat, sie allein zu lassen. Auf die Frage: warum sie denn ihren Entschluss plötzlich geändert habe? und was ihr den Grafen gehässiger mache, als einen andern? sah sie den Vater mit großen Augen zerstreut an, und antwortete nichts. Die Obristin sprach: ob sie vergessen habe, dass sie Mutter sei? worauf sie erwiderte, dass sie, in diesem Falle, mehr an sich, als ihr Kind, denken müsse, und nochmals, indem sie alle Engel und Heiligen zu Zeugen anrief, versicherte, dass sie nicht heiraten würde. Der Vater, der sie offenbar in einem überreizten Gemütszustande sah, erklärte, dass sie ihr Wort halten müsse; verließ sie, und ordnete alles, nach gehöriger schriftlicher Rücksprache mit dem Grafen, zur Vermählung an. Er legte demselben einen Heiratskontrakt vor, in welchem dieser auf alle Rechte eines Gemahls Verzicht tat, dagegen sich zu allen Pflichten, die man von ihm fordern würde, verstehen sollte. Der Graf sandte das Blatt, ganz von Tränen durchfeuchtet, mit seiner Unterschrift zurück. Als der Kommandant am andern Morgen der Marquise dieses Papier überreichte, hatten sich ihre Geister ein wenig beruhigt. Sie durchlas es, noch im Bette sitzend, mehrere Male, legte es sinnend zusammen, öffnete es, und durchlas es wieder; und erklärte hierauf, dass sie sich um 11 Uhr in der Augustinerkirche einfinden würde. Sie stand auf, zog sich, ohne ein Wort zu sprechen, an, stieg, als die Glocke schlug, mit allen Ihrigen in den Wagen, und fuhr dahin ab.

Heiratskontrakt **Heiratsvertrag**

Erst an dem Portal der Kirche war es dem Grafen erlaubt, sich an die Familie anzuschließen. Die Marquise sah, während der Feierlichkeit, starr auf das Altarbild; nicht ein flüchtiger Blick ward dem Manne zuteil, mit welchem sie die Ringe wechselte. Der Graf bot ihr, als die Trauung vorüber war, den Arm; doch sobald sie wieder aus der Kirche heraus waren, verneigte sich die Gräfin vor ihm: der Kommandant fragte, ob er die Ehre haben würde, ihn zuweilen in den Gemächern seiner Tochter zu sehen, worauf der Graf etwas stammelte, das niemand verstand, den Hut vor der Gesellschaft abnahm, und verschwand. Er bezog eine Wohnung in M…, in welcher er mehrere Monate zubrachte, ohne auch nur den Fuß in des Kommandanten Haus zu setzen, bei welchem die Gräfin zurückgeblieben war. Nur seinem zarten, würdigen und völlig musterhaften Betragen überall, wo er mit der Familie in irgend eine Berührung kam, hatte er es zu verdanken, dass er, nach der nunmehr erfolgten Entbindung der Gräfin von einem jungen Sohne, zur Taufe desselben eingeladen ward. Die Gräfin, die, mit Teppichen bedeckt, auf dem Wochenbette saß, sah ihn nur auf einen Augenblick, da er unter die Tür trat, und sie von weitem ehrfurchtsvoll grüßte. Er warf unter den Geschenken, womit die Gäste den Neugebornen bewillkommten, zwei Papiere auf die Wiege desselben, deren eines, wie sich nach seiner Entfernung auswies, eine Schenkung von 20000 Rubel an den Knaben, und das andere ein Testament war, in dem er die Mutter, falls er stürbe, zur Erbin seines ganzen Vermögens einsetzte. Von diesem Tage an ward er, auf Veranstaltung der Frau von G…, öfter eingeladen; das Haus stand seinem Eintritt offen, es verging bald kein Abend, da er sich nicht darin gezeigt hätte. Er fing, da sein Gefühl ihm sagte, dass ihm von allen Seiten, um der gebrechlichen Einrichtung der Welt willen, verziehen sei, seine Bewerbung um die Gräfin, seine Gemahlin, von Neuem an, erhielt, nach Ver-

Veranstaltung hier: Veranlassung

lauf eines Jahres, ein zweites Jawort von ihr, und auch eine zweite Hochzeit ward gefeiert, froher, als die erste, nach deren Abschluss die ganze Familie nach V… hinauszog. Eine ganze Reihe von jungen Russen folgte jetzt noch dem ersten; und da der Graf, in einer glücklichen Stunde, seine Frau einst fragte, warum sie, an jenem fürchterlichen Dritten, da sie auf jeden Lasterhaften gefasst schien, vor ihm, gleich einem Teufel, geflohen wäre, antwortete sie, indem sie ihm um den Hals fiel: er würde ihr damals nicht wie ein Teufel erschienen sein, wenn er ihr nicht, bei seiner ersten Erscheinung, wie ein Engel vorgekommen wäre.

Das Erdbeben in Chili — 1807

Chili
→ Seite 264

In St. Jago, der Hauptstadt des Königreichs Chili, stand gerade in dem Augenblicke der großen Erderschütterung vom Jahre 1647, bei welcher viele tausend Menschen ihren Untergang fanden, ein junger, auf ein Verbrechen angeklagter Spanier, namens *Jeronimo Rugera*, an einem Pfeiler des Gefängnisses, in welches man ihn eingesperrt hatte, und wollte sich erhenken. *Don Henrico Asteron*, einer der reichsten Edelleute der Stadt, hatte ihn ungefähr ein Jahr zuvor aus seinem Hause, wo er als Lehrer angestellt war, entfernt, weil er sich mit *Donna Josephe*, seiner einzigen Tochter, in einem zärtlichen Einverständnis befunden hatte. Eine geheime Bestellung, die dem alten Don, nachdem er die Tochter nachdrücklich gewarnt hatte, durch die hämische Aufmerksamkeit seines stolzen Sohnes verraten worden war, entrüstete ihn dergestalt, dass er sie in dem Karmeliterkloster unsrer lieben Frauen vom Berge daselbst unterbrachte.

St. Jago Santiago de Chile
Königreich Chili → Seite 264
Lehrer Hauslehrer/Hofmeister
geheime Bestellung heimliche Verabredung
Karmeliterkloster unsrer lieben Frauen vom Berge → Seite 264 f.

Durch einen glücklichen Zufall hatte Jeronimo hier die Verbindung von Neuem anzuknüpfen gewusst, und in einer verschwiegenen Nacht den Klostergarten zum Schauplatze seines vollen Glückes gemacht. Es war am Fronleichnamsfeste, und die feierliche Prozession der Nonnen, welchen die Novizen folgten, nahm eben ihren Anfang, als die unglückliche Josephe, bei dem Anklange der Glocken, in Mutterwehen auf den Stufen der Kathedrale niedersank.

Dieser Vorfall machte außerordentliches Aufsehn; man brachte die junge Sünderin, ohne Rücksicht auf ihren Zustand, sogleich in ein Gefängnis, und kaum war sie aus den Wochen erstanden, als ihr schon, auf Befehl des Erzbischofs, der geschärfteste Prozess gemacht ward. Man sprach in der Stadt mit einer so großen Erbitterung von diesem Skandal, und die Zungen fielen so scharf über das ganze Kloster her, in

aus den Wochen aus dem Wochenbett
geschärfteste Prozess → Seite 265

welchem er sich zugetragen hatte, dass weder die Fürbitte der Familie Asteron, noch auch der Wunsch der Äbtissin selbst, welche das junge Mädchen wegen ihres sonst untadelhaften Betragens liebgewonnen hatte, die Strenge, mit welcher das klösterliche Gesetz sie bedrohte, mildern konnte. Alles, was geschehen konnte, war, dass der Feuertod, zu dem sie verurteilt wurde, zur großen Entrüstung der Matronen und Jungfrauen von St. Jago, durch einen Machtspruch des Vizekönigs, in eine Enthauptung verwandelt ward.

klösterliches Gesetz **Verstoß gegen das Keuschheitsgebot**

Man vermietete in den Straßen, durch welche der Hinrichtungszug gehen sollte, die Fenster, man trug die Dächer der Häuser ab, und die frommen Töchter der Stadt luden ihre Freundinnen ein, um dem Schauspiele, das der göttlichen Rache gegeben wurde, an ihrer schwesterlichen Seite beizuwohnen.

Jeronimo, der inzwischen auch in ein Gefängnis gesetzt worden war, wollte die Besinnung verlieren, als er diese ungeheure Wendung der Dinge erfuhr. Vergebens sann er auf Rettung: überall, wohin ihn auch der Fittig der vermessensten Gedanken trug, stieß er auf Riegel und Mauern, und ein Versuch, die Gitterfenster zu durchfeilen, zog ihm, da er entdeckt ward, eine nur noch engere Einsperrung zu. Er warf sich vor dem Bildnisse der heiligen Mutter Gottes nieder, und betete mit unendlicher Inbrunst zu ihr, als der Einzigen, von der ihm jetzt noch Rettung kommen könnte.

Fittig **Flügel**

Doch der gefürchtete Tag erschien, und mit ihm in seiner Brust die Überzeugung von der völligen Hoffnungslosigkeit seiner Lage. Die Glocken, welche Josephen zum Richtplatz begleiteten, ertönten, und Verzweiflung bemächtigte sich seiner Seele. Das Leben schien ihm verhasst, und er beschloss, sich durch einen Strick, den ihm der Zufall gelassen hatte, den Tod zu geben. Eben stand er, wie schon gesagt, an einem Wandpfeiler und befestigte den Strick, der ihn dieser jammervollen Welt entreißen sollte, an eine Eisenklammer, die an dem Gesimse derselben eingefugt war; als plötzlich der größte Teil der Stadt, mit einem Gekrache, als ob das Firmament einstürzte, versank, und alles, was Leben atmete, unter seinen Trümmern begrub. Jeronimo Rugera war starr vor Entsetzen; und gleich als ob sein ganzes Bewusstsein zerschmettert worden wäre, hielt er sich jetzt an dem Pfeiler, an welchem er hatte sterben wollen, um nicht umzufallen. Der Boden wankte unter seinen Füßen, alle Wände des Gefängnisses rissen, der ganze Bau neigte sich, nach der Straße zu einzustürzen, und nur der, seinem langsamen Fall begegnende, Fall des gegenüberstehenden Gebäudes verhinderte, durch eine zufällige Wölbung, die gänzliche Zubodenstreckung desselben. Zitternd, mit sträubenden Haaren, und Knien, die unter ihm brechen wollten, glitt Jeronimo über den schief gesenkten Fußboden hinweg, der Öffnung zu, die der Zusammenschlag beider Häuser in die vordere Wand des Gefängnisses eingerissen hatte.

Gestade Ufer
Mapochofluss Nebenfluss des Río Maipo südlich von Santiago

Kaum befand er sich im Freien, als die ganze, schon erschütterte Straße auf eine zweite Bewegung der Erde völlig zusammenfiel. Besinnungslos, wie er sich aus diesem allgemeinen Verderben retten würde, eilte er, über Schutt und Gebälk hinweg, indessen der Tod von allen Seiten Angriffe auf ihn machte, nach einem der nächsten Tore der Stadt. Hier stürzte noch ein Haus zusammen, und jagte ihn, die Trümmer weit umherschleudernd, in eine Nebenstraße; hier leckte die Flamme schon, in Dampfwolken blitzend, aus allen Giebeln, und trieb ihn schreckenvoll in eine andere; hier wälzte sich, aus seinem Gestade gehoben, der Mapochofluss auf ihn heran, und riss ihn brüllend in eine dritte. Hier lag ein Haufen Erschlagener, hier ächzte noch eine Stimme unter dem Schutte, hier schrien Leute von brennenden Dächern herab, hier kämpften Menschen und Tiere mit den Wellen, hier war ein mutiger Retter bemüht, zu helfen; hier stand ein anderer, bleich wie der Tod, und streckte sprachlos zitternde Hände zum Himmel. Als Jeronimo das Tor erreicht, und einen Hügel jenseits desselben bestiegen hatte, sank er ohnmächtig auf demselben nieder.

Er mochte wohl eine Viertelstunde in der tiefsten Bewusstlosigkeit gelegen haben, als er endlich wieder erwachte, und sich, mit nach der Stadt gekehrtem Rücken, halb auf dem Erdboden erhob. Er befühlte sich Stirn und Brust, unwissend, was er aus seinem Zustande machen sollte, und ein unsägliches Wonnegefühl ergriff ihn, als ein Westwind, vom Meere her, sein wiederkehrendes Leben anwehte, und sein Auge sich nach allen Richtungen über die blühende Gegend von St. Jago hinwandte. Nur die verstörten Menschenhaufen, die sich überall blicken ließen, beklemmten sein Herz; er begriff nicht, was ihn und sie hiehergeführt haben konnte, und erst, da er sich umkehrte, und die Stadt hinter sich versunken sah, erinnerte er sich des schrecklichen Augenblicks, den er erlebt hatte. Er senkte sich so tief, dass seine Stirn den Boden berührte, Gott für seine wunderbare Errettung zu danken; und gleich, als ob der eine entsetzliche Eindruck, der sich seinem Gemüt eingeprägt hatte, alle früheren daraus verdrängt hätte, weinte er vor Lust, dass er sich des lieblichen Lebens, voll bunter Erscheinungen, noch erfreue.

Drauf, als er eines Ringes an seiner Hand gewahrte, erinnerte er sich plötzlich auch Josephens, und mit ihr seines Gefängnisses, der Glocken, die er dort gehört hatte, und des Augenblicks, der dem Einsturze desselben vorangegangen war. Tiefe Schwermut erfüllte wieder seine Brust; sein Gebet fing ihn zu reuen an, und fürchterlich schien ihm das Wesen, das über den Wolken waltet. Er mischte sich unter das Volk, das überall, mit Rettung des Eigentums beschäftigt, aus den Toren stürzte, und wagte schüchtern nach der Tochter Aste-

umständliche alle Umstände umfassende Auskunft

einbrechen hereinbrechen

rons, und ob die Hinrichtung an ihr vollzogen worden sei, zu fragen; doch niemand war, der ihm umständliche Auskunft gab. Eine Frau, die auf einem fast zur Erde gedrückten Nacken eine ungeheure Last von Gerätschaften und zwei Kinder, an der Brust hängend, trug, sagte im Vorbeigehen, als ob sie es selbst angesehen hätte: dass sie enthauptet worden sei. Jeronimo kehrte sich um; und da er, wenn er die Zeit berechnete, selbst an ihrer Vollendung nicht zweifeln konnte, so setzte er sich in einem einsamen Walde nieder, und überließ sich seinem vollen Schmerz. Er wünschte, dass die zerstörende Gewalt der Natur von Neuem über ihn einbrechen möchte. Er begriff nicht, warum er dem Tode, den seine jammervolle Seele so suchte, in jenen Augenblicken, da er ihm freiwillig von allen Seiten rettend erschien, entflohen sei. Er nahm sich fest vor, nicht zu wanken, wenn auch jetzt die Eichen entwurzelt werden, und ihre Wipfel über ihn zusammenstürzen sollten. Darauf nun, da er sich ausgeweint hatte, und ihm, mitten unter den heißesten Tränen, die Hoffnung wieder erschienen war, stand er auf, und durchstreifte nach allen Richtungen das Feld. Jeden Berggipfel, auf dem sich die Menschen versammelt hatten, besuchte er; auf allen Wegen, wo sich der Strom der Flucht noch bewegte, begegnete er ihnen; wo nur irgendein weibliches Gewand im Winde flatterte, da trug ihn sein zitternder Fuß hin: doch keines deckte die geliebte Tochter Asterons. Die Sonne neigte sich, und mit ihr seine Hoffnung schon wieder zum Untergange, als er den Rand eines Felsens betrat, und sich ihm die Aussicht in ein weites, nur von wenig Menschen besuchtes Tal eröffnete. Er durchlief, unschlüssig, was er tun sollte, die einzelnen Gruppen derselben, und wollte sich schon wieder wenden, als er plötzlich an einer Quelle, die die Schlucht bewässerte, ein junges Weib erblickte, beschäftigt, ein Kind in seinen Fluten zu reinigen. Und das Herz hüpfte ihm bei diesem Anblick: er sprang voll Ahndung über die Gesteine herab, und rief: O Mutter Gottes, du Heilige! und erkannte Josephen, als sie sich bei dem Geräusche schüchtern umsah. Mit welcher Seligkeit umarmten sie sich, die Unglücklichen, die ein Wunder des Himmels gerettet hatte!

Josephe war, auf ihrem Gang zum Tode, dem Richtplatze schon ganz nahe gewesen, als durch den krachenden Einsturz der Gebäude plötzlich der ganze Hinrichtungszug auseinander gesprengt ward. Ihre ersten entsetzensvollen Schritte trugen sie hierauf dem nächsten Tore zu; doch die Besinnung kehrte ihr bald wieder, und sie wandte sich, um nach dem Kloster zu eilen, wo ihr kleiner, hülfloser Knabe zurückgeblieben war. Sie fand das ganze Kloster schon in Flammen, und die Äbtissin, die ihr in jenen Augenblicken, die ihre letzten sein sollten, Sorge für den Säugling angelobt hatte, schrie eben, vor den Pforten stehend, nach Hülfe, um ihn zu retten. Josephe stürzte sich, unerschrocken durch den Dampf, der ihr entgegenqualmte, in das von allen Seiten schon zusammenfallende Gebäude, und gleich, als ob alle Engel des Himmels sie umschirmten, trat sie mit ihm unbeschädigt wieder aus dem Portal hervor. Sie wollte der Äbtissin, welche die Hände über ihr Haupt zusammenschlug, eben in die Arme sinken, als diese, mit fast allen ihren Klosterfrauen, von einem herabfallenden Giebel des Hauses, auf eine schmähliche Art erschlagen ward. Josephe bebte bei diesem entsetzlichen Anblicke zurück; sie drückte der Äbtissin flüchtig die Augen zu, und floh, ganz von Schrecken erfüllt, den teuern Knaben, den ihr der Himmel wieder geschenkt hatte, dem Verderben zu entreißen.

Sie hatte noch wenig Schritte getan, als ihr auch schon die Leiche des Erzbischofs begegnete, die man soeben zerschmettert aus dem Schutt der Kathedrale hervorgezogen hatte. Der Palast des Vizekönigs war versunken, der Gerichtshof, in wel-

begegnete **entgegengetragen wurde**

chem ihr das Urteil gesprochen worden war, stand in Flammen, und an die Stelle, wo sich ihr väterliches Haus befunden hatte, war ein See getreten, und kochte rötliche Dämpfe aus. Josephe raffte alle ihre Kräfte zusammen, sich zu halten. Sie schritt, den Jammer von ihrer Brust entfernend, mutig mit ihrer Beute von Straße zu Straße, und war schon dem Tore nah, als sie auch das Gefängnis, in welchem Jeronimo geseufzt hatte, in Trümmern sah. Bei diesem Anblicke wankte sie, und wollte besinnungslos an einer Ecke niedersinken; doch in demselben Augenblick jagte sie der Sturz eines Gebäudes hinter ihr, das die Erschütterungen schon ganz aufgelöst hatten, durch das Entsetzen gestärkt, wieder auf; sie küsste das Kind, drückte sich die Tränen aus den Augen, und erreichte, nicht mehr auf die Gräuel, die sie umringten, achtend, das Tor. Als sie sich im Freien sah, schloss sie bald, dass nicht jeder, der ein zertrümmertes Gebäude bewohnt hatte, unter ihm notwendig müsse zerschmettert worden sein.

Beute Kind

An dem nächsten Scheidewege stand sie still, und harrte, ob nicht einer, der ihr, nach dem kleinen Philipp, der liebste auf der Welt war, noch erscheinen würde. Sie ging, weil niemand kam, und das Gewühl der Menschen anwuchs, weiter, und kehrte sich wieder um, und harrte wieder; und schlich, viel Tränen vergießend, in ein dunkles, von Pinien beschattetes Tal, um seiner Seele, die sie entflohen glaubte, nachzubeten; und fand ihn hier, diesen Geliebten, im Tale, und Seligkeit, als ob es das Tal von Eden gewesen wäre.

Tal von Eden Tal des Paradieses

Dies alles erzählte sie jetzt voll Rührung dem Jeronimo, und reichte ihm, da sie vollendet hatte, den Knaben zum Küssen dar. – Jeronimo nahm ihn, und hätschelte ihn in unsäglicher Vaterfreude, und verschloss ihm, da er das fremde Antlitz anweinte, mit Liebkosungen ohne Ende den Mund. Indessen war die schönste Nacht herabgestiegen, voll wundermilden Duftes, so silberglänzend und still, wie nur ein

Dichter davon träumen mag. Überall, längs der Talquelle, hatten sich, im Schimmer des Mondscheins, Menschen niedergelassen, und bereiteten sich sanfte Lager von Moos und Laub, um von einem so qualvollen Tage auszuruhen. Und weil die Armen immer noch jammerten; dieser, dass er sein Haus, jener, dass er Weib und Kind, und der dritte, dass er alles verloren habe: so schlichen Jeronimo und Josephe in ein dichteres Gebüsch, um durch das heimliche Gejauchz ihrer Seelen niemand zu betrüben. Sie fanden einen prachtvollen Granatapfelbaum, der seine Zweige, voll duftender Früchte, weit ausbreitete; und die Nachtigall flötete im Wipfel ihr wollüstiges Lied. Hier ließ sich Jeronimo am Stamme nieder, und Josephe in seinem, Philipp in Josephens Schoß, saßen sie, von seinem Mantel bedeckt, und ruhten. Der Baumschatten zog, mit seinen verstreuten Lichtern, über sie hinweg, und der Mond erblasste schon wieder vor der Morgenröte, ehe sie einschliefen. Denn Unendliches hatten sie zu schwatzen vom Klostergarten und den Gefängnissen, und was sie um einander gelitten hätten; und waren sehr gerührt, wenn sie dachten, wie viel Elend über die Welt kommen musste, damit sie glücklich würden!

Granatapfelbaum
→ Seite 265

Sie beschlossen, sobald die Erderschütterungen aufgehört haben würden, nach La Conception zu gehen, wo Josephe eine vertraute Freundin hatte, sich mit einem kleinen Vorschuss, den sie von ihr zu erhalten hoffte, von dort nach Spanien einzuschiffen, wo Jeronimos mütterliche Verwandten wohnten, und daselbst ihr glückliches Leben zu beschließen. Hierauf, unter vielen Küssen, schliefen sie ein.

La Conception
→ Seite 265

Als sie erwachten, stand die Sonne schon hoch am Himmel, und sie bemerkten in ihrer Nähe mehrere Familien, beschäftigt, sich am Feuer ein kleines Morgenbrot zu bereiten. Jeronimo dachte eben auch, wie er Nahrung für die Seinigen herbeischaffen sollte, als ein junger wohlgekleideter Mann, mit einem Kinde auf dem Arm, zu Josephen trat, und sie mit Bescheidenheit fragte: ob sie diesem armen Wurme, dessen Mutter dort unter den Bäumen beschädigt liege, nicht auf kurze Zeit ihre Brust reichen wolle? Josephe war ein wenig verwirrt, als sie in ihm einen Bekannten erblickte; doch da er, indem er ihre Verwirrung falsch deutete, fortfuhr: es ist nur auf wenige Augenblicke, Donna Josephe, und dieses Kind hat, seit jener Stunde, die uns alle unglücklich gemacht hat, nichts genossen; so sagte sie: »ich schwieg – aus einem andern Grunde, Don Fernando; in diesen schrecklichen Zeiten weigert sich niemand, von dem, was er besitzen mag, mitzuteilen«: und nahm den kleinen Fremdling, indem sie ihr eigenes Kind dem Vater gab, und legte ihn an ihre Brust. Don Fernando war sehr dankbar für diese Güte, und fragte: ob sie sich nicht mit ihm zu jener Gesellschaft verfügen wollten, wo eben jetzt beim Feuer ein kleines Frühstück bereitet werde? Josephe antwortete, dass sie dies Anerbieten mit Vergnügen annehmen würde, und folgte ihm, da auch Jeronimo nichts einzuwenden hatte, zu seiner Familie, wo sie auf das innigste und zärtlichste von Don Fernandos beiden Schwägerinnen, die sie als sehr würdige junge Damen kannte, empfangen ward.

mitzuteilen **mit anderen zu teilen**

Donna Elvire, Don Fernandos Gemahlin, welche schwer an den Füßen verwundet auf der Erde lag, zog Josephen, da sie ihren abgehärmten Knaben an der Brust derselben sah, mit vieler Freundlichkeit zu sich nieder. Auch Don Pedro, sein Schwiegervater, der an der Schulter verwundet war, nickte ihr liebreich mit dem Haupte zu. –

In Jeronimos und Josephens Brust regten sich Gedanken von seltsamer Art. Wenn sie sich mit so vieler Vertraulichkeit und Güte behandelt sahen, so wussten sie nicht, was sie von der Vergangenheit denken sollten, vom Richtplatze, von dem Gefängnisse, und der Glocke; und ob sie bloß davon geträumt hätten? Es war, als ob die Gemüter, seit dem fürchterlichen

Schlage, der sie durchdröhnt hatte, alle versöhnt wären. Sie konnten in der Erinnerung gar nicht weiter, als bis auf ihn, zurückgehen. Nur Donna Elisabeth, welche bei einer Freundin, auf das Schauspiel des gestrigen Morgens, eingeladen worden war, die Einladung aber nicht angenommen hatte, ruhte zuweilen mit träumerischem Blicke auf Josephen; doch der Bericht, der über irgendein neues grässliches Unglück erstattet ward, riss ihre, der Gegenwart kaum entflohene Seele schon wieder in dieselbe zurück.

Man erzählte, wie die Stadt gleich nach der ersten Haupterschütterung von Weibern ganz voll gewesen, die vor den Augen aller Männer niedergekommen seien; wie die Mönche darin, mit dem Kruzifix in der Hand, umhergelaufen wären, und geschrien hätten: das Ende der Welt sei da! wie man einer Wache, die auf Befehl des Vizekönigs verlangte, eine Kirche zu räumen, geantwortet hätte: es gäbe keinen Vizekönig von Chili mehr! wie der Vizekönig in den schrecklichsten Augenblicken hätte müssen Galgen aufrichten lassen, um der Dieberei Einhalt zu tun; und wie ein Unschuldiger, der sich von hinten durch ein brennendes Haus gerettet, von dem Besitzer aus Übereilung ergriffen, und sogleich auch aufgeknöpft worden wäre.

niedergekommen seien **geboren hätten**

Donna Elvire, bei deren Verletzungen Josephe viel beschäftigt war, hatte in einem Augenblick, da gerade die Erzählungen sich am lebhaftesten kreuzten, Gelegenheit genommen, sie zu fragen: wie es denn ihr an diesem fürchterlichen Tag ergangen sei? Und da Josephe ihr, mit beklemmtem Herzen, einige Hauptzüge davon angab, so ward ihr die Wollust, Tränen in die Augen dieser Dame treten zu sehen; Donna Elvire ergriff ihre Hand, und drückte sie, und winkte ihr, zu schweigen. Josephe dünkte sich unter den Seligen. Ein Gefühl, das sie nicht unterdrücken konnte, nannte den verflossnen Tag, so viel Elend er auch über die Welt gebracht hatte,

Wollust **hier: tiefe Freude**

eine Wohltat, wie der Himmel noch keine über sie verhängt hatte. Und in der Tat schien, mitten in diesen grässlichen Augenblicken, in welchen alle irdischen Güter der Menschen zu Grunde gingen, und die ganze Natur verschüttet zu werden drohte, der menschliche Geist selbst, wie eine schöne Blume, aufzugehn. Auf den Feldern, so weit das Auge reichte, sah man Menschen von allen Ständen durcheinanderliegen, Fürsten und Bettler, Matronen und Bäuerinnen, Staatsbeamte und Tagelöhner, Klosterherren und Klosterfrauen: einander bemitleiden, sich wechselseitig Hülfe reichen, von dem, was sie zur Erhaltung ihres Lebens gerettet haben mochten, freudig mitteilen, als ob das allgemeine Unglück alles, was ihm entronnen war, zu *einer* Familie gemacht hätte.

Statt der nichtssagenden Unterhaltungen, zu welchen sonst die Welt an den Teetischen den Stoff hergegeben hatte, erzählte man jetzt Beispiele von ungeheuern Taten: Menschen, die man sonst in der Gesellschaft wenig geachtet hatte, hatten Römergröße gezeigt; Beispiele zu Haufen von Unerschrockenheit, von freudiger Verachtung der Gefahr, von Selbstverleugnung und der göttlichen Aufopferung, von ungesäumter Wegwerfung des Lebens, als ob es, dem nichtswürdigsten Gute gleich, auf dem nächsten Schritte schon wiedergefunden würde. Ja, da nicht einer war, für den nicht an diesem Tage etwas Rührendes geschehen wäre, oder der nicht selbst etwas Großmütiges getan hätte, so war der Schmerz in jeder Menschenbrust mit so viel süßer Lust vermischt, dass sich, wie sie meinte, gar nicht angeben ließ, ob die Summe des allgemeinen Wohlseins nicht von der einen Seite um ebenso viel gewachsen war, als sie von der anderen abgenommen hatte.

Römergröße
→ Seite 265

Jeronimo nahm Josephen, nachdem sich beide in diesen Betrachtungen stillschweigend erschöpft hatten, beim Arm, und führte sie mit unaussprechlicher Heiterkeit unter den schattigen Lauben des Granatwaldes auf und nieder. Er sagte ihr, dass er, bei dieser Stimmung der Gemüter und dem Umsturz aller Verhältnisse, seinen Entschluss, sich nach Europa einzuschiffen, aufgebe; dass er vor dem Vizekönig, der sich seiner Sache immer günstig gezeigt, falls er noch am Leben sei, einen Fußfall wagen würde; und dass er Hoffnung habe (wobei er ihr einen Kuss aufdrückte), mit ihr in Chili zurückzubleiben. Josephe antwortete, dass ähnliche Gedanken in ihr aufgestiegen wären; dass auch sie nicht mehr, falls ihr Vater nur noch am Leben sei, ihn zu versöhnen zweifle; dass sie aber statt des Fußfalles lieber nach La Conception zu gehen, und von dort aus schriftlich das Versöhnungsgeschäft mit dem Vizekönig zu betreiben rate, wo man auf jeden Fall in der Nähe des Hafens wäre, und für den besten, wenn das Geschäft die erwünschte Wendung nähme, ja leicht wieder nach St. Jago zurückkehren könnte. Nach einer kurzen Überlegung gab Jeronimo der Klugheit dieser Maßregel seinen Beifall, führte sie noch ein wenig, die heitern Momente der Zukunft überfliegend, in den Gängen umher, und kehrte mit ihr zur Gesellschaft zurück.

Inzwischen war der Nachmittag herangekommen, und die Gemüter der herumschwärmenden Flüchtlinge hatten sich, da die Erdstöße nachließen, nur kaum wieder ein wenig beruhigt, als sich schon die Nachricht verbreitete, dass in der Dominikanerkirche, der einzigen, welche das Erdbeben verschont hatte, eine feierliche Messe von dem Prälaten des Klosters selbst gelesen werden würde, den Himmel um Verhütung ferneren Unglücks anzuflehen.

Das Volk brach schon aus allen Gegenden auf, und eilte in Strömen zur Stadt. In Don Fernandos Gesellschaft ward die Frage aufgeworfen, ob man nicht auch an dieser Feierlichkeit Teil nehmen, und sich dem allgemeinen Zuge anschließen solle? Donna Elisabeth erinnerte, mit einiger Beklemmung, was für ein Unheil gestern in der Kirche vorgefallen sei; dass

für den besten
im besten Fall

Maßregel
Maßnahme

solche Dankfeste ja wiederholt werden würden, und dass man sich der Empfindung alsdann, weil die Gefahr schon mehr vorüber wäre, mit desto größerer Heiterkeit und Ruhe überlassen könnte. Josephe äußerte, indem sie mit einiger Begeisterung sogleich aufstand, dass sie den Drang, ihr Antlitz vor dem Schöpfer in den Staub zu legen, niemals lebhafter empfunden habe, als eben jetzt, wo er seine unbegreifliche und erhabene Macht so entwickle. Donna Elvire erklärte sich mit Lebhaftigkeit für Josephens Meinung. Sie bestand darauf, dass man die Messe hören sollte, und rief Don Fernando auf, die Gesellschaft zu führen, worauf sich alles, Donna Elisabeth auch, von den Sitzen erhob. Da man jedoch letztere, mit heftig arbeitender Brust, die kleinen Anstalten zum Aufbruche zaudernd betreiben sah, und sie, auf die Frage: was ihr fehle? antwortete: sie wisse nicht, welch eine unglückliche Ahndung in ihr sei? so beruhigte sie Donna Elvire, und forderte sie auf, bei ihr und ihrem kranken Vater zurückzubleiben. Josephe sagte: so werden Sie mir wohl, Donna Elisabeth, diesen kleinen Liebling abnehmen, der sich schon wieder, wie Sie sehen, bei mir eingefunden hat. Sehr gern, antwortete Donna Elisabeth, und machte Anstalten ihn zu ergreifen; doch da dieser über das Unrecht, das ihm geschah, kläglich schrie, und auf keine Art darein willigte, so sagte Josephe lächelnd, dass sie ihn nur behalten wolle, und küsste ihn wieder still. Hierauf bot Don Fernando, dem die ganze Würdigkeit und Anmut ihres Betragens sehr gefiel, ihr den Arm; Jeronimo, welcher den kleinen Philipp trug, führte Donna Constanzen; die übrigen Mitglieder, die sich bei der Gesellschaft eingefunden hatten, folgten; und in dieser Ordnung ging der Zug nach der Stadt.

Sie waren kaum funfzig Schritte gegangen, als man Donna Elisabeth welche inzwischen heftig und heimlich mit Donna Elvire gesprochen hatte. Don Fernando! rufen hörte, und dem Zuge mit unruhigen Tritten nacheilen sah. Don Fernando hielt, und kehrte sich um; harrte ihrer, ohne Josephen loszulassen, und fragte, da sie, gleich als ob sie auf sein Entgegenkommen wartete, in einiger Ferne stehen blieb: was sie wolle? Donna Elisabeth näherte sich ihm hierauf, obschon, wie es schien, mit Widerwillen, und raunte ihm, doch so, dass Josephe es nicht hören konnte, einige Worte ins Ohr. Nun? fragte Don Fernando: und das Unglück, das daraus entstehen kann? Donna Elisabeth fuhr fort, ihm mit verstörtem Gesicht ins Ohr zu zischeln. Don Fernando stieg eine Röte des Unwillens ins Gesicht; er antwortete: es wäre gut! Donna Elvire möchte sich beruhigen; und führte seine Dame weiter. –

Als sie in der Kirche der Dominikaner ankamen, ließ sich die Orgel schon mit musikalischer Pracht hören, und eine unermessliche Menschenmenge wogte darin. Das Gedränge erstreckte sich bis weit vor den Portalen auf den Vorplatz der Kirche hinaus, und an den Wänden hoch, in den Rahmen der Gemälde, hingen Knaben, und hielten mit erwartungsvollen Blicken ihre Mützen in der Hand. Von allen Kronleuchtern strahlte es herab, die Pfeiler warfen, bei der einbrechenden Dämmerung, geheimnisvolle Schatten, die große von gefärbtem Glas gearbeitete Rose in der Kirche äußerstem Hintergrunde glühte, wie die Abendsonne selbst, die sie erleuchtete, und Stille herrschte, da die Orgel jetzt schwieg, in der ganzen Versammlung, als hätte keiner einen Laut in der Brust. Niemals schlug aus einem christlichen Dom eine solche Flamme der Inbrunst gen Himmel, wie heute aus dem Dominikanerdom zu St. Jago; und keine menschliche Brust gab wärmere Glut dazu her, als Jeronimos und Josephens!

Rose
→ Seite 265

Die Feierlichkeit fing mit einer Predigt an, die der ältesten Chorherren einer, mit dem Festschmuck angetan, von der Kanzel hielt. Er begann gleich mit Lob, Preis und Dank, seine zitternden, vom Chorhemde weit umflossenen Hände hoch gen Himmel erhebend, dass noch Menschen seien, auf diesem, in Trümmer zerfallenden Teile der Welt, fähig, zu Gott empor zu stammeln. Er schilderte, was auf den Wink des Allmächtigen geschehen war; das Weltgericht kann nicht entsetzlicher sein; und als er das gestrige Erdbeben gleichwohl, auf einen Riss, den der Dom erhalten hatte, hinzeigend, einen bloßen Vorboten davon nannte, lief ein Schauder über die ganze Versammlung. Hierauf kam er, im Flusse priesterlicher Beredsamkeit, auf das Sittenverderbnis der Stadt; Gräuel, wie Sodom und Gomorrha sie nicht sahen, straft' er an ihr; und nur der unendlichen Langmut Gottes schrieb er es zu, dass sie noch nicht gänzlich vom Erdboden vertilgt worden sei.

Aber wie dem Dolche gleich fuhr es durch die von dieser Predigt schon ganz zerrissenen Herzen unserer beiden Unglücklichen, als der Chorherr bei dieser Gelegenheit umständlich des Frevels erwähnte, der in dem Klostergarten der Karmeliterinnen verübt worden war; die Schonung, die er bei der Welt gefunden hatte, gottlos nannte, und in einer von Verwünschungen erfüllten Seitenwendung, die Seelen der Täter, wörtlich genannt, allen Fürsten der Hölle übergab! Donna Constanze rief, indem sie an Jeronimos Armen zuckte: Don Fernando! Doch dieser antwortete so nachdrücklich und doch so heimlich, wie sich beides verbinden ließ: »Sie schweigen, Donna, Sie rühren auch den Augapfel nicht, und tun, als ob Sie in eine Ohnmacht versunken; worauf wir die Kirche verlassen.« Doch, ehe Donna Constanze diese sinnreiche zur Rettung erfundene Maßregel noch ausgeführt hatte, rief schon eine Stimme, des Chorherrn Predigt laut unterbrechend, aus: Weichet fern hinweg, ihr Bürger von St. Jago, hier stehen diese gottlosen Menschen! Und als eine andere Stimme schreckenvoll, indessen sich ein weiter Kreis des Entsetzens um sie bildete, fragte: wo? hier! versetzte ein Dritter, und zog, heiliger Ruchlosigkeit voll, Josephen bei den Haaren nieder, dass sie mit Don Fernandos Sohne zu Boden getaumelt wäre, wenn dieser sie nicht gehalten hätte. »Seid ihr wahnsinnig?«, rief der Jüngling, und schlug den Arm um Josephen: »ich bin Don Fernando Ormez, Sohn des Kommandanten der Stadt, den ihr alle kennt.« Don Fernando Ormez? rief, dicht vor ihn hingestellt, ein Schuhflicker, der für Josephen gearbeitet hatte, und diese wenigstens so genau kannte, als ihre kleinen Füße. Wer ist der Vater zu diesem Kinde? wandte er sich mit frechem Trotz zur Tochter Asterons. Don Fernando erblasste bei dieser Frage. Er sah bald den Jeronimo schüchtern an, bald überflog er die Versammlung, ob nicht einer sei, der ihn kenne? Josephe rief, von entsetzlichen Verhältnissen gedrängt: dies ist nicht mein Kind, Meister Pedrillo, wie Er glaubt; indem sie, in unendlicher Angst der Seele, auf Don Fernando blickte: dieser junge Herr ist Don Fernando Ormez, Sohn des Kommandanten der Stadt, den ihr alle kennt! Der Schuster fragte: wer von euch, ihr Bürger, kennt diesen jungen Mann? Und mehrere der Umstehenden wiederholten: wer kennt den Jeronimo Rugera? Der trete vor! Nun traf es sich, dass in demselben Augenblicke der kleine Juan, durch den Tumult erschreckt, von Josephens Brust weg Don Fernando in die Arme strebte. Hierauf: Er *ist* der Vater! schrie eine Stimme; und: er *ist* Jeronimo Rugera! eine andere; und: sie *sind* die gotteslästerlichen Menschen! eine dritte; und: steinigt sie! steinigt sie! die ganze im Tempel Jesu versammelte Christenheit! Drauf jetzt Jeronimo: Halt! Ihr Unmenschlichen! Wenn ihr den Jeronimo Rugera sucht: hier ist er! Befreit jenen Mann, welcher unschuldig ist! –

Der wütende Haufen, durch die Äußerung Jeronimos verwirrt, stutzte; mehrere Hände ließen Don Fernando los; und da in demselben Augenblick ein Marine-Offizier von bedeutendem Rang herbeieilte, und, indem er sich durch den Tumult drängte, fragte: Don Fernando Ormez! Was ist Euch

Trotz hier: Anmaßung
schüchtern hier: unsicher
überflog blickte hinweg
Verhältnisse Umstände; Situation

widerfahren? so antwortete dieser, nun völlig befreit, mit wahrer heldenmütiger Besonnenheit: »Ja, sehen Sie, Don Alonzo, die Mordknechte! Ich wäre verloren gewesen, wenn dieser würdige Mann sich nicht, die rasende Menge zu beruhigen, für Jeronimo Rugera ausgegeben hätte. Verhaften Sie ihn, wenn Sie die Güte haben wollen, nebst dieser jungen Dame, zu ihrer beiderseitigen Sicherheit; und diesen Nichtswürdigen«, indem er Meister Pedrillo ergriff, »der den ganzen Aufruhr angezettelt hat!« Der Schuster rief: Don Alonzo Onoreja, ich frage Euch auf Euer Gewissen, ist dieses Mädchen nicht Josephe Asteron? Da nun Don Alonzo, welcher Josephen sehr genau kannte, mit der Antwort zauderte, und mehrere Stimmen, dadurch von Neuem zur Wut entflammt, riefen: sie ists, sie ists! und: bringt sie zu Tode! so setzte Josephe den kleinen Philipp, den Jeronimo bisher getragen hatte, samt dem kleinen Juan, auf Don Fernandos Arm, und sprach: gehn Sie, Don Fernando, retten Sie Ihre beiden Kinder, und überlassen Sie uns unserm Schicksale!

Don Fernando nahm die beiden Kinder und sagte: er wolle eher umkommen, als zugeben, dass seiner Gesellschaft etwas zu Leide geschehe. Er bot Josephen, nachdem er sich den Degen des Marine-Offiziers ausgebeten hatte, den Arm, und forderte das hintere Paar auf, ihm zu folgen. Sie kamen auch wirklich, indem man ihnen, bei solchen Anstalten, mit hinlänglicher Ehrerbietigkeit Platz machte, aus der Kirche heraus, und glaubten sich gerettet. Doch kaum waren sie auf den von Menschen gleichfalls erfüllten Vorplatz derselben getreten, als eine Stimme aus dem rasenden Haufen, der sie verfolgt hatte, rief: dies ist Jeronimo Rugera, ihr Bürger, denn ich bin sein eigner Vater! und ihn an Donna Constanzens Seite mit einem ungeheuren Keulenschlage zu Boden streckte. Jesus Maria! rief Donna Constanze, und floh zu ihrem Schwager; doch: Klostermetze! erscholl es schon, mit einem zweiten

Klostermetze **Klosterhure**

Keulenschlage, von einer andern Seite, der sie leblos neben Jeronimo niederwarf. Ungeheuer! rief ein Unbekannter: dies war Donna Constanze Xares! Warum belogen sie uns! antwortete der Schuster; sucht die Rechte auf, und bringt sie um! Don Fernando, als er Constanzens Leichnam erblickte, glühte vor Zorn; er zog und schwang das Schwert, und hieb, dass er ihn gespalten hätte, den fanatischen Mordknecht, der diese Gräuel veranlasste, wenn derselbe nicht, durch eine Wendung, dem wütenden Schlag entwichen wäre. Doch da er die Menge, die auf ihn eindrang, nicht überwältigen konnte: leben Sie wohl, Don Fernando mit den Kindern! rief Josephe – und: hier mordet mich, ihr blutdürstenden Tiger! und stürzte sich freiwillig unter sie, um dem Kampf ein Ende zu machen. Meister Pedrillo schlug sie mit der Keule nieder. Darauf ganz mit ihrem Blute besprützt: schickt ihr den Bastard zur Hölle nach! rief er, und drang, mit noch ungesättigter Mordlust, von Neuem vor.

Don Fernando, dieser göttliche Held, stand jetzt, den Rücken an die Kirche gelehnt; in der Linken hielt er die Kinder, in der Rechten das Schwert. Mit jedem Hiebe wetterstrahlte er einen zu Boden; ein Löwe wehrt sich nicht besser. Sieben Bluthunde lagen tot vor ihm, der Fürst der satanischen Rotte selbst war verwundet. Doch Meister Pedrillo ruhte nicht eher, als bis er der Kinder eines bei den Beinen von seiner Brust gerissen, und, hoch her im Kreise geschwungen, an eines Kirchpfeilers Ecke zerschmettert hatte. Hierauf ward es still, und alles entfernte sich. Don Fernando, als er seinen kleinen Juan vor sich liegen sah, mit aus dem Hirne vorquellenden Mark, hob, voll namenlosen Schmerzes, seine Augen gen Himmel.

wetterstrahlte **schlug wie ein Blitz**

Der Marine-Offizier fand sich wieder bei ihm ein, suchte ihn zu trösten, und versicherte ihn, dass seine Untätigkeit bei diesem Unglück, obschon durch mehrere Umstände gerechtfertigt, ihn reue; doch Don Fernando sagte, dass ihm nichts vorzuwerfen sei, und bat ihn nur, die Leichname jetzt fortschaffen zu helfen. Man trug sie alle, bei der Finsternis der einbrechenden Nacht, in Don Alonzos Wohnung, wohin Don Fernando ihnen, viel über das Antlitz des kleinen Philipp weinend, folgte. Er übernachtete auch bei Don Alonzo, und säumte lange, unter falschen Vorspiegelungen, seine Gemahlin von dem ganzen Umfang des Unglücks zu unterrichten; einmal, weil sie krank war, und dann, weil er auch nicht wusste, wie sie sein Verhalten bei dieser Begebenheit beurteilen würde; doch kurze Zeit nachher, durch einen Besuch zufällig von allem, was geschehen war, benachrichtigt, weinte diese treffliche Dame im Stillen ihren mütterlichen Schmerz aus, und fiel ihm mit dem Rest einer erglänzenden Träne eines Morgens um den Hals und küsste ihn. Don Fernando und Donna Elvire nahmen hierauf den kleinen Fremdling zum Pflegesohn an; und wenn Don Fernando Philippen mit Juan verglich, und wie er beide erworben hatte, so war es ihm fast, als müsst er sich freuen.

Die Verlobung in St. Domingo 1811

St. Domingo
→ Seite 265

Port au Prince
seit 1770 Hauptstadt der Kolonie St. Domingue

Zu Port au Prince, auf dem französischen Anteil der Insel St. Domingo, lebte, zu Anfange dieses Jahrhunderts, als die Schwarzen die Weißen ermordeten, auf der Pflanzung des Herrn Guillaume von Villeneuve, ein fürchterlicher alter Neger, namens Congo Hoango. Dieser von der Goldküste von Afrika herstammende Mensch, der in seiner Jugend von treuer und rechtschaffener Gemütsart schien, war von seinem Herrn, weil er ihm einst auf einer Überfahrt nach Cuba das Leben gerettet hatte, mit unendlichen Wohltaten überhäuft worden. Nicht nur, dass Herr Guillaume ihm auf der Stelle seine Freiheit schenkte, und ihm, bei seiner Rückkehr nach St. Domingo, Haus und Hof anwies; er machte ihn sogar, einige Jahre darauf, gegen die Gewohnheit des Landes, zum Aufseher seiner beträchtlichen Besitzung, und legte ihm, weil er nicht wieder heiraten wollte, an Weibes statt eine alte Mulattin, namens Babekan, aus seinerPflanzung bei, mit welcher er durch seine erste verstorbene Frau weitläuftig verwandt war. Ja, als der Neger sein sechzigstes Jahr erreicht hatte, setzte er ihn mit einem ansehnlichen Gehalt in den Ruhestand und krönte seine Wohltaten noch damit, dass er ihm in seinem Vermächtnis sogar ein Legat auswarf; und doch konnten alle diese Beweise von Dankbarkeit Herrn Villeneuve vor der Wut dieses grimmigen Menschen nicht schützen. Congo Hoango war, bei dem allgemeinen Taumel der Rache, der auf die unbesonnenen Schritte des Nationalkonvents in diesen Pflanzungen aufloderte, einer der ersten, der die Büchse ergriff, und, eingedenk der Tyrannei, die ihn seinem Vaterlande entrissen hatte, seinem Herrn die Kugel durch den Kopf jagte. Er steckte das Haus, worein die Gemahlin desselben mit ihren drei Kindern und den übrigen Weißen der Niederlassung sich geflüchtet hatte, in Brand, verwüstete die ganze Pflanzung,

auf die unbesonnenen Schritte des Nationalkonvents
→ Seite 265

worauf die Erben, die in Port au Prince wohnten, hätten Anspruch machen können, und zog, als sämtliche zur Besitzung gehörige Etablissements der Erde gleich gemacht waren, mit den Negern, die er versammelt und bewaffnet hatte, in der Nachbarschaft umher, um seinen Mitbrüdern in dem Kampfe gegen die Weißen beizustehen. Bald lauerte er den Reisenden auf, die in bewaffneten Haufen das Land durchkreuzten; bald fiel er am hellen Tage die in ihren Niederlassungen verschanzten Pflanzer selbst an, und ließ alles, was er darin vorfand, über die Klinge springen. Ja, er forderte, in seiner unmenschlichen Rachsucht, sogar die alte Babekan mit ihrer Tochter, einer jungen fünfzehnjährigen Mestize, namens Toni, auf, an diesem grimmigen Kriege, bei dem er sich ganz verjüngte, Anteil zu nehmen; und weil das Hauptgebäude der Pflanzung, das er jetzt bewohnte, einsam an der Landstraße lag und sich häufig, während seiner Abwesenheit, weiße oder kreolische Flüchtlinge einfanden, welche darin Nahrung oder ein Unterkommen suchten, so unterrichtete er die Weiber, diese weißen Hunde, wie er sie nannte, mit Unterstützungen und Gefälligkeiten bis zu seiner Wiederkehr hinzuhalten. Babekan, welche in Folge einer grausamen Strafe, die sie in ihrer Jugend erhalten hatte, an der Schwindsucht litt, pflegte in solchen Fällen die junge Toni, die, wegen ihrer ins Gelbliche gehenden Gesichtsfarbe, zu dieser grässlichen List besonders brauchbar war, mit ihren besten Kleidern auszunutzen; sie ermunterte dieselbe, den Fremden keine Liebkosung zu versagen, bis auf die letzte, die ihr bei Todesstrafe verboten war: und wenn Congo Hoango mit seinem Negertrupp von den Streifereien, die er in der Gegend gemacht hatte, wiederkehrte, war unmittelbarer Tod das Los der Armen, die sich durch diese Künste hatten täuschen lassen.

Mestize
→ Seite 266

kreolisch
die im Land selbst geborenen Weißen

Nun weiß jedermann, dass im Jahr 1803, als der General Dessalines mit 30 000 Negern gegen Port au Prince vorrückte,

General Dessalines
→ Seite 266

alles, was die weiße Farbe trug, sich in diesen Platz warf, um ihn zu verteidigen. Denn er war der letzte Stützpunkt der französischen Macht auf dieser Insel, und wenn er fiel, waren alle Weißen, die sich darauf befanden, sämtlich ohne Rettung verloren. Demnach traf es sich, dass gerade in der Abwesenheit des alten Hoango, der mit den Schwarzen, die er um sich hatte, aufgebrochen war, um dem General Dessalines mitten durch die französischen Posten einen Transport von Pulver und Blei zuzuführen, in der Finsternis einer stürmischen und regnerischen Nacht, jemand an die hintere Tür seines Hauses klopfte. Die alte Babekan, welche schon im Bette lag, erhob sich, öffnete, einen bloßen Rock um die Hüften geworfen, das Fenster, und fragte, wer da sei? »Bei Maria und allen Heiligen«, sagte der Fremde leise, indem er sich unter das Fenster stellte: »beantwortet mir, ehe ich Euch dies entdecke, eine Frage!« Und damit streckte er, durch die Dunkelheit der Nacht, seine Hand aus, um die Hand der Alten zu ergreifen, und fragte:

»Seid Ihr eine Negerin?« Babekan sagte: nun, Ihr seid gewiss ein Weißer, dass Ihr dieser stockfinstern Nacht lieber ins Antlitz schaut, als einer Negerin! Kommt herein, setzte sie hinzu, und fürchtet nichts; hier wohnt eine Mulattin, und die Einzige, die sich außer mir noch im Hause befindet, ist meine Tochter, eine Mestize! Und damit machte sie das Fenster zu, als wollte sie hinabsteigen und ihm die Tür öffnen; schlich aber, unter dem Vorwand, dass sie den Schlüssel nicht sogleich finden könne, mit einigen Kleidern, die sie schnell aus dem Schrank zusammenraffte, in die Kammer hinauf und weckte ihre Tochter. »Toni!«, sprach sie: »Toni!« Was gibts, Mutter? – »Geschwind!«, sprach sie. »Aufgestanden und dich angezogen! Hier sind Kleider, weiße Wäsche und Strümpfe! Ein Weißer, der verfolgt wird, ist vor der Tür und begehrt eingelassen zu werden!«

Toni fragte: ein Weißer?, indem sie sich halb im Bett aufrichtete. Sie nahm die Kleider, welche die Alte in der Hand hielt, und sprach: ist er auch allein, Mutter? Und haben wir, wenn wir ihn einlassen, nichts zu befürchten? –

»Nichts, nichts!«, versetzte die Alte, indem sie Licht anmachte: »er ist ohne Waffen und allein, und Furcht, dass wir über ihn herfallen möchten, zittert in allen seinen Gebeinen!«

Und damit, während Toni aufstand und sich Rock und Strümpfe anzog, zündete sie die große Laterne an, die in dem Winkel des Zimmers stand, band dem Mädchen geschwind das Haar, nach der Landesart, über dem Kopf zusammen, bedeckte sie, nachdem sie ihr den Latz zugeschnürt hatte, mit einem Hut, gab ihr die Laterne in die Hand und befahl ihr, auf den Hof hinabzugehen und den Fremden hereinzuholen.

Inzwischen war auf das Gebell einiger Hofhunde ein Knabe, namens Nanky, den Hoango auf unehelichem Wege mit einer Negerin erzeugt hatte, und der mit seinem Bruder Seppy in den Nebengebäuden schlief, erwacht; und da er beim Schein des Mondes einen einzelnen Mann auf der hinteren Treppe des Hauses stehen sah; so eilte er sogleich, wie er in solchen Fällen angewiesen war, nach dem Hoftor, durch welches derselbe hereingekommen war, um es zu verschließen. Der Fremde, der nicht begriff, was diese Anstalten zu bedeuten hatten, fragte den Knaben, den er mit Entsetzen, als er ihm nahe stand, für einen Negerknaben erkannte: wer in dieser Niederlassung wohne und schon war er auf die Antwort desselben: »dass die Besitzung, seit dem Tode Herrn Villeneuves dem Neger Hoango anheimgefallen,« im Begriff, den Jungen niederzuwerfen, ihm den Schlüssel der Hofpforte, den er in der Hand hielt, zu entreißen und das weite Feld zu suchen, als Toni, die Laterne in der Hand, vor das Haus hinaustrat. »Geschwind!«, sprach sie, indem sie seine Hand ergriff und ihn nach der Tür zog: »Hier herein!« Sie trug Sorge, indem sie dies sagte, das Licht so zu stellen, dass der volle Strahl davon auf ihr Gesicht fiel. – Wer bist du? rief der Fremde sträubend, indem er, um mehr als einer Ursache willen betroffen, ihre junge liebliche Gestalt betrachtete. Wer wohnt in diesem Hause, in welchem ich, wie du vorgibst, meine Rettung finden soll? – »Niemand, bei dem Licht der Sonne«, sprach das Mädchen, »als meine Mutter und ich!« und bestrebte und beeiferte sich, ihn mit sich fortzureißen. Was, niemand! rief der Fremde, indem er, mit einem Schritt rückwärts, seine Hand losriss: hat mir dieser Knabe nicht eben gesagt, dass ein Neger, namens Hoango, darin befindlich sei? – »Ich sage, nein!«, sprach das Mädchen, indem sie, mit einem Ausdruck von Unwillen, mit dem Fuß stampfte; »und wenn gleich einem Wüterich, der diesen Namen führt, das Haus gehört: abwesend ist er in diesem Augenblick und auf zehn Meilen davon entfernt!« Und damit zog sie den Fremden mit ihren beiden Händen in das Haus hinein, befahl dem Knaben, keinem Menschen zu sagen, wer angekommen sei, ergriff, nachdem sie die Tür erreicht, des Fremden Hand und führte ihn die Treppe hinauf, nach dem Zimmer ihrer Mutter.

»Nun«, sagte die Alte, welche das ganze Gespräch, von dem Fenster herab, mit angehört und bei dem Schein des Lichts bemerkt hatte, dass er ein Offizier war: »was bedeutet der Degen, den Ihr so schlagfertig unter Eurem Arme tragt? Wir haben Euch«, setzte sie hinzu, indem sie sich die Brille aufdrückte, »mit Gefahr unseres Lebens eine Zuflucht in unserm Hause gestattet; seid Ihr hereingekommen, um diese Wohltat, nach der Sitte Eurer Landsleute, mit Verräterei zu vergelten?« Behüte der Himmel! erwiderte der Fremde, der dicht vor ihren Sessel getreten war. Er ergriff die Hand der Alten, drückte sie an sein Herz, und indem er, nach einigen im Zimmer schüchtern umhergeworfenen Blicken, den Degen, den er an der Hüfte trug, abschnallte, sprach er: Ihr seht den elendesten der Menschen, aber keinen undankbaren und schlechten vor Euch! »Wer seid Ihr?«, fragte die Alte; und damit schob sie ihm mit dem Fuß einen Stuhl hin, und befahl dem Mädchen, in die Küche zu gehen, und ihm, so gut es sich in der Eil tun ließ, ein Abendbrot zu bereiten. Der Fremde erwiderte: ich bin ein Offizier von der französischen Macht, obschon, wie Ihr wohl selbst urteilt, kein Franzose; mein Vaterland ist die Schweiz und mein Name Gustav von der Ried. Ach, hätte ich es niemals verlassen und gegen dies unselige Eiland vertauscht! Ich komme von Fort Dauphin, wo, wie Ihr wisst, alle Weißen ermordet worden sind, und meine Absicht ist, Port au Prince zu erreichen, bevor es dem General Dessalines noch gelungen ist, es mit den Truppen, die er anführt, einzuschließen und zu belagern. »Von Fort Dauphin!«, rief die Alte. »Und es ist Euch mit Eurer Gesichtsfarbe geglückt, diesen ungeheuren Weg, mitten durch ein in Empörung begriffenes Mohrenland, zurückzulegen?« Gott und alle Heiligen, erwiderte der Fremde, haben mich beschützt! – Und ich bin nicht allein, gutes Mütterchen; in meinem Gefolge, das ich zurückgelassen, befindet sich ein ehrwürdiger alter Greis, mein Oheim, mit seiner Gemahlin und fünf Kindern; mehrere Bediente und Mägde, die zur Familie gehören, nicht zu erwähnen; ein Tross von zwölf Menschen, den ich, mit Hülfe zweier elenden Maulesel, in unsäglich mühevollen Nachtwanderungen, da wir uns bei Tage auf der Heerstraße nicht zeigen dürfen, mit mir fortführen muss. »Ei, mein Himmel!«, rief die Alte, indem sie, unter mitleidigem Kopfschütteln, eine Prise Tabak nahm. »Wo befindet sich denn in diesem Augenblick Eure Reisegesellschaft?« – Euch, versetzte der Fremde, nachdem er sich ein wenig besonnen hatte, Euch kann ich mich anvertrauen; aus der Farbe Eures Gesichts schimmert mir ein Strahl von der meinigen entgegen. Die Familie befin-

Fort Dauphin
→ Seite 266

det sich, dass Ihr es wisst, eine Meile von hier, zunächst dem Möwenweiher, in der Wildnis der angrenzenden Gebirgswaldung: Hunger und Durst zwangen uns vorgestern, diese Zuflucht aufzusuchen. Vergebens schickten wir in der verflossenen Nacht unsere Bedienten aus, um ein wenig Brot und Wein bei den Einwohnern des Landes aufzutreiben; Furcht, ergriffen und getötet zu werden, hielt sie ab, die entscheidenden Schritte deshalb zu tun, dergestalt, dass ich mich selbst heute mit Gefahr meines Lebens habe aufmachen müssen, um mein Glück zu versuchen. Der Himmel, wenn mich nicht alles trügt, fuhr er fort, indem er die Hand der Alten drückte, hat mich mitleidigen Menschen zugeführt, die jene grausame und unerhörte Erbitterung, welche alle Einwohner dieser Insel ergriffen hat, nicht teilen. Habt die Gefälligkeit, mir für reichlichen Lohn einige Körbe mit Lebensmitteln und Erfrischungen anzufüllen; wir haben nur noch fünf Tagereisen bis Port au Prince, und wenn ihr uns die Mittel verschafft, diese Stadt zu erreichen, so werden wir euch ewig als die Retter unseres Lebens ansehen. –

»Ja, diese rasende Erbitterung«, heuchelte die Alte. »Ist es nicht, als ob die Hände *eines* Körpers, oder die Zähne *eines* Mundes gegen einander wüten wollten, weil das *eine* Glied nicht geschaffen ist, wie das andere? Was kann ich, deren Vater aus St. Jago, von der Insel Cuba war, für den Schimmer von Licht, der auf meinem Antlitz, wenn es Tag wird, erdämmert? Und was kann meine Tochter, die in Europa empfangen und geboren ist, dafür, dass der volle Tag jenes Weltteils von dem ihrigen widerscheint?«

St. Jago
Santiago de Cuba

Wie? rief der Fremde. Ihr, die Ihr nach Eurer ganzen Gesichtsbildung eine Mulattin, und mithin afrikanischen Ursprungs seid, Ihr wäret samt der lieblichen jungen Mestize, die mir das Haus aufmachte, mit uns Europäern in *einer* Verdammnis?

»Beim Himmel!«, erwiderte die Alte, indem sie die Brille von der Nase nahm; »meint Ihr, dass das kleine Eigentum, das wir uns in mühseligen und jammervollen Jahren durch die Arbeit unserer Hände erworben haben, dies grimmige, aus der Hölle stammende Räubergesindel nicht reizt? Wenn wir uns nicht durch List und den ganzen Inbegriff jener Künste, die die Notwehr dem Schwachen in die Hände gibt, vor ihrer Verfolgung zu sichern wüssten: der Schatten von Verwandtschaft, der über unsere Gesichter ausgebreitet ist, der, könnt Ihr sicher glauben, tut es nicht!« Es ist nicht möglich! rief der Fremde; und wer auf dieser Insel verfolgt euch?

»Der Besitzer dieses Hauses«, antwortete die Alte: »der Neger Congo Hoango! Seit dem Tode Herrn Guillaumes, des vormaligen Eigentümers dieser Pflanzung, der durch seine grimmige Hand beim Ausbruch der Empörung fiel, sind wir, die wir ihm als Verwandte die Wirtschaft führen, seiner ganzen Willkür und Gewalttätigkeit preisgegeben. Jedes Stück Brot, jeden Labetrunk den wir aus Menschlichkeit einem oder dem andern der weißen Flüchtlinge, die hier zuweilen die Straße vorüberziehen, gewähren, rechnet er uns mit Schimpfwörtern und Misshandlungen an; und nichts wünscht er mehr, als die Rache der Schwarzen über uns weiße und kreolische Halbhunde, wie er uns nennt, hereinhetzen zu können, teils um unserer überhaupt, die wir seine Wildheit gegen die Weißen tadeln, loszuwerden, teils, um das kleine Eigentum, das wir hinterlassen würden, in Besitz zu nehmen.« –

Ihr Unglücklichen! sagte der Fremde; ihr Bejammernswürdigen! – Und wo befindet sich in diesem Augenblick dieser Wüterich? »Bei dem Heere des Generals Dessalines«, antwortete die Alte, »dem er, mit den übrigen Schwarzen, die zu dieser Pflanzung gehören, einen Transport von Pulver und Blei zuführt, dessen der General bedürftig war. Wir erwarten ihn, falls er nicht auf neue Unternehmungen auszieht, in zehn oder zwölf Tagen zurück; und wenn er alsdann, was Gott verhüten wolle, erführe, dass wir einem Weißen, der nach Port au Prince wandert, Schutz und Obdach gegeben, während er aus allen Kräften an dem Geschäft teilnimmt, das ganze Geschlecht derselben von der Insel zu vertilgen, wir wären alle, das könnt Ihr glauben, Kinder des Todes.« Der Himmel, der Menschlichkeit und Mitleiden liebt, antwortete der Fremde, wird Euch in dem, was Ihr einem Unglücklichen tut, beschützen! – Und weil Ihr Euch, setzte er, indem er der Alten näher rückte, hinzu, einmal in diesem Falle des Negers Unwillen zugezogen haben würdet, und der Gehorsam, wenn Ihr auch dazu zurückkehren wolltet, Euch fürderhin zu nichts helfen würde; könnt Ihr Euch wohl, für jede Belohnung, die Ihr nur verlangen mögt, entschließen, meinem Oheim und seiner Familie, die durch die Reise aufs Äußerste angegriffen sind, auf einen oder zwei Tage in Eurem Hause Obdach zu geben, damit sie sich ein wenig erholten? –

»Junger Herr!«, sprach die Alte betroffen, »was verlangt Ihr da? Wie ist es, in einem Hause, das an der Landstraße liegt, möglich, einen Tross von solcher Größe, als der Eurige ist, zu beherbergen, ohne dass er den Einwohnern des Landes verraten würde?« Warum nicht? versetzte der Fremde dringend: wenn ich sogleich selbst an den Möwen Weiher hinausginge, und die Gesellschaft, noch vor Anbruch des Tages, in die Niederlassung einführte; wenn man alles, Herrschaft und Dienerschaft, in einem und demselben Gemach des Hauses unterbrächte, und für den schlimmsten Fall, etwa noch die Vorsicht gebrauchte, Türen und Fenster desselben sorgfältig zu verschließen? – Die Alte erwiderte, nachdem sie den Vorschlag während einiger Zeit erwogen hatte: »dass, wenn er, in der heutigen Nacht, unternehmen wollte, den Tross aus seiner Bergschlucht in die Niederlassung einzuführen, er, bei der

Rückkehr von dort, unfehlbar auf einen Trupp bewaffneter Neger stoßen würde, der, durch einige vorangeschickte Schützen, auf der Heerstraße angesagt worden wären« – Wohlan! versetzte der Fremde: so begnügen wir uns, für diesen Augenblick, den Unglücklichen einen Korb mit Lebensmitteln zuzusenden, und sparen das Geschäft, sie in die Niederlassung einzuführen, für die nächstfolgende Nacht auf. Wollt Ihr, gutes Mütterchen, das tun? – »Nun«, sprach die Alte, unter vielfachen Küssen, die von den Lippen des Fremden auf ihre knöcherne Hand niederregneten: »um des Europäers, meiner Tochter Vater willen, will ich euch, seinen bedrängten Landsleuten, diese Gefälligkeit erweisen. Setzt Euch beim Anbruch des morgenden Tages hin, und ladet die Eurigen in einem Schreiben ein, sich zu mir in die Niederlassung zu verfügen; der Knabe, den Ihr im Hofe gesehen, mag ihnen das Schreiben mit einigem Mundvorrat überbringen, die Nacht über zu ihrer Sicherheit in den Bergen verweilen, und dem Trosse beim Anbruch des nächstfolgenden Tages, wenn die Einladung angenommen wird, auf seinem Wege hierher zum Führer dienen.«

Inzwischen war Toni mit einem Mahl, das sie in der Küche bereitet hatte, wiedergekehrt, und fragte die Alte mit einem Blick auf den Fremden, schäkernd, indem sie den Tisch deckte: Nun, Mutter, sagt an! Hat sich der Herr von dem Schreck, der ihn vor der Tür ergriff, erholt? Hat er sich überzeugt, dass weder Gift noch Dolch auf ihn warten, und dass der Neger Hoango nicht zu Hause ist? Die Mutter sagte mit einem Seufzer: »mein Kind, der Gebrannte scheut, nach dem Sprichwort, das Feuer. Der Herr würde töricht gehandelt haben, wenn er sich früher in das Haus hineingewagt hätte, als bis er sich von dem Volksstamm, zu welchem seine Bewohner gehören, überzeugt hatten.« Das Mädchen stellte sich vor die Mutter, und erzählte ihr: wie sie die Laterne so gehalten, dass ihr der volle Strahl davon ins Gesicht gefallen wäre. Aber seine Einbildung, sprach sie, war ganz von Mohren und Negern erfüllt; und wenn ihm eine Dame von Paris oder Marseille die Türe geöffnet hätte, er würde sie für eine Negerin gehalten haben. Der Fremde, indem er den Arm sanft um ihren Leib schlug, sagte verlegen: dass der Hut, den sie aufgehabt, ihn verhindert hätte, ihr ins Gesicht zu schaun. Hätte ich dir, fuhr er fort, indem er sie lebhaft an seine Brust drückte, ins Auge sehen können, so wie ich es jetzt kann: so hätte ich, auch wenn alles Übrige an dir schwarz gewesen wäre, aus einem vergifteten Becher mit dir trinken wollen. Die Mutter nötigte ihn, der bei diesen Worten rot geworden war, sich zu setzen, worauf Toni sich neben ihm an der Tafel niederließ, und mit aufgestützten Armen, während der Fremde aß, in sein Antlitz sah. Der Fremde fragte sie: wie alt sie wäre? und wie ihre Vaterstadt hieße? Worauf die Mutter das Wort nahm und ihm sagte: dass Toni vor fünfzehn Jahren auf einer Reise, welche sie mit der Frau des Herrn Villeneuve, ihres vormaligen Prinzipals, nach Europa gemacht hätte, in Paris von ihr empfangen und geboren worden wäre. Sie setzte hinzu, dass der Neger Komar, den sie nachher geheiratet, sie zwar an Kindes statt angenommen hätte, dass ihr Vater aber eigentlich ein reicher Marseiller Kaufmann, namens Bertrand wäre, von dem sie auch Toni Bertrand hieße. – Toni fragte ihn: ob er einen solchen Herrn in Frankreich kenne? Der Fremde erwiderte: nein! Das Land wäre groß, und während des kurzen Aufenthalts, den er bei seiner Einschiffung nach Westindien darin genommen, sei ihm keine Person dieses Namens vorgekommen. Die Alte versetzte, dass Herr Bertrand auch nach ziemlich sicheren Nachrichten, die sie eingezogen, nicht mehr in Frankreich befindlich sei. Sein ehrgeiziges und aufstrebendes Gemüt, sprach sie, gefiel sich in dem Kreis bürgerlicher Tätigkeit nicht; er mischte sich beim Ausbruch der Revolution in die öffentlichen Geschäfte, und ging im Jahr 1795 mit einer französischen Gesandtschaft an den türkischen Hof, von wo er, meines Wissens, bis diesen Augenblick noch nicht zurückgekehrt ist. Der Fremde sagte lächelnd zu Toni, indem er ihre Hand faßte: dass sie ja in diesem Falle ein vornehmes und reiches Mädchen wäre. Er munterte sie auf, diese Vorteile geltend zu machen, und meinte, dass sie Hoffnung hätte, noch einmal an der Hand ihres Vaters in glänzendere Verhältnisse, als in denen sie jetzt lebte, eingeführt zu werden! »Schwerlich«, versetzte die Alte mit unterdrückter Empfindlichkeit. »Herr Bertrand leugnete mir, während meiner Schwangerschaft zu Paris, aus Scham vor einer jungen reichen Braut, die er heiraten wollte, die Vaterschaft zu diesem Kinde vor Gericht ab. Ich werde den Eidschwur, den er die Frechheit hatte, mir ins Gesicht zu leisten, niemals vergessen, ein Gallenfieber war die Folge davon, und bald darauf noch sechzig Peitschenhiebe, die mir Herr Villeneuve geben ließ, und in deren Folge ich noch bis auf diesen Tag an der Schwindsucht leide.« – – Toni, welche den Kopf gedankenvoll auf ihre Hand gelegt hatte, fragte den Fremden: wer er denn wäre? Wo er herkäme und wo er hinginge? Worauf dieser nach einer kurzen Verlegenheit, worin ihn die erbitterte Rede der Alten versetzt hatte, erwiderte: dass er mit Herrn Strömlis, seines Oheims Familie, die er, unter dem Schutze zweier jungen Vettern, in der Bergwaldung am Möwenweiher zurückgelassen, vom Fort Dauphin käme. Er erzählte, auf des Mädchens Bitte, mehrere Züge der in dieser Stadt ausgebrochenen Empörung; wie zur Zeit der Mitternacht, da alles geschlafen, auf ein verräterisch gegebenes Zeichen, das Gemetzel der Schwarzen gegen die Weißen losgegangen wäre; wie der Chef der Negern, ein Sergeant bei dem französischen Pionierkorps, die Bosheit gehabt, sogleich alle Schiffe im Hafen in Brand zu stecken, um den Weißen die Flucht nach Europa abzuschneiden; wie die Fami-

Chef
hier: militärischer Anführer

lie kaum Zeit gehabt, sich mit einigen Habseligkeiten vor die Tore der Stadt zu retten, und wie ihr, bei dem gleichzeitigen Auflodern der Empörung in allen Küstenplätzen, nichts übrig geblieben wäre, als mit Hülfe zweier Maulesel, die sie aufgetrieben, den Weg quer durch das ganze Land nach Port au Prince einzuschlagen, das allein noch, von einem starken französischen Heere beschützt, der überhandnehmenden Macht der Negern in diesem Augenblick Widerstand leiste. Toni fragte: wodurch sich denn die Weißen daselbst so verhasst gemacht hätten? – Der Fremde erwiderte betroffen: durch das allgemeine Verhältnis, das sie, als Herren der Insel, zu den Schwarzen hatten, und das ich, die Wahrheit zu gestehen, mich nicht unterfangen will, in Schutz zu nehmen; das aber schon seit vielen Jahrhunderten auf diese Weise bestand! Der Wahnsinn der Freiheit, der alle diese Pflanzungen ergriffen hat, trieb die Negern und Kreolen, die Ketten, die sie drückten, zu brechen, und an den Weißen wegen vielfacher und tadelnswürdiger Misshandlungen, die sie von einigen schlechten Mitgliedern derselben erlitten, Rache zu nehmen. – Besonders, fuhr er nach einem kurzen Stillschweigen fort, war mir die Tat eines jungen Mädchens schauderhaft und merkwürdig. Dieses Mädchen, vom Stamm der Negern, lag gerade zur Zeit, da die Empörung aufloderte, an dem gelben Fieber krank, das zur Verdoppelung des Elends in der Stadt ausgebrochen war. Sie hatte drei Jahre zuvor einem Pflanzer vom Geschlecht der Weißen als Sklavin gedient, der sie aus Empfindlichkeit, weil sie sich seinen Wünschen nicht willfährig gezeigt hatte, hart behandelt und nachher an einen kreolischen Pflanzer verkauft hatte. Da nun das Mädchen an dem Tage des allgemeinen Aufruhrs erfuhr, dass sich der Pflanzer, ihr ehemaliger Herr, vor der Wut der Negern, die ihn verfolgten, in einen nahe gelegenen Holzstall geflüchtet hatte: so schickte sie, jener Misshandlungen eingedenk, beim Anbruch der

Wahnsinn der Freiheit der durch die Freiheit ausgelöste Taumel

merkwürdig bemerkenswert

Dämmerung, ihren Bruder zu ihm, mit der Einladung, bei ihr zu übernachten. Der Unglückliche, der weder wusste, dass das Mädchen unpässlich war, noch an welcher Krankheit sie litt, kam und schloss sie voll Dankbarkeit, da er sich gerettet glaubte, in seine Arme: doch kaum hatte er eine halbe Stunde unter Liebkosungen und Zärtlichkeiten in ihrem Bette zugebracht, als sie sich plötzlich mit dem Ausdruck wilder und kalter Wut, darin erhob und sprach: eine Pestkranke, die den Tod in der Brust trägt, hast du geküsst: geh und gib das gelbe Fieber allen denen, die dir gleichen! – Der Offizier, während die Alte mit lauten Worten ihren Abscheu hierüber zu erkennen gab, fragte Toni: ob sie wohl einer solchen Tat fähig wäre? Nein! sagte Toni, indem sie verwirrt vor sich niedersah. Der Fremde, indem er das Tuch auf dem Tische legte, versetzte: dass, nach dem Gefühl seiner Seele, keine Tyrannei, die die Weißen je verübt, einen Verrat, so niederträchtig und abscheulich, rechtfertigen könnte. Die Rache des Himmels, meinte er, indem er sich mit einem leidenschaftlichen Ausdruck erhob, würde dadurch entwaffnet; die Engel selbst, dadurch empört, stellten sich auf Seiten derer, die Unrecht hätten, und nähmen, zur Aufrechthaltung menschlicher und göttlicher Ordnung, ihre Sache! Er trat bei diesen Worten auf einen Augenblick an das Fenster, und sah in die Nacht hinaus, die mit stürmischen Wolken über den Mond und die Sterne vorüberzog; und da es ihm schien, als ob Mutter und Tochter einander ansähen, obschon er auf keine Weise merkte, dass sie sich Winke zugeworfen hätten: so übernahm ihn ein widerwärtiges und verdrießliches Gefühl; er wandte sich und bat, dass man ihm das Zimmer anweisen möchte, wo er schlafen könne.

Pestkranke hier: tödlich Kranke

widerwärtig hier: feindselig

Die Mutter bemerkte, indem sie nach der Wanduhr sah, dass es überdies nahe an Mitternacht sei, nahm ein Licht in die Hand, und forderte den Fremden auf, ihr zu folgen. Sie führte ihn durch einen langen Gang in das für ihn bestimmte Zimmer; Toni trug den Überrock des Fremden und mehrere andere Sachen, die er abgelegt hatte; die Mutter zeigte ihm ein von Polstern bequem aufgestapeltes Bett, worin er schlafen sollte, und nachdem sie Toni noch befohlen hatte, dem Herrn ein Fußbad zu bereiten, wünschte sie ihm eine gute Nacht und empfahl sich. Der Fremde stellte seinen Degen in den Winkel und legte ein Paar Pistolen, die er im Gürtel trug, auf den Tisch. Er sah sich, während Toni das Bett vorschob und ein weißes Tuch darüber breitete, im Zimmer um; und da er gar bald, aus der Pracht und dem Geschmack, die darin herrschten, schloss, dass es dem vormaligen Besitzer der Pflanzung angehört haben müsse: so legte sich ein Gefühl der Unruhe wie ein Geier um sein Herz, und er wünschte sich, hungrig und durstig, wie er gekommen war, wieder in die Waldung zu den Seinigen zurück. Das Mädchen hatte mittlerweile, aus der nahgelegenen Küche, ein Gefäß mit warmem Wasser, von wohlriechenden Kräutern duftend, hereingeholt, und forderte den Offizier, der sich in das Fenster gelehnt hatte, auf, sich darin zu erquicken. Der Offizier ließ sich, während er sich schweigend von der Halsbinde und der Weste befreite, auf den Stuhl nieder; er schickte sich an, sich die Füße zu entblößen, und während das Mädchen, auf ihre Knien vor ihm hingekauert, die kleinen Vorkehrungen zum Bade besorgte, betrachtete er ihre einnehmende Gestalt. Ihr Haar, in dunkeln Locken schwellend, war ihr, als sie niederkniete, auf ihre jungen Brüste herabgerollt; ein Zug von ausnehmender Anmut spielte um ihre Lippen und über ihre langen, über die gesenkten Augen hervorragenden Augenwimpern; er hätte, bis auf die Farbe, die ihm anstößig war, schwören mögen, dass er nie etwas Schöneres gesehen. Dabei fiel ihm eine entfernte Ähnlichkeit, er wusste noch selbst nicht recht mit wem, auf, die er schon bei seinem Eintritt in das Haus

anstößig **störend**

in Anspruch nahm einnahm

bemerkt hatte, und die seine ganze Seele für sie in Anspruch nahm. Er ergriff sie, als sie in den Geschäften, die sie betrieb, aufstand, bei der Hand, und da er gar richtig schloss, dass es nur ein Mittel gab, zu prüfen, ob das Mädchen ein Herz habe oder nicht, so zog er sie auf seinen Schoß nieder und fragte sie: »ob sie schon einem Bräutigam verlobt wäre?« »Nein!«, lispelte das Mädchen, indem sie ihre großen schwarzen Augen in lieblicher Verschämtheit zur Erde schlug. Sie setzte, ohne sich auf seinem Schoß zu rühren, hinzu: Kondly, der junge Neger aus der Nachbarschaft, hätte zwar vor drei Monaten um sie angehalten; sie hätte ihn aber, weil sie noch zu jung wäre, ausgeschlagen. Der Fremde, der, mit seinen beiden Händen, ihren schlanken Leib umfasst hielt, sagte: »in seinem Vaterlande wäre, nach einem daselbst herrschenden Sprichwort, ein Mädchen von vierzehn Jahren und sieben Wochen bejahrt genug, um zu heiraten.« Er fragte, während sie ein kleines, goldenes Kreuz, das er auf der Brust trug, betrachtete: »wie alt sie wäre?« – Funfzehn Jahre, erwiderte Toni . »Nun also!«, sprach der Fremde . – »Fehlt es ihm denn an Vermögen, um sich häuslich, wie du es wünschest, mit dir niederzulassen?« Toni, ohne die Augen zu ihm aufzuschlagen, erwiderte: »O nein ! – Vielmehr, sprach sie, indem sie das Kreuz, das sie in der Hand hielt, fahren ließ: »Kondly ist, seit der letzten Wendung der Dinge, ein reicher Mann geworden; seinem Vater ist die ganze Niederlassung, die sonst dem Pflanzer, seinem Herrn, gehörte, zugefallen.« – »Warum lehntest du denn seinen Antrag ab?«, fragte der Fremde. Er streichelte ihr freundlich das Haar von der Stirn und sprach: »gefiel er dir etwa nicht?« Das Mädchen, indem sie kurz mit dem Kopf schüttelte, lachte; und auf die Frage des Fremden, ihr scherzend ins Ohr geflüstert: ob es vielleicht ein Weißer sein müsse, der ihre Gunst davon tragen solle, legte sie sich plötzlich, nach einem flüchtigen, träumerischen Bedenken, unter einem überaus reizenden Erröten, das über ihr verbranntes Gesicht aufloderte, an seine Brust. Der Fremde, von ihrer Anmut und Lieblichkeit gerührt, nannte sie sein liebes Mädchen, und schloss sie, wie durch göttliche Hand von jeder Sorge erlöst, in seine Arme. Es war ihm unmöglich zu glauben, dass alle diese Bewegungen, die er an ihr wahrnahm, der bloße elende Ausdruck einer kalten und grässlichen Verräterei sein sollten. Die Gedanken, die ihn beunruhigt hatten, wichen, wie ein Heer schauerlicher Vögel, von ihm; er schalt sich, ihr Herz nur einen Augenblick verkannt zu haben, und während er sie auf seinen Knien schaukelte, und den süßen Atem einsog, den sie ihm heraufsandte, drückte er, gleichsam zum Zeichen der Aussöhnung und Vergebung, einen Kuss auf ihre Stirn. Inzwischen hatte sich das Mädchen, unter einem sonderbar plötzlichen Aufhorchen, als ob jemand von dem Gange her der Tür nahte, emporgerichtet; sie rückte sich gedankenvoll und träumerisch das Tuch, das sich über ihrer Brust verschoben hatte, zurecht; und erst als sie sah, dass sie von einem Irrtum getäuscht worden war, wandte sie sich mit einigem Ausdruck von Heiterkeit wieder zu dem Fremden zurück und erinnerte ihn: dass sich das Wasser, wenn er nicht bald Gebrauch davon machte, abkälten würde. – Nun? sagte sie betreten, da der Fremde schwieg und sie gedankenvoll betrachtete: was seht Ihr mich so aufmerksam an? Sie suchte, indem sie sich mit ihrem Latz beschäftigte, die Verlegenheit, die sie ergriffen, zu verbergen, und rief lachend: wunderlicher Herr, was fällt Euch in meinem Anblick so auf? Der Fremde, der sich mit der Hand über die Stirn gefahren war, sagte, einen Seufzer unterdrückend, indem er sie von seinem Schoß herunterhob: »eine wunderbare Ähnlichkeit zwischen dir und einer Freundin!« Toni, welche sichtbar bemerkte, dass sich seine Heiterkeit zerstreut hatte, nahm ihn freundlich und teilnehmend bei der Hand, und fragte: mit welcher? Worauf jener, nach einer kurzen Besinnung das Wort nahm und sprach: »Ihr Name war Mariane Congreve und ihre Vaterstadt Straßburg. Ich hatte sie in dieser Staelt, wo ihr Vater Kaufmann war, kurz vor dem Ausbruch der Revolution kennengelernt, und war glücklich genug gewesen, ihr Jawort und vorläufig auch ihrer Mutter Zustimmung zu erhalten. Ach, es war die treuste Seele unter der Sonne; und die schrecklichen und rührenden Umstände, unter denen ich sie verlor, werden mir, wenn ich dich ansehe, so gegenwärtig, dass ich mich vor Wehmut der Tränen nicht enthalten kann.« »Wie?«, sagte Toni, indem sie sich herzlich und innig an ihn drückte: »sie lebt nicht mehr?« – »Sie starb«, antwortete der Fremde, »und ich lernte den Inbegriff aller Güte und Vortrefflichkeit erst mit ihrem Tode kennen. Gott weiß«, fuhr er fort, indem er sein Haupt schmerzlich an ihre Schulter lehnte, »wie ich die Unbesonnenheit so weit treiben konnte, mir eines Abends an einem öffentlichen Ort Äußerungen über das eben errichtete furchtbare Revolutionstribunal zu erlauben. Man verklagte, man suchte mich – ja, in Ermangelung meiner, der glücklich genug gewesen war, sich in die Vorstadt zu retten, lief die Rotte meiner rasenden Verfolger, die ein Opfer haben musste, nach der Wohnung meiner Braut, und durch ihre wahrhaftige Versicherung, dass sie nicht wisse, wo ich sei, erbittert, schleppte man dieselbe, unter dem Vorwand, dass sie mit mir im Einverständnis sei, mit unerhörter Leichtfertigkeit statt meiner auf den Richtplatz. Kaum war mir diese entsetzliche Nachricht hinterbracht worden, als ich sogleich aus dem Schlupfwinkel, in welchen ich mich geflüchtet hatte, hervortrat, und indem ich, die Menge durchbrechend, nach dem Richtplatz eilte, laut ausrief: Hier, ihr Unmenschlichen, hier bin ich! Doch sie, die schon auf dem Gerüste der Guillotine stand, antwortete auf die Frage einiger Richter, denen ich unglücklicherweise fremd sein musste, indem sie sich mit einem

Blick, der mir unauslöschlich in die Seele geprägt ist, von mir abwandte: diesen Menschen kenne ich nicht! – worauf unter Trommeln und Lärmen, von den ungeduldigen Blutmenschen angezettelt, das Eisen, wenige Augenblicke nachher, herabfiel, und ihr Haupt von seinem Rumpfe trennte. – Wie ich gerettet worden bin, das weiß ich nicht; ich befand mich, eine Viertelstunde darauf, in der Wohnung eines Freundes, wo ich aus einer Ohnmacht in die andere fiel, und halbwahnwitzig gegen Abend auf einen Wagen geladen und über den Rhein geschafft wurde« – Bei diesen Worten trat der Fremde, indem er das Mädchen losließ, an das Fenster; und da diese sah, dass er sein Gesicht sehr gerührt in ein Tuch drückte: so übernahm sie, von manchen Seiten geweckt, ein menschliches Gefühl; sie folgte ihm mit einer plötzlichen Bewegung, fiel ihm um den Hals, und mischte ihre Tränen mit den seinigen.

angezettelt **veranlasst**

übernahm **überkam**

Was weiter erfolgte, brauchen wir nicht zu melden, weil es jeder, der an diese Stelle kommt, von selbst liest. Der Fremde, als er sich wieder gesammelt hatte, wusste nicht, wohin ihn die Tat, die er begangen, führen würde; inzwischen sah er so viel ein, dass er gerettet, und in dem Hause, in welchem er sich befand, für ihn nichts von dem Mädchen zu befürchten war. Er versuchte, da er sie mit verschränkten Armen auf dem Bett weinen sah, alles nur Mögliche, um sie zu beruhigen. Er nahm sich das kleine goldene Kreuz, ein Geschenk der treuen Mariane, seiner abgeschiedenen Braut, von der Brust; und, indem er sich unter unendlichen Liebkosungen über sie neigte, hing er es ihr als ein Brautgeschenk, wie er es nannte, um den Hals. Er setzte sich, da sie in Tränen zerfloss und auf seine Worte nicht hörte, auf den Rand des Bettes nieder, und sagte ihr, indem er ihre Hand bald streichelte, bald küsste: dass er bei ihrer Mutter am Morgen des nächsten Tages um sie anhalten wolle. Er beschrieb ihr, welch ein kleines Eigentum, frei und unabhängig, er an den Ufern der Aar besitze; eine Wohnung,

inzwischen **indessen**

bequem und geräumig genug, sie und auch ihre Mutter, wenn ihr Alter die Reise zulasse, darin aufzunehmen; Felder, Gärten, Wiesen und Weinberge; und einen alten ehrwürdigen Vater, der sie dankbar und liebreich daselbst, weil sie seinen Sohn gerettet, empfangen würde. Er schloss sie, da ihre Tränen in unendlichen Ergießungen auf das Bettkissen niederflossen, in seine Arme, und fragte sie, von Rührung selber ergriffen: was er ihr zu Leide getan und ob sie ihm nicht vergeben könne? Er schwor ihr, dass die Liebe für sie nie aus seinem Herzen weichen würde, und dass nur, im Taumel wunderbar verwirrter Sinne, eine Mischung von Begierde und Angst, die sie ihm eingeflößt, ihn zu einer solchen Tat habe verführen können. Er erinnerte sie zuletzt, dass die Morgensterne funkelten, und dass, wenn sie länger im Bette verweilte, die Mutter kommen und sie darin überraschen würde; er forderte sie, ihrer Gesundheit wegen, auf, sich zu erheben und noch einige Stunden auf ihrem eignen Lager auszuruhen; er fragte sie, durch ihren Zustand in die entsetzlichsten Besorgnisse gestürzt, ob er sie vielleicht in seinen Armen aufheben und in ihre Kammer tragen solle; doch da sie auf alles, was er vorbrachte, nicht antwortete, und, ihr Haupt stilljammernd, ohne sich zu rühren, in ihre Arme gedrückt, auf den verwirrten Kissen des Bettes dalag: so blieb ihm zuletzt, hell wie der Tag schon durch beide Fenster schimmerte, nichts übrig, als sie, ohne weitere Rücksprache, aufzuheben; er trug sie, die wie eine Leblose von seiner Schulter niederhing, die Treppe hinauf in ihre Kammer, und nachdem er sie auf ihr Bette niedergelegt, und ihr unter tausend Liebkosungen noch einmal alles, was er ihr schon gesagt, wiederholt hatte, nannte er sie noch einmal seine liebe Braut, drückte einen Kuss auf ihre Wangen, und eilte in sein Zimmer zurück.

Sobald der Tag völlig angebrochen war, begab sich die alte Babekan zu ihrer Tochter hinauf, und eröffnete ihr, indem sie sich an ihr Bett niedersetzte, welch einen Plan sie mit dem Fremden sowohl, als seiner Reisegesellschaft vorhabe. Sie meinte, dass, da der Neger Congo Hoango erst in zwei Tagen wiederkehre, alles darauf ankäme, den Fremden während dieser Zeit in dem Hause hinzuhalten, ohne die Familie seiner Angehörigen, deren Gegenwart, ihrer Menge wegen, gefährlich werden könnte, darin zuzulassen. Zu diesem Zweck, sprach sie, habe sie erdacht, dem Fremden vorzuspiegeln, dass, einer soeben eingelaufenen Nachricht zufolge, der General Dessalines sich mit seinem Heer in diese Gegend wenden werde, und dass man mithin, wegen allzugroßer Gefahr, erst am dritten Tage, wenn er vorüber wäre, würde möglich machen können, die Familie, seinem Wunsche gemäß, in dem Hause aufzunehmen. Die Gesellschaft selbst, schloss sie, müsse inzwischen, damit sie nicht weiterreise, mit Lebensmitteln versorgt, und gleichfalls, um sich ihrer späterhin zu bemächtigen, in dem Wahn, dass sie eine Zuflucht in dem Hause finden werde, hingehalten werden. Sie bemerkte, dass die Sache wichtig sei, indem die Familie wahrscheinlich beträchtliche Habseligkeiten mit sich führe; und forderte die Tochter auf, sie aus allen Kräften in dem Vorhaben, das sie ihr angegeben, zu unterstützen. Toni, halb im Bette aufgerichtet, indem die Röte des Unwillens ihr Gesicht überflog, versetzte: »dass es schändlich und niederträchtig wäre, das Gastrecht an Personen, die man in das Haus gelockt, also zu verletzen«. Sie meinte, dass ein Verfolgter, der sich ihrem Schutz anvertraut, doppelt sicher bei ihnen sein sollte; und versicherte, dass, wenn sie den blutigen Anschlag, den sie ihr geäußert, nicht aufgäbe, sie auf der Stelle hingehen und dem Fremden anzeigen würde, welch eine Mördergrube das Haus sei, in welchem er geglaubt habe, seine Rettung zu finden. »Toni!«, sagte die Mutter, indem sie die Arme in die Seite stemmte, und dieselbe mit großen Augen ansah. – »Gewiss!«, erwiderte Toni, indem sie die Stimme senkte. »Was hat uns dieser Jüngling, der von Geburt gar nicht einmal ein Franzose, sondern, wie wir gesehen haben, ein Schweizer ist, zu Leide getan, dass wir, nach Art der Räuber, über ihn herfallen, ihn töten und ausplündern wollen? Gelten die Beschwerden, die man hier gegen die Pflanzer führt, auch in der Gegend der Insel, aus welcher er herkömmt? Zeigt nicht vielmehr alles, dass er der edelste und vortrefflichste Mensch ist, und gewiss das Unrecht, das die Schwarzen seiner Gattung vorwerfen mögen, auf keine Weise teilt?« – Die Alte, während sie den sonderbaren Ausdruck des Mädchens betrachtete, sagte bloß mit bebenden Lippen: dass sie erstaune. Sie fragte, was der junge Portugiese verschuldet, den man unter dem Torweg kürzlich mit Keulen zu Boden geworfen habe? Sie fragte, was die beiden Holländer verbrochen, die vor drei Wochen durch die Kugeln der Neger im Hofe gefallen wären? Sie wollte wissen, was man den drei Franzosen und so vielen andern einzelnen Flüchtlingen, vom Geschlecht der Weißen, zur Last gelegt habe, die mit Büchsen, Spießen und Dolchen, seit dem Ausbruch der Empörung, im Hause hingerichtet worden wären? »Beim Licht der Sonne«, sagte die Tochter, indem sie wild aufstand »du hast sehr Unrecht, mich an diese Gräueltaten zu erinnern! Die Unmenschlichkeiten, an denen ihr mich Teil zu nehmen zwingt, empörten längst mein innerstes Gefühl; und um mir Gottes Rache wegen alles, was vorgefallen, zu versöhnen, so schwöre ich dir, dass ich eher zehnfachen Todes sterben, als zugeben werde, dass diesem Jüngling, so lange er sich in unserm Hause befindet, auch nur ein Haar gekrümmt werde.« –

Wohlan, sagte die Alte, mit einem plötzlichen Ausdruck von Nachgiebigkeit: so mag der Fremde reisen! Aber wenn Congo Hoango zurückkömmt, setzte sie hinzu, indem sie um das Zimmer zu verlassen, aufstand, und erfährt, dass ein Weißer in unsern Hause übernachtet hat, so magst du das Mitleiden, das dich bewog, ihn gegen das ausdrückliche Gebot wieder abziehen zu lassen, verantworten.

Auf diese Äußerung, bei welcher, trotz aller scheinbaren Milde, der Ingrimm der Alten heimlich hervorbrach, blieb das Mädchen in nicht geringer Bestürzung im Zimmer zurück. Sie kannte den Hass der Alten gegen die Weißen zu gut, als dass sie hätte glauben können, sie werde eine solche Gelegenheit, ihn zu sättigen, ungenutzt vorübergehen lassen. Furcht, dass sie sogleich in die benachbarten Pflanzungen schicken und die Neger zur Überwältigung des Fremden herbeirufen möchte, bewog sie, sich anzukleiden und ihr unverzüglich in das untere Wohnzimmer zu folgen. Sie stellte sich, während diese verstört den Speiseschrank, bei welchem sie ein Geschäft zu haben schien, verließ, und sich an einen Spinnrocken niedersetzte, vor das an die Tür geschlagene Mandat, in welchem allen Schwarzen bei Lebensstrafe verboten war, den Weißen Schutz und Obdach zu geben; und gleichsam als ob sie, von Schrecken ergriffen, das Unrecht, das sie begangen, einsähe, wandte sie sich plötzlich, und fiel der Mutter, die sie, wie sie wohl wusste, von hinten beobachtet hatte, zu Füßen. Sie bat, die Knie derselben umklammernd, ihr die rasenden Äußerungen, die sie sich zu Gunsten des Fremden erlaubt, zu vergeben; entschuldigte sich mit dem Zustand, halb träumend, halb wachend, in welchem sie von ihr mit den Vorschlägen zu seiner Überlistung, da sie noch im Bette gelegen, überrascht worden sei, und meinte, dass sie ihn ganz und gar der Rache der bestehenden Landesgesetze, die seine Vernichtung einmal beschlossen, preisgäbe. Die Alte, nach einer Pause, in der sie das Mädchen unverwandt betrachtete, sagte: »Beim Himmel, diese deine Erklärung rettet ihm für heute das Leben! Denn die Speise, da du ihn in deinen Schutz zu nehmen drohtest, war schon vergiftet, die ihn der Gewalt Congo Hoangos, seinem Befehl gemäß, wenigstens tot überliefert haben würde.«

Und damit stand sie auf und schüttete einen Topf mit Milch, der auf dem Tisch stand, aus dem Fenster. Toni, welche ihren Sinnen nicht traute, starrte, von Entsetzen ergriffen, die Mutter an. Die Alte während sie sich wieder niedersetzte, und das Mädchen, das noch immer auf den Knien dalag, vom Boden aufhob, fragte: »was denn im Lauf einer einzigen Nacht ihre Gedanken so plötzlich umgewandelt hätte? Ob sie gestern, nachdem sie ihm das Bad bereitet, noch lange bei ihm gewesen wäre? Und ob sie viel mit dem Fremden gesprochen hätte?« Doch Toni, deren Brust flog, antwortete hierauf nicht, oder nichts Bestimmtes; das Auge zu Boden geschlagen, stand sie, indem sie sich den Kopf hielt, und berief sich auf einen Traum; ein Blick jedoch auf die Brust ihrer unglücklichen Mutter, sprach sie, indem sie sich rasch bückte und ihre Hand küsste, rufe ihr die ganze Unmenschlichkeit der Gattung, zu der dieser Fremde gehöre, wieder ins Gedächtnis zurück: und beteuerte, indem sie sich umkehrte und das Gesicht in ihre Schürze drückte, dass, sobald der Neger Hoango eingetroffen wäre, sie sehen würde, was sie an ihr für eine Tochter habe. Babekan saß noch in Gedanken versenkt, und erwog, woher wohl die sonderbare Leidenschaftlichkeit des Mädchens entspringe: als der Fremde mit einem in seinem Schlafgemach geschriebenen Zettel, worin er die Familie einlud, einige Tage in der Pflanzung des Negers Hoango zuzubringen, in das Zimmer trat. Er grüßte sehr heiter und freundlich die Mutter und die Tochter, und bat, indem er der Alten den Zettel übergab: dass man sogleich in die Waldung schicken und für die Gesellschaft, dem ihm gegebenen Versprechen gemäß, Sorge tragen möchte. Babekan stand auf und sagte, mit einem Ausdruck von Unruhe, indem sie den Zettel in den Wandschrank legte: »Herr, wir müssen Euch bitten, Euch sogleich in Euer Schlafzimmer zurück zu verfügen. Die Straße ist voll von einzelnen Negertrupps, die vorüberziehen und uns anmelden, dass sich der

Brust ihrer unglücklichen Mutter **Anspielung auf die Auspeitschung Babekans**

General Dessalines mit seinem Heer in diese Gegend wenden werde. Dies Haus, das jedem offen steht, gewährt Euch keine Sicherheit, falls Ihr Euch nicht in Eurem, auf den Hof hinausgehenden, Schlafgemach verbergt, und die Türen sowohl, als auch die Fensterladen, auf das sorgfältigste verschließt.« –

Wie? sagte der Fremde betroffen: der General Dessalines? – »Fragt nicht!«, unterbrach ihn die Alte, indem sie mit einem Stock dreimal auf den Fußboden klopfte: »in Eurem Schlafgemach, wohin ich Euch folgen werde, will ich Euch alles erklären.« Der Fremde von der Alten mit ängstlichen Gebärden aus dem Zimmer gedrängt, wandte sich noch einmal unter der Tür und rief: aber wird man der Familie, die meiner harrt, nicht wenigstens einen Boten zusenden müssen, der sie –? »Es wird alles besorgt werden«, fiel ihm die Alte ein, während, durch ihr Klopfen gerufen, der Bastardknabe, den wir schon kennen, hereinkam; und damit befahl sie Toni, die, dem Fremden den Rücken zukehrend, vor den Spiegel getreten war, einen Korb mit Lebensmitteln, der in dem Winkel stand, aufzunehmen; und Mutter, Tochter, der Fremde und der Knabe begaben sich in das Schlafzimmer hinauf. Hier erzählte die Alte, indem sie sich auf gemächliche Weise auf den Sessel niederließ, wie man die ganze Nacht über auf den, den Horizont abschneidenden Bergen, die Feuer des Generals Dessalines schimmern gesehen: ein Umstand, der in der Tat begründet war, obschon sich bis diesen Augenblick noch kein einziger Neger von seinem Heer, das südwestlich gegen Port au Prince anrückte, in dieser Gegend gezeigt hatte. Es gelang ihr, den Fremden dadurch in einen Wirbel von Unruhe zu stürzen, den sie jedoch nachher wieder durch die Versicherung, dass sie alles Mögliche, selbst in dem schlimmen Fall, dass sie Einquartierung bekäme, zu seiner Rettung beitragen würde, zu stillen wusste. Sie nahm, auf die wiederholte inständige Erinnerung desselben, unter diesen Umständen seiner Familie wenigstens mit Lebensmitteln beizuspringen, der Tochter den Korb aus der Hand, und indem sie ihn dem Knaben gab, sagte sie ihm: er solle an den Möwenweiher, in die nahgelegnen Waldberge hinausgehen, und ihn der daselbst befindlichen Familie des fremden Offziers überbringen. »Der Offizier selbst«, solle er hinzusetzen, »befinde sich wohl; Freunde der Weißen, die selbst viel der Partei wegen, die sie ergriffen, von den Schwarzen leiden müssten, hätten ihn in ihrem Hause mitleidig aufgenommen.« Sie schloss, dass sobald die Landstraße nur von den bewaffneten Negerhaufen, die man erwartete, befreit wäre, man sogleich Anstalten treffen würde, auch ihr, der Familie, ein Unterkommen in diesem Hause zu verschaffen. – Hast du verstanden? fragte sie, da sie geendet hatte. Der Knabe, indem er den Korb auf seinen Kopf setzte, antwortete: dass er den ihm beschriebenen Möwenweiher, an dem er zuweilen mit seinen Kameraden zu fischen pflege, gar wohl kenne, und dass er alles, wie man es ihm aufgetragen, an die da selbst übernachtende Familie des fremden Herrn bestellen würde. Der Fremde zog sich, auf die Frage der Alten: ob er noch etwas hinzuzusetzen hätte? noch einen Ring vom Finger, und händigte ihn dem Knaben ein, mit dem Auftrag, ihn zum Zeichen, dass es mit den überbrachten Meldungen seine Richtigkeit habe, dem Oberhaupt der Familie, Herrn Strömli, zu übergeben. Hierauf traf die Mutter mehrere, die Sicherheit des Fremden, wie sie sagte, abzweckende Veranstaltungen; befahl Toni, die Fensterladen zu verschließen, und zündete selbst, um die Nacht, die dadurch in dem Zimmer herrschend geworden war, zu zerstreuen, an einem auf dem Kaminsims befindlichen Feuerzeug, nicht ohne Mühseligkeit, indem der Zunder nicht fangen wollte, ein Licht an. Der Fremde benutzte diesen Augenblick, um den Arm sanft um Tonis Leib zu legen, und ihr ins Ohr zu flüstern: wie sie geschlafen? Und: ob er die Mutter nicht von dem, was vorgefal-

Feuerzeug Zeug zum Feuermachen
Zunder → Seite 266

len, unterrichten solle? Doch auf die erste Frage antwortete Toni nicht, und auf die andere versetzte sie, indem sie sich aus seinem Arm loswand: nein, wenn Ihr mich liebt, kein Wort! Sie unterdrückte die Angst, die alle diese lügenhaften Anstalten in ihr erweckten; und unter dem Vorwand, dem Fremden ein Frühstück zu bereiten, stürzte sie eilig in das untere Wohnzimmer herab.

Sie nahm aus dem Schrank der Mutter den Brief, worin der Fremde in seiner Unschuld die Familie eingeladen hatte, dem Knaben in die Niederlassung zu folgen: und auf gut Glück hin, ob die Mutter ihn vermissen würde, entschlossen, im schlimmsten Falle den Tod mit ihm zu leiden, flog sie damit dem schon auf der Landstraße wandernden Knaben nach. Denn sie sah den Jüngling, vor Gott und ihrem Herzen, nicht mehr als einen bloßen Gast, dem sie Schutz und Obdach gegeben, sondern als ihren Verlobten und Gemahl an, und war willens, sobald nur seine Partei im Hause stark genug sein würde, dies der Mutter, auf deren Bestürzung sie unter diesen Umständen rechnete, ohne Rückhalt zu erklären. »Nanky«, sprach sie, da sie den Knaben atemlos und eilfertig auf der Landstraße erreicht hatte: »die Mutter hat ihren Plan, die Familie Herrn Strömlis anbetreffend, umgeändert. Nimm diesen Brief! Er lautet an Herrn Strömli, das alte Oberhaupt der Familie, und enthält die Einladung, einige Tage mit allem, was zu ihm gehört, in unserer Niederlassung zu verweilen. – Sei klug und trage selbst alles Mögliche dazu bei, diesen Entschluss zur Reife zu bringen; Congo Hoango, der Neger, wird, wenn er wiederkommt, es dir lohnen!« Gut, gut, Base Toni, antwortete der Knabe. Er fragte, indem er den Brief sorgsam eingewickelt in seine Tasche steckte: und ich soll dem Zuge, auf seinem Wege hierher, zum Führer dienen? »Allerdings«, versetzte Toni; »das versteht sich, weil sie die Gegend nicht kennen, von selbst. Doch wirst du, möglicher Truppenmärsche wegen, die auf der Landstraße stattfinden könnten, die Wanderung eher nicht, als um Mitternacht antreten; aber dann dieselbe auch so beschleunigen, dass du vor der Dämmerung des Tages hier eintriffst. – Kann man sich auf dich verlassen?«, fragte sie. Verlasst euch auf Nanky! antwortete der Knabe; ich weiß, warum ihr diese weißen Flüchtlinge in die Pflanzung lockt, und der Neger Hoango soll mit mir zufrieden sein!

Hierauf trug Toni dem Fremden das Frühstück auf; und nachdem es wieder abgenommen war, begaben sich Mutter und Tochter, ihrer häuslichen Geschäfte wegen, in das vordere Wohnzimmer zurück. Es konnte nicht auffallen, dass die Mutter einige Zeit darauf an den Schrank trat, und, wie es natürlich war, den Brief vermisste. Sie legte die Hand, ungläubig gegen ihr Gedächtnis, einen Augenblick an den Kopf, und fragte Toni: wo sie den Brief, den ihr der Fremde gegeben, wohl hingelegt haben könne? Toni antwortete nach einer kurzen Pause, in der sie auf den Boden niedersah: dass ihn der Fremde ja, ihres Wissens, wieder eingesteckt und oben im Zimmer, in ihrer beider Gegenwart, zerrissen habe! Die Mutter schaute das Mädchen mit großen Augen an; sie meinte, sich bestimmt zu erinnern, dass sie den Brief aus seiner Hand empfangen und in den Schrank gelegt habe; doch da sie ihn nach vielem vergeblichen Suchen darin nicht fand und ihrem Gedächtnis, mehrere ähnlichen Vorfälle wegen, misstraute: so blieb ihr zuletzt nichts übrig, als der Meinung, die ihr die Tochter geäußert, Glauben zu schenken. Inzwischen konnte sie ihr lebhaftes Missvergnügen über diesen Umstand nicht unterdrücken, und meinte, dass der Brief dem Neger Hoango, um die Familie in die Pflanzung hereinzubringen, von der größten Wichtigkeit gewesen sein würde. Am Mittag und Abend, da Toni den Fremden mit Speisen bediente, nahm sie, zu seiner Unterhaltung an der Tischecke sitzend, mehrere

Mal Gelegenheit, ihn nach dem Briefe zu fragen; doch Toni war geschickt genug, das Gespräch, so oft es auf diesen gefährlichen Punkt kam, abzulenken oder zu verwirren; dergestalt, dass die Mutter durch die Erklärungen des Fremden über das eigentliche Schicksal des Briefes auf keine Weise ins Reine kam. So verfloss der Tag; die Mutter verschloss nach dem Abendessen aus Vorsicht, wie sie sagte, des Fremden Zimmer; und nachdem sie noch mit Toni überlegt hatte, durch welche List sie sich von Neuem, am folgenden Tage, in den Besitz eines solchen Briefes setzen könne, begab sie sich zur Ruhe, und befahl dem Mädchen gleichfalls, zu Bette zu gehen.

Sobald Toni, die diesen Augenblick mit Sehnsucht erwartet hatte, ihre Schlafkammer erreicht und sich überzeugt hatte, dass die Mutter entschlummert war, stellte sie das Bildnis der heiligen Jungfrau, das neben ihrem Bette hing, auf einen Sessel, und ließ sich mit verschränkten Händen auf Knien davor nieder. Sie flehte den Erlöser, ihren göttlichen Sohn, in einem Gebet voll unendlicher Inbrunst, um Mut und Standhaftigkeit an, dem Jüngling, dem sie sich zu eigen gegeben, das Geständnis der Verbrechen, die ihren jungen Busen beschwerten, abzulegen. Sie gelobte, diesem, was es ihrem Herzen auch kosten würde, nichts, auch nicht die Absicht, erbarmungslos und entsetzlich, in der sie ihn gestern in das Haus gelockt, zu verbergen; doch um der Schritte willen, die sie bereits zu seiner Rettung getan, wünschte sie, dass ihr vergeben, und sie als sein treues Weib mit sich nach Europa führen möchte. Durch dies Gebet wunderbar gestärkt, ergriff sie, indem sie aufstand, den Hauptschlüssel, das alle Gemächer des Hauses schloss, und schritt damit langsam, ohne Licht, über den schmalen Gang, den das Gebäude durchschnitt, dem Schlafgemach des Fremden zu. Sie öffnete das Zimmer leise und trat vor sein Bett, wo er in tiefen Schlaf versenkt ruhte. Der Mond beschien sein blühendes Antlitz, und der Nachtwind, der durch die geöffneten Fenster eindrang, spielte mit dem Haar auf seiner Stirn. Sie neigte sich sanft über ihn und rief ihn, seinen süßen Atem einsaugend beim Namen; aber ein tiefer Traum, von dem sie der Gegenstand zu sein schien, beschäftigte ihn: wenigstens hörte sie, zu wiederholten Malen, von seinen glühenden, zitternden Lippen das geflüsterte Wort: Toni! Wehmut, die nicht zu beschreiben ist, ergriff sie; sie konnte sich nicht entschließen, ihn aus den Himmeln lieblicher Einbildung in die Tiefe einer gemeinen und elenden Wirklichkeit herabzureiben; und in der Gewissheit, dass er ja früh oder spät von selbst erwachen müsse, kniete sie an seinem Bette nieder und überdeckte seine teure Hand mit Küssen.

Aber wer beschreibt das Entsetzen, das wenige Augenblicke darauf ihren Busen ergriff, als sie plötzlich, im Innern des Hofraums, ein Geräusch von Menschen, Pferden und Waffen hörte, und darunter ganz deutlich die Stimme des Negers Congo Hoango erkannte, der unvermuteterweise mit seinem ganzen Tross aus dem Lager des Generals Dessalines zurückgekehrt war. Sie stürzte, den Mondschein, der sie zu verraten drohte, sorgsam vermeidend, hinter die Vorhänge des Fensters, und hörte auch schon die Mutter, welche dem Neger von allem, was währenddessen vorgefallen war, auch von der Anwesenheit des europäischen Flüchtlings im Hause, Nachricht gab. Der Neger befahl den Seinigen, mit gedämpfter Stimme, im Hofe still zu sein. Er fragte die Alte, wo der Fremde in diesem Augenblick befindlich sei? Worauf diese ihm das Zimmer bezeichnete, und sogleich auch Gelegenheit nahm, ihn von dem sonderbaren und auffallenden Gespräch, das sie, den Flüchtling betreffend, mit der Tochter gehabt hatte, zu unterrichten. Sie versicherte dem Neger, dass das Mädchen eine Verräterin, und der ganze Anschlag, desselben habhaft zu werden, in Gefahr sei, zu scheitern. Wenigstens sei die Spitzbübin, wie sie bemerkt, heimlich beim Einbruch der Nacht in sein Bette geschlichen, wo sie noch bis diesen Augenblick in guter Ruhe befindlich sei; und wahrscheinlich, wenn der Fremde nicht schon entflohen sei, werde derselbe eben jetzt gewarnt, und die Mittel, wie seine Flucht zu bewerkstelligen sei, mit ihm verabredet. Der Neger, der die Treue des Mädchens schon in ähnlichen Fällen erprobt hatte, antwortete: es wäre wohl nicht möglich! Und: Kelly! rief er wütend, und: Omra! Nehmt eure Büchsen! Und damit, ohne weiter ein Wort zu sagen, stieg er, im Gefolge aller seiner Neger, die Treppe hinauf, und begab sich in das Zimmer des Fremden.

Toni, vor deren Augen sich, während weniger Minuten, dieser ganze Auftritt abgespielt hatte, stand, gelähmt an allen Gliedern, als ob sie ein Wetterstrahl getroffen hätte, da. Sie dachte einen Augenblick daran, den Fremden zu wecken; doch teils war, wegen Besetzung des Hofraums, keine Flucht für ihn möglich, teils auch sah sie voraus, dass er zu den Waffen greifen, und somit bei der Überlegenheit der Neger, Zubodenstreckung unmittelbar sein Los sein würde. Ja, die entsetzlichste Rücksicht, die sie zu nehmen genötigt war, war diese, dass der Unglückliche sie selbst, wenn er sie in dieser Stunde bei seinem Bette fände, für eine Verräterin halten, und, statt auf ihren Rat zu hören, in der Raserei eines so heillosen Wahns, dem Neger Hoango völlig besinnungslos in die Arme laufen würde. In dieser unaussprechlichen Angst fiel ihr ein Strick in die Augen, welcher, der Himmel weiß durch welchen Zufall, an dem Riegel der Wand hing. Gott selbst, meinte sie, indem sie ihn herabriss, hätte ihn zu ihrer und des Freundes Rettung dahin geführt. Sie umschlang den Jüngling, vielfache Knoten schürzend, an Händen und Füßen damit; und nachdem sie, ohne darauf zu achten, dass er sich rührte und sträubte, die Enden angezogen und an das Gestell des Bettes festgebunden hatte: drückte sie, froh, des Augenblicks mächtig geworden zu sein, einen Kuss auf seine Lippen, und eilte dem Neger Hoango, der schon auf der Treppe klirrte, entgegen.

Der Neger, der dem Bericht der Alten, Toni anbetreffend, immer noch keinen Glauben schenkte, stand, als er sie aus dem bezeichneten Zimmer hervortreten sah, bestürzt und verwirrt, im Korridor mit seinem Tross von Fackeln und Bewaffneten still. Er rief: »Die Treulose! Die Bundbrüchige!«, und indem er sich zu Babekan wandte, welche einige Schritte vorwärts gegen die Tür des Fremden getan hatte, fragte er: »ist der Fremde entflohn?« Babekan, welche die Tür, ohne hineinzusehen, offen gefunden hatte, rief, indem sie als eine Wütende zurückkehrte: Die Gaunerin! Sie hat ihn entwischen lassen! Eilt, und besetzt die Ausgänge, ehe er das weite Feld erreicht! »Was gibts?«, fragte Toni, indem sie mit dem Ausdruck des Erstaunens den Alten und die Neger, die ihn umringten, ansah. Was es gibt? erwiderte Hoango; und damit ergriff er sie bei der Brust und schleppte sie nach dem Zimmer hin. »Seid ihr rasend?«, rief Toni, indem sie den Alten, der bei dem sich ihm darbietenden Anblick erstarrte, von sich stieß: »da liegt der Fremde, von mir in seinem Bette festgebunden; und, beim Himmel, es ist nicht die schlechteste Tat, die ich in meinem Leben getan!« Bei diesen Worten kehrte sie ihm den Rücken zu, und setzte sich, als ob sie weinte, an einen Tisch nieder. Der Alte wandte sich gegen die in Verwirrung zur Seite stehende Mutter und sprach: O Babekan, mit welchem Märchen hast du mich getäuscht? »Dem Himmel sei Dank«, antwortete die Mutter, indem sie die Stricke, mit welchen der Fremde gebunden war, verlegen untersuchte; »der Fremde ist da, obschon ich von dem Zusammenhang nichts begreife.« Der Neger trat, das Schwert in die Scheide steckend, an das Bett und fragte den Fremden: wer er sei? woher er komme und wohin er reise? Doch da dieser, unter krampfhaften Anstrengungen sich loszuwinden, nichts hervorbrachte, als, auf jämmerlich schmerzhafte Weise: O Toni! O Toni! – so nahm die Mutter das Wort und bedeutete ihm, dass er ein Schweizer sei, namens Gustav von der Ried, und dass er mit einer ganzen Familie europäischer Hunde, welche in diesem Augenblick in den Berghöhlen am Möwenweiher versteckt sei, von dem Küstenplatz Fort Dauphin komme. Hoango, der das Mädchen, den Kopf schwermütig auf ihre Hände gestützt, dasitzen sah, trat zu ihr und nannte sie sein liebes Mädchen; klopfte ihr die Wangen, und forderte sie auf, ihm den übereilten Verdacht, den er ihr geäußert, zu vergeben. Die Alte, die gleichfalls vor das Mädchen hingetreten war, stemmte die Arme kopfschüttelnd in die Seite und fragte: weshalb sie denn den Fremden, der doch von der Gefahr, in der er sich befunden, gar nichts gewusst, mit Stricken in dem Bette festgebunden habe? Toni, vor Schmerz und Wut in der Tat weinend, antwortete, plötzlich zur Mutter gekehrt: »Weil du keine Augen und Ohren hast! Weil er die Gefahr, in der er schwebte, gar wohl begriff! Weil er entfliehen wollte; weil er mich gebeten hatte, ihm zu seiner Flucht behülflich zu sein; weil er einen Anschlag auf dein eignes Leben gemacht hatte, und sein Vorhaben bei Anbruch das Tages ohne Zweifel, wenn ich ihn nicht schlafend gebunden hätte, in Ausführung gebracht haben würde«. Der Alte liebkosete und beruhigte das Mädchen, und befahl Babekan, von dieser Sache zu schweigen. Er rief ein paar Schützen mit Büchsen vor, um das Gesetz, dem der Fremdling verfallen war, augenblicklich an demselben zu vollstrecken; aber Babekan flüsterte ihm heimlich zu: »Nein, um Himmels willen, Hoango !« – Sie nahm ihn auf die Seite und bedeutete ihm: »Der Fremde müsse, bevor er hingerichtet werde, eine Einladung aufsetzen, um vermittelst derselben die Familie, deren Bekämpfung im Walde manchen Gefahren ausgesetzt sei, in die Pflanzung zu locken.« Hoango, in Erwägung, dass die Familie wahrscheinlich nicht unbewaffnet sein werde, gab diesem Vorschlage seinen Beifall; er stellte, weil es zu spät war, den Brief verabredetermaßen schreiben zu lassen, zwei Wachen bei dem weißen Flüchtling aus; und nachdem er noch, der Sicherheit wegen, die Stricke untersucht, auch, weil er sie zu locker befand, ein paar Leute herbeigerufen hatte, um sie noch enger zusammenzuziehen, verließ er mit seinem ganzen Tross das Zimmer, und alles nach und nach begab sich zur Ruh.

Aber Toni, welche nur scheinbar dem Alten, der ihr noch einmal die Hand gereicht, gute Nacht gesagt und sich zu Bette gelegt hatte, stand, sobald sie alles im Hause still sah, wieder auf, schlich sich durch eine Hinterpforte des Hauses auf das freie Feld hinaus, und lief, die wildeste Verzweiflung im Herzen, auf dem, die Landstraße durchkreuzenden, Wege der Gegend zu, von welcher die Familie Herrn Strömlis herankommen musste. Denn die Blicke voll Verachtung, die der Fremde von seinem Bette aus auf sie geworfen hatte, waren ihr empfindlich, wie Messerstiche, durchs Herz gegangen; es mischte sich ein Gefühl heißer Bitterkeit in ihre Liebe zu ihm, und sie frohlockte bei dem Gedanken, in dieser zu seiner Rettung angeordneten Unternehmung zu sterben. Sie stellte sich, in der Besorgnis, die Familie zu verfehlen, an den Stamm einer Pinie, bei welcher, falls die Einladung angenommen worden war, die Gesellschaft vorüberziehen musste, und kaum war auch, der Verabredung gemäß, der erste Strahl der Dämmerung am Horizont angebrochen, als Nankys, des Knaben, Stimme, der dem Trosse zum Führer diente, schon fernher unter den Bäumen des Waldes hörbar ward.

Der Zug bestand aus Herrn Strömli und seiner Gemahlin, welche letztere auf einem Maulesel ritt, fünf Kindern desselben, deren zwei, Adalbert und Gottfried, Jünglinge von 18 und 17 Jahren, neben dem Maulesel hergingen; drei Dienern und zwei Mägden, wovon die eine, einen Säugling an der

Brust, auf dem andern Maulesel ritt; in allem aus zwölf Personen. Er bewegte sich langsam über die den Weg durchflechtenden Kienwurzeln, dem Stamm der Pinie zu; wo Toni, so geräuschlos, als niemand zu erschrecken nötig war, aus dem Schatten des Baums hervortrat, und dem Zuge zurief: Halt! Der Knabe kannte sie sogleich; und auf ihre Frage: wo Herr Strömli sei? während Männer, Weiber und Kinder sie umringten, stellte dieser sie freudig dem alten Oberhaupt der Familie, Herrn Strömli, vor. »Edler Herr!«, sagte Toni, indem sie die Begrüßungen desselben mit fester Stimme unterbrach: »Der Neger Hoango ist, auf überraschende Weise, mit seinem ganzen Tross in die Niederlassung zurückgekommen. Ihr könnt jetzt, ohne die größeste Lebensgefahr, nicht darin einkehren; ja, euer Vetter, der zu seinem Unglück eine Aufnahme darin fand, ist verloren, wenn ihr nicht zu den Waffen greift, und mir, zu seiner Befreiung aus der Haft, in welcher ihn der Neger Hoango gefangen hält, in die Pflanzung folgt!« Gott im Himmel! riefen, von Schrecken erfasst, alle Mitglieder der Familie; und die Mutter, die krank und von der Reise erschöpft war, fiel von dem Maultier ohnmächtig auf den Boden nieder. Toni, während, auf den Ruf Herrn Strömlis die Mägde herbeieilten, um ihrer Frau zu helfen, führte, von den Jünglingen mit Fragen bestürmt, Herrn Strömli und die übrigen Männer, aus Furcht vor dem Knaben Nanky, auf die Seite. Sie erzählte den Männern, ihre Tränen vor Scham und Reue nicht zurückhaltend, alles, was vorgefallen; wie die Verhältnisse, in dem Augenblick, da der Jüngling eingetroffen, im Hause bestanden; wie das Gespräch, das sie unter vier Augen mit ihm gehabt, dieselben auf ganz unbegreifliche Weise verändert; was sie bei der Ankunft des Negers, fast wahnsinnig vor Angst getan, und wie sie nun Tod und Leben daransetzen wolle, ihn aus der Gefangenschaft, worin sie ihn selbst gestürzt, wieder zu befreien. Meine Waffen! rief Herr Strömli, indem er zu dem Maultier seiner Frau eilte und seine Büchse herabnahm. Er sagte, während auch Adelbert und Gottfried, seine rüstigen Söhne, und die drei wackern Diener sich bewaffneten: Vetter Gustav hat mehr als einem von uns das Leben gerettet; jetzt ist es an uns, ihm den gleichen Dienst zu tun; und damit hob er seine Frau, welche sich erholt hatte, wieder auf das Maultier, ließ dem Knaben Nanky, aus Vorsicht, als eine Art von Geisel, die Hände binden; schickte den ganzen Tross, Weiber und Kinder, unter dem bloßen Schutz seines dreizehnjährigen, gleichfalls bewaffneten Sohnes, Ferdinand, an den Möwenweiher zurück; und nachdem er noch Toni, welche selbst einen Helm und einen Spieß genommen hatte, über die Stärke der Neger und ihre Verteilung im Hofraume ausgefragt und ihr versprochen hatte, Hoangos sowohl, als ihrer Mutter, so viel es sich tun ließ, bei dieser Unternehmung zu schonen; stellte er sich mutig, und auf Gott vertrauend, an die Spitze seines kleinen Haufens, und brach, von Toni geführt, in die Niederlassung auf.

Toni, sobald der Haufen durch die hintere Pforte eingeschlichen war, zeigte Herrn Strömli das Zimmer, in welchem Hoango und Babekan ruhten; und während Herr Strömli geräuschlos mit seinen Leuten in das offne Haus eintrat, und sich sämtlicher zusammengesetzter Gewehre der Neger bemächtigte, schlich sie zur Seite ab in den Stall, in welchem der fünfjährige Halbbruder des Nanky, Seppy, schlief. Denn Nanky und Seppy, Bastardkinder des alten Hoango, waren diesem, besonders der letzte, dessen Mutter kürzlich gestorben war, sehr teuer; und da, selbst in dem Fall, dass man den gefangenen Jüngling befreite, der Rückzug an den Möwenweiher und die Flucht von dort nach Port au Prince, der sie sich anzuschließen gedachte, noch mancherlei Schwierigkeiten ausgesetzt war: so schloss sie nicht unrichtig, dass der Besitz beider Knaben, als einer Art von Unterpfand, dem Zuge, bei etwaiger Verfolgung der Neger, von großem Vorteil sein würde. Es gelang ihr, den Knaben ungesehen aus seinem Bette zu heben, und in ihren Armen, halb schlafend, halb wachend, in das Hauptgebäude hinüberzutragen. Inzwischen war Herr Strömli, so heimlich, als es sich tun ließ, mit seinem Haufen in Hoangos Stubentüre eingetreten; aber statt ihn und Babekan, wie er glaubte, im Bette zu finden, standen, durch das Geräusch geweckt, beide, obschon halbnackt und hilflos, in der Mitte des Zimmers da. Herr Strömli, indem er seine Büchse in die Hand nahm, rief: sie sollten sich ergeben, oder sie wären des Todes! Doch Hoango, statt aller Antwort, riss ein Pistol von der Wand und platzte es, Herrn Strömli am Kopf streifend, unter die Menge los. Herrn Strömlis Haufen, auf dies Signal, fiel wütend über ihn her; Hoango, nach einem zweiten Schuss, der einem Diener die Schulter durchbohrte, ward durch einen Säbelhieb an der Hand verwundet, und beide, Babekan und er, wurden niedergeworfen und mit Stricken am Gestell eines großen Tisches festgebunden. Mittlerweile waren, durch die Schüsse geweckt, die Neger des Hoango, zwanzig und mehr an der Zahl, aus ihren Stallen hervorgestürzt, und drangen, da sie die alte Babekan im Hause schreien hörten, wütend gegen dasselbe vor, um ihre Waffen wieder zu erobern. Vergebens postierte Herr Strömli, dessen Wunde von keiner Bedeutung war, seine Leute an die Fenster des Hauses, und ließ, um die Kerle im Zaum zu halten, mit Büchsen unter sie feuern; sie achteten zweier Toten nicht, die schon auf dem Hofe umher lagen, und waren im Begriff, Äxte und Brechstangen zu holen, um die Haustür, welche Herr Strömli verriegelt hatte, einzusprengen, als Toni, zitternd und bebend, den Knaben Seppy auf dem Arm, in Hoangos Zimmer trat. Herr Strömli, dem diese Erscheinung äußerst erwünscht war, riss ihr den Knaben vom Arm; er wandte sich, indem er seinen Hirschfänger zog, zu Hoango, und schwor, dass er den

Hirschfänger **Seitengewehr**

Jungen augenblicklich töten würde, wenn er den Negern nicht zuriefe, von ihrem Vorhaben abzustehen. Hoango, dessen Kraft durch den Hieb über die drei Finger der Hand gebrochen war, und der sein eignes Leben, im Fall einer Weigerung, ausgesetzt haben würde, erwiderte nach einigen Bedenken, indem er sich vom Boden aufheben ließ: »dass er dies tun wolle«; er stellte sich, von Herrn Strömli geführt, an das Fenster, und mit einem Schnupftuch, das er in die linke Hand nahm, über den Hof hinauswindend, rief er den Negern zu: »dass sie die Tür, indem es, sein Leben zu retten, keiner Hülfe bedürfe, unberührt lassen sollten und in ihre Ställe zurückkehren möchten!« Hierauf beruhigte sich der Kampf ein wenig; Hoango schickte, auf Verlangen Herrn Strömlis, einen im Hause eingefangenen Neger, mit der Wiederholung dieses Befehls, zu dem im Hofe noch verweilenden und sich beratschlagenden Haufen hinab; und da die Schwarzen, so wenig sie auch von der Sache begriffen, den Worten dieses förmlichen Botschafters Folge leisten mussten, so gaben sie ihren Anschlag, zu dessen Ausführung schon alles in Bereitschaft war, auf, und verfügten sich nach und nach, obschon murrend und schimpfend, in ihre Ställe zurück. Herr Strömli, indem er dem Knaben Seppy vor den Augen Hoangos die Hände binden ließ, sagte diesem: dass seine Absicht keine andere sei, als den Offizier, seinen Vetter aus der in der Pflanzung über ihn verhängten Haft zu befreien, und dass, wenn seiner Flucht nach Port au Prince keine Hindernisse in den Weg gelegt würden, weder für sein, Hoangos, noch für seiner Kinder Leben, die er ihm wiedergeben würde, etwas zu befürchten sein würde. Babekan, welcher Toni sich näherte und zum Abschied in einer Rührung, die sie nicht unterdrücken konnte, die Hand geben wollte, stieß diese heftig von sich. Sie nannte sie eine Niederträchtige und Verräterin, und meinte, indem sie sich am Gestell des Tisches, an dem sie lag, umkehrte: die Rache

ausgesetzt gewagt

förmlich mit einer Vollmacht versehenen

Gottes würde sie, noch ehe sie ihrer Schandtat froh geworden, ereilen. Toni antwortete: »Ich habe euch nicht verraten; ich bin eine Weiße, und dem Jüngling, den ihr gefangen haltet, verlobt; ich gehöre zu dem Geschlecht derer, mit denen ihr im offenen Kriege liegt, und werde vor Gott, dass ich mich auf ihre Seite stellte, zu verantworten wissen.« Hierauf gab Herr Strömli dem Neger Hoango, den er zur Sicherheit wieder hatte fesseln und an die Pfosten der Tür festbinden lassen, eine Wache; er ließ den Diener, der, mit zersplittertem Schulterknochen, ohnmächtig am Boden lag, aufheben und wegtragen; und nachdem er dem Hoango noch gesagt hatte, dass er beide Kinder, den Nanky sowohl als den Seppy, nach Verlauf einiger Tage, in Sainte Lüze, wo die ersten französischen Vorposten stünden, abholen lassen könne, nahm er Toni, die, von mancherlei Gefühlen bestürmt, sich nicht enthalten konnte zu weinen, bei der Hand, und führte sie, unter den Flüchen Babekans und des alten Hoango, aus dem Schlafzimmer fort.

Inzwischen waren Adelbert und Gottfried, Herrn Strömlis Söhne, schon nach Beendigung des ersten, an den Fenstern gefochtenen Hauptkampfs, auf Befehl des Vaters, in das Zimmer ihres Vetters Gustav geeilt, und waren glücklich genug gewesen, die beiden Schwarzen, die diesen bewachten, nach einem hartnäckigen Widerstand zu überwältigen. Der eine lag tot im Zimmer; der andere hatte sich mit einer schweren Schusswunde bis auf den Korridor hinausgeschleppt. Die Brüder, deren einer, der ältere, dabei selbst, obschon nur leicht, am Schenkel verwundet worden war, banden den teuren lieben Vetter los: sie umarmten und küssten ihn, und forderten ihn jauchzend, indem sie ihm Gewehr und Waffen gaben, auf, ihnen nach dem vorderen Zimmer, in welchem, da der Sieg entschieden, Herr Strömli wahrscheinlich alles schon zum Rückzug anordne, zu folgen. Aber Vetter Gustav, halb im Bette aufgerichtet, drückte ihnen freundlich die Hand;

im Übrigen war er still und zerstreut, und statt die Pistolen, die sie ihm darreichten, zu ergreifen, hob er die Rechte, und strich sich, mit einem unaussprechlichen Ausdruck von Gram, damit über die Stirn. Die Jünglinge, die sich bei ihm niedergesetzt hatten, fragten: was ihm fehle? Und schon, da er sie mit seinem Arm umschloss, und sich mit dem Kopf schweigend an die Schulter des jüngern lehnte, wollte Adelbert sich erheben, um ihm im Wahn, dass ihn eine Ohnmacht anwandle, einen Trunk Wasser herbeizuholen: als Toni, den Knaben Seppy auf dem Arm, an der Hand Herrn Strömlis, in das Zimmer trat. Gustav wechselte bei diesem Anblick die Farbe; er hielt sich, indem er aufstand, als ob er umsinken wollte, an den Leibern der Freunde fest; und ehe die Jünglinge noch wussten, was er mit dem Pistol, das er ihnen jetzt aus der Hand nahm, anfangen wollte: drückte er dasselbe schon, knirschend vor Wut, gegen Toni ab. Der Schuss war ihr mitten durch die Brust gegangen; und da sie, mit einem gebrochenen Laut des Schmerzes, noch einige Schritte gegen ihn tat, und sodann, indem sie den Knaben an Herrn Strömli gab, vor ihm niedersank: schleuderte er das Pistol über sie, stieß sie mit dem Fuß von sich, und warf sich, indem er sie eine Hure nannte, wieder auf das Bette nieder. »Du ungeheurer Mensch!«, riefen Herr Strörnli und seine beiden Söhne. Die Jünglinge warfen sich über das Mädchen, und riefen, indem sie es aufhoben, einen der alten Diener herbei, der dem Zuge schon in manchen ähnlichen, verzweiflungsvollen Fällen die Hülfe eines Arztes geleistet hatte; aber das Mädchen, das sich mit der Hand krampfhaft die Wunde hielt, drückte die Freunde hinweg, und: »Sagt ihm –!«, stammelte sie röchelnd, auf ihn, der sie erschossen, hindeutend, und wiederholte: »Sagt ihm – –!« Was sollen wir ihm sagen? fragte Herr Strömli, da der Tod ihr die Sprache raubte. Adelbert und Gottfried standen auf und riefen dem unbegreiflich grässlichen Mörder zu: ob er wisse, dass das

Mädchen seine Retterin sei; dass sie ihn liebe und dass es ihre Absicht gewesen sei, mit ihm, dem sie alles, Eltern und Eigentum, aufgeopfert, nach Port au Prince zu entfliehen. – Sie donnerten ihm Gustav! in die Ohren, und fragten ihn: ob er nichts höre? Und schüttelten ihn und griffen ihm in die Haare, da er unempfindlich, und ohne auf sie zu achten, auf dem Bette lag. Gustav richtete sich auf. Er warf einen Blick auf das in seinem Blut sich wälzende Mädchen; und die Wut, die diese Tat veranlasst hatte, machte, auf natürliche Weise, einem Gefühl gemeinen Mitleidens Platz. Herr Strömli; heiße Tränen auf sein Schnupftuch niederweinend, fragte: Warum, Elender, hast du das getan? Vetter Gustav, der von dem Bette aufgestanden war, und das Mädchen, indem er sich den Schweiß von der Stirn abwischte, betrachtete, antwortete: dass sie ihn schändlicher Weise zur Nachtzeit gebunden, und dem Neger Hoango übergeben habe. »Ach!«, rief Toni, und streckte, mit einem unbeschreiblichen Blick, ihre Hand nach ihm aus: »dich, liebsten Freund, band ich, weil – –!« Aber sie konnte nicht reden und ihn auch mit der Hand nicht erreichen; sie fiel, mit einer plötzlichen Erschlaffung der Kraft, wieder auf den Schoß Herrn Strömlis zurück. Weshalb? fragte Gustav blass, indem er zu ihr niederkniete. Herr Strömli, nach einer langen, nur durch das Röcheln Tonis unterbrochenen Pause, in welcher man vergebens auf eine Antwort von ihr gehofft hatte, nahm das Wort und sprach: weil, nach der Ankunft Hoangos, dich, Unglücklichen, zu retten, kein anderes Mittel war; weil sie den Kampf, den du unfehlbar eingegangen wärest, vermeiden, weil sie Zeit gewinnen wollte, bis wir, die wir schon vermöge ihrer Veranstaltung herbeieilten, deine Befreiung mit den Waffen in der Hand erzwingen konnten. Gustav legte die Hände vor sein Gesicht. Oh! rief er, ohne aufzusehen, und meinte, die Erde versänke unter seinen Füßen: ist das, was ihr mir sagt, wahr? Er legte seine Arme um

unempfindlich **empfindungslos**

ihren Leib und sah ihr mit jammervoll zerrissenem Herzen ins Gesicht. »Ach«, rief Toni, und dies waren ihre letzten Worte: »du hättest mir nicht misstrauen sollen!« Und damit hauchte sie ihre schöne Seele aus. Gustav raufte sich die Haare. Gewiss! sagte er, da ihn die Vettern von der Leiche wegrissen: Ich hätte dir nicht mißtrauen sollen; denn du warst mir durch einen Eidschwur verlobt, obschon wir keine Worte darüber gewechselt hatten! Herr Strömli drückte jammernd den Latz, der des Mädchens Brust umschloss, nieder. Er ermunterte den Diener, der mit einigen unvollkommenen Rettungswerkzeugen neben ihm stand, die Kugel, die, wie er meinte, in dem Brustknochen stecken müsse, auszuziehen; aber alle Bemühung, wie gesagt, war vergebens, sie war von dem Blei ganz durchbohrt, und ihre Seele schon zu besseren Sternen entflohn. – Inzwischen war Gustav ans Fenster getreten; und während Herr Strömli und seine Söhne unter stillen Tränen beratschlagten, was mit der Leiche anzufangen sei, und ob man nicht die Mutter herbeirufen solle, jagte Gustav sich die Kugel, womit das andere Pistol geladen war, durchs Hirn. Diese neue Schreckenstat raubte den Verwandten völlig alle Besinnung. Die Hülfe wandte sich jetzt auf ihn; aber des Ärmsten Schädel war ganz zerschmettert, und hing, da er sich das Pistol in den Mund gesetzt hatte, zum Teil an den Wänden umher. Herr Strömli war der erste, der sich wieder sammelte. Denn da der Tag schon ganz hell durch die Fenster schien, und auch Nachrichten einliefen, dass die Neger sich schon wieder auf dem Hofe zeigten: so blieb nichts übrig, als ungesäumt an den Rückzug zu denken. Man legte die beiden Leichen, die man nicht der mutwilligen Gewalt der Neger überlassen wollte, auf ein Brett, und nachdem die Büchsen von neuem geladen waren, brach der traurige Zug nach dem Möwenweiher auf. Herr Strömli, den Knaben Seppy auf dem Arm, ging voran; ihm folgten die beiden stärksten Diener, welche auf ihren Schultern die Leichen trugen; der Verwundete schwankte an einem Stabe hinterher; und Adelbert und Gottfried gingen mit gespannten Büchsen dem langsam fortschreitenden Leichenzuge zur Seite. Die Neger, da sie den Haufen so schwach erblickten, traten mit Spießen und Gabeln aus ihren Wohnungen hervor, und schienen Miene zu machen, angreifen zu wollen; aber Hoango, den man die Vorsicht beobachtet hatte, loszubinden, trat auf die Treppe des Hauses hinaus, und winkte den Negern, zu ruhen. »In Sainte Lüze!«, rief er Herrn Strömli zu, der schon mit den Leichen unter dem Torweg war. »In Sainte Lüze!«, antwortete dieser; worauf der Zug, ohne verfolgt zu werden, auf das Feld hinauskam und die Waldung erreichte. Am Möwenweiher, wo man die Familie fand, grub man, unter vielen Tränen, den Leichen ein Grab; und nachdem man noch die Ringe, die sie an der Hand trugen, gewechselt hatte, senkte man sie unter stillen Gebeten in die Wohnungen des ewigen Friedens ein. Herr Strömli war glücklich genug, mit seiner Frau und seinen Kindern, fünf Tage darauf, Sainte Lüze zu erreichen, wo er die beiden Negerknaben, seinem Versprechen gemäß, zurückließ. Er traf kurz vor Anfang der Belagerung in Port au Prince ein, wo er noch auf den Wällen für die Sache der Weißen focht; und als die Stadt nach einer hartnäckigen Gegenwehr an den General Dessalines überging, rettete er sich mit dem französischen Heer auf die englische Flotte, von wo die Familie nach Europa überschiffte, und ohne weitere Unfälle ihr Vaterland, die Schweiz, erreichte. Herr Strömli kaufte sich daselbst mit dem Rest seines kleinen Vermögens, in der Gegend des Rigi, an; und noch im Jahr 1807 war unter den Büschen seines Gartens das Denkmal zu sehen, das er Gustav, seinem Vetter, und der Verlobten desselben, der treuen Toni, hatte setzen lassen.

Gabeln **Mistgabeln**

zu ruhen **ruhig zu sein**

überging **übergeben wurde**

Das Bettelweib von Locarno 1811

Locarno Stadt am Lago Maggiore
Marchese italienischer Adelstitel
St. Gotthard bedeutender Alpenpass
Hausfrau Frau des Hauses

Am Fuße der Alpen bei Locarno im oberen Italien befand sich ein altes, einem Marchese gehöriges Schloss, das man jetzt, wenn man vom St. Gotthard kommt, in Schutt und Trümmern liegen sieht: ein Schloss mit hohen und weitläufigen Zimmern, in deren einem einst auf Stroh, das man ihr unterschüttete, eine alte kranke Frau, die sich bettelnd vor der Tür eingefunden hatte, von der Hausfrau aus Mitleiden gebettet worden war. Der Marchese, der bei der Rückkehr von der Jagd zufällig in das Zimmer trat, wo er seine Büchse abzusetzen pflegte, befahl der Frau unwillig, aus dem Winkel, in welchem sie lag, aufzustehn und sich hinter den Ofen zu verfügen. Die Frau, da sie sich erhob, glitschte mit der Krücke auf dem glatten Boden aus und beschädigte sich auf eine gefährliche Weise das Kreuz; dergestalt, dass sie zwar noch mit unsäglicher Mühe aufstand und quer, wie es ihr vorgeschrieben war, über das Zimmer ging, hinter dem Ofen aber unter Stöhnen und Ächzen niedersank und verschied.

nachher danach
florentinischer Ritter Ritter aus Florenz

Mehrere Jahre nachher, da der Marchese durch Krieg und Misswachs in bedenkliche Vermögensumstände geraten war, fand sich ein florentinischer Ritter bei ihm ein, der das Schloss seiner schönen Lage wegen von ihm kaufen wollte. Der Marchese, dem viel an dem Handel gelegen war, gab seiner Frau auf, den Fremden in dem obenerwähnten leerstehenden Zimmer, das sehr schön und prächtig eingerichtet war, unterzubringen. Aber wie betreten war das Ehepaar, als der Ritter mitten in der Nacht verstört und bleich zu ihnen herunterkam, hoch und teuer versichernd, dass es in dem Zimmer spuke, indem etwas, das dem Blick unsichtbar gewesen, mit einem Geräusch, als ob es auf Stroh gelegen, im Zimmerwinkel aufgestanden mit vernehmlichen Schritten langsam und gebrechlich quer über drei Zimmer gegangen und hinter dem Ofen unter Stöhnen und Ächzen niedergesunken sei.

Der Marchese, erschrocken, er wusste selbst nicht recht warum, lachte den Ritter mit erkünstelter Heiterkeit aus und sagte, er wolle sogleich aufstehen und die Nacht zu seiner Beruhigung mit ihm in dem Zimmer zubringen. Doch der Ritter bat um die Gefälligkeit, ihm zu erlauben, dass er auf einem Lehnstuhl in seinem Schlafzimmer übernachte; und als der Morgen kam, ließ er anspannen, empfahl sich und reiste ab.

Dieser Vorfall, der außerordentliches Aufsehen machte, schreckte auf eine dem Marchese höchst unangenehme Weise mehrere Käufer ab; dergestalt, dass, da sich unter seinem eignen Hausgesinde, befremdend und unbegreiflich, das Gerücht erhob, dass es in dem Zimmer zur Mitternachtstunde umgehe, er, um es mit einem entscheidenden Verfahren niederzuschlagen, beschloss, die Sache in der nächsten Nacht selbst zu untersuchen. Demnach ließ er beim Einbruch der Dämmerung sein Bett in dem besagten Zimmer aufschlagen und erharrte, ohne zu schlafen, die Mitternacht. Aber wie erschüttert war er, als er in der Tat mit dem Schlage der Geisterstunde das unbegreifliche Geräusch wahrnahm; es war, als ob ein Mensch sich von Stroh, das unter ihm knisterte, erhob, quer über das Zimmer ging, und hinter dem Ofen unter Geseufz und Geröchel niedersank. Die Marquise, am andern Morgen, da er herunterkam, fragte ihn, wie die Untersuchung abgelaufen; und da er sich mit scheuen und ungewissen Blicken umsah und, nachdem er die Tür verriegelt, versicherte, dass es mit dem Spuk seine Richtigkeit habe: so erschrak sie, wie sie in ihrem Leben nicht getan und bat ihn, bevor er die Sache verlauten ließe, sie noch einmal in ihrer Gesellschaft einer kaltblütigen Prüfung zu unterwerfen. Sie hörten aber samt einem treuen Bedienten, den sie mitgenommen hatten, in der Tat in der nächsten Nacht dasselbe unbegreifliche, gespensterartige Geräusch; und nur der dringende Wunsch, das Schloss, es koste was es wolle, loszuwerden, vermochte sie, das Entsetzen, das sie ergriff, in Gegenwart ihres Dieners zu unterdrücken und dem Vorfall irgendeine gleichgültige und zufällige Ursache, die sich entdecken lassen müsse, unterzuschieben. Am Abend des dritten Tages, da beide, um der Sache auf den Grund zu kommen, mit Herzklopfen wieder die Treppe zu dem Fremdenzimmer bestiegen, fand sich zufällig der Haushund, den man von der Kette losgelassen hatte, vor der Tür desselben ein; dergestalt dass beide, ohne sich bestimmt zu erklären, vielleicht in der unwillkürlichen Absicht, außer sich selbst noch etwas Drittes, Lebendiges, bei sich zu haben, den Hund mit sich in das Zimmer nahmen. Das Ehepaar, zwei Lichter auf dem Tisch, die Marquise unausgezogen, der Marchese Degen und Pistolen, die er aus dem Schrank genommen, neben sich, setzen sich gegen elf Uhr jeder auf sein Bett; und während sie sich mit Gesprächen, so gut sie vermögen, zu unterhalten suchen, legt sich der Hund, Kopf und Beine zusammengekauert, in der Mitte des Zimmers nieder und schläft ein. Drauf, in dem Augenblick der Mitternacht, lässt sich das entsetzliche Geräusch wieder hören; jemand, den kein Mensch mit Augen sehen kann, hebt sich auf Krücken im Zimmerwinkel empor; man hört das Stroh, das unter ihm rauscht; und mit dem ersten Schritt: tapp! tapp! erwacht der Hund, hebt sich plötzlich, die Ohren spitzend, vom Boden empor, und knurrend und bellend, grad' als ob ein Mensch auf ihn eingeschritten käme, rückwärts gegen den Ofen weicht er aus. Bei diesem Anblick stürzt die Marquise mit sträubenden Haaren aus dem Zimmer; und während der Marchese, der den Degen ergriffen: wer da? ruft, und, da ihm niemand antwortet, gleich einem Rasenden nach allen Richtungen die Luft durchhaut, lässt sie anspannen, entschlossen, augenblicklich nach der Stadt abzufahren. Aber ehe sie noch nach Zusammenraffung einiger Sachen aus dem Tore herausgerasselt, sieht sie schon das Schloss ringsum in Flammen aufgehen. Der Marchese, von Entsetzen überreizt, hatte eine Kerze genommen und dasselbe, überall mit Holz getäfelt wie es war, an allen vier Ecken, müde seines Lebens, angesteckt. Vergebens schickte sie Leute hinein, den Unglücklichen zu retten; er war auf die elendiglichste Weise bereits umgekommen; und noch jetzt liegen, von den Landleuten zusammengetragen, seine weißen Gebeine in dem Winkel des Zimmers, von welchem er das Bettelweib von Locarno hatte aufstehen heißen.

Über das Marionettentheater 1810

Als ich den Winter 1801 in M... zubrachte, traf ich daselbst eines Abends, in einem öffentlichen Garten, den Herrn C. an, der seit kurzem, in dieser Stadt, als erster Tänzer der Oper, angestellt war, und bei dem Publiko außerordentliches Glück machte.

Ich sagte ihm, dass ich erstaunt gewesen wäre, ihn schon mehrere Male in einem Marionettentheater zu finden, das auf dem Markte zusammengezimmert worden war, und den Pöbel, durch kleine dramatische Burlesken, mit Gesang und Tanz durchwebt, belustigte.

Burleske derbe Komödie

Er versicherte mir, dass ihm die Pantomimik dieser Puppen viel Vergnügen machte, und ließ nicht undeutlich merken, dass ein Tänzer, der sich ausbilden wolle, mancherlei von ihnen lernen könne.

Da die Äußerung mir, durch die Art, wie er sie vorbrachte, mehr, als ein bloßer Einfall schien, so ließ ich mich bei ihm nieder, um ihn über die Gründe, auf die er eine so sonderbare Behauptung stützen könne, näher zu vernehmen.

Er fragte mich, ob ich nicht, in der Tat, einige Bewegungen der Puppen, besonders der kleineren, im Tanz sehr graziös gefunden hatte.

Diesen Umstand konnte ich nicht leugnen. Eine Gruppe von vier Bauern, die nach einem raschen Takt die Ronde tanzte, hätte von Teniers nicht hübscher gemalt werden können

Ronde Rundtanz
Teniers → Seite 266

Ich erkundigte mich nach dem Mechanismus dieser Figuren, und wie es möglich wäre, die einzelnen Glieder derselben und ihre Punkte, ohne Myriaden von Fäden an den Fingern zu haben, so zu regieren, als es der Rhythmus der Bewegungen, oder der Tanz, erfordere?

Myriaden eine unzählige Menge
regieren lenken

Er antwortete, dass ich mir nicht vorstellen müsse, als ob jedes Glied einzeln, während der verschiedenen Momente des Tanzes, von dem Maschinisten gestellt und gezogen würde.

Maschinist hier: Puppenspieler

Jede Bewegung, sagte er, hätte einen Schwerpunkt; es wäre genug, diesen, in dem Innern der Figur, zu regieren; die Glieder, welche nichts als Pendel wären, folgten, ohne irgendein Zutun, auf eine mechanische Weise von selbst.

Er setzte hinzu, dass diese Bewegung sehr einfach wäre; dass jedes Mal, wenn der Schwerpunkt in einer *graden Linie* bewegt wird, die Glieder schon *Kurven* beschrieben; und dass oft, auf eine bloß zufällige Weise erschüttert, das Ganze schon in eine Art von rhythmische Bewegung käme, die dem Tanz ähnlich wäre.

Diese Bemerkung schien mir zuerst einiges Licht über das Vergnügen zu werfen, das er in dem Theater der Marionetten zu finden vorgegeben hatte. Inzwischen ahndete ich bei weitem die Folgerungen noch nicht, die er späterhin daraus ziehen würde.

Ich fragte ihn, ob er glaubte, dass der Maschinist, der diese Puppen regierte, selbst ein Tänzer sein, oder wenigstens einen Begriff vom Schönen im Tanz haben müsse?

Er erwiderte, dass wenn ein Geschäft, von seiner mechanischen Seite, leicht sei, daraus noch nicht folge, dass es ganz ohne Empfindung betrieben werden könne.

Die Linie, die der Schwerpunkt zu beschreiben hat, wäre zwar sehr einfach, und, wie er glaube, in den meisten Fällen, gerad. In Fällen, wo sie krumm sei, scheine das Gesetz ihrer Krümmung wenigstens von der ersten oder höchstens zweiten Ordnung; und auch in diesem letzten Fall nur elliptisch, welche Form der Bewegung den Spitzen des menschlichen Körpers (wegen der Gelenke) überhaupt die natürliche sei, und also dem Maschinisten keine große Kunst koste, zu verzeichnen.

Spitzen Extremitäten

Dagegen wäre diese Linie wieder, von einer andern Seite, etwas sehr Geheimnisvolles. Denn sie wäre nichts anders, als *der Weg der Seele des Tänzers*; und er zweifle, dass sie anders gefunden werden könne, als dadurch, dass sich der Maschinist in den Schwerpunkt der Marionette versetzt, d. h. mit andern Worten, *tanzt*.

Drehen einer Kurbel
Kurbel des Leierkastens

Ich erwiderte, dass man mir das Geschäft desselben als etwas ziemlich Geistloses vorgestellt hätte: etwa was das Drehen einer Kurbel sei, die eine Leier spielt.

Logarithmen
→ Seite 266
Asymptote
→ Seite 266
Hyperbel
→ Seite 266

Keineswegs, antwortete er. Vielmehr verhalten sich die Bewegungen seiner Finger zur Bewegung der daran befestigten Puppen ziemlich künstlich, etwa wie Zahlen zu ihren Logarithmen oder die Asymptote zur Hyperbel.

Inzwischen glaube er, dass auch dieser letzte Bruch von Geist, von dem er gesprochen, aus den Marionetten entfernt werden, dass ihr Tanz gänzlich ins Reich mechanischer Kräfte hinübergespielt, und vermittelst einer Kurbel, so wie ich es mir gedacht, hervorgebracht werden könne.

Ich äußerte meine Verwunderung zu sehen, welcher Aufmerksamkeit er diese, für den Haufen erfundene, Spielart einer schönen Kunst würdigte. Nicht bloß, dass er sie einer höheren Entwicklung für fähig halte: er scheine sich sogar selbst damit zu beschäftigen.

Vestris
→ Seite 266

Er lächelte, und sagte, er getraue sich zu behaupten, dass wenn ihm ein Mechanikus, nach den Forderungen, die er an ihn zu machen dächte, eine Marionette bauen wollte, er vermittelst derselben einen Tanz darstellen würde, den weder er, noch irgendein anderer geschickter Tänzer seiner Zeit, Vestris selbst nicht ausgenommen, zu erreichen imstande wäre.

Haben Sie, fragte er, da ich den Blick schweigend zur Erde schlug: haben Sie von jenen mechanischen Beinen gehört, welche englische Künstler für Unglückliche verfertigen, die ihre Schenkel verloren haben?

Ich sagte, nein: dergleichen wäre mir nie vor Augen gekommen.

Es tut mir leid, erwiderte er; denn wenn ich Ihnen sage, dass diese Unglücklichen damit tanzen, so fürchte ich fast, Sie werden es mir nicht glauben. – Was sag ich, tanzen? Der Kreis ihrer Bewegungen ist zwar beschränkt; doch diejenigen, die ihnen zu Gebote stehen, vollziehen sich mit einer Ruhe, Leichtigkeit und Anmut, die jedes denkende Gemüt in Erstaunen setzen.

Ich äußerte, scherzend, dass er ja, auf diese Weise, seinen Mann gefunden habe. Denn derjenige Künstler, der einen so merkwürdigen Schenkel zu bauen imstande sei, würde ihm unzweifelhaft auch eine ganze Marionette, seinen Forderungen gemäß, zusammensetzen können.

Wie, fragte ich, da er seinerseits ein wenig betreten zur Erde sah: wie sind denn diese Forderungen, die Sie an die Kunstfertigkeit desselben zu machen gedenken, bestellt?

Nichts, antwortete er, was sich nicht auch schon hier fände; Ebenmaß, Beweglichkeit, Leichtigkeit – nur alles in einem höheren Grade; und besonders eine naturgemäßere Anordnung der Schwerpunkte.

Und der Vorteil, den diese Puppe vor lebendigen Tänzern voraus haben würde?

Der Vorteil? Zuvörderst ein negativer, mein vortrefflicher Freund, nämlich dieser, dass sie sich niemals *zierte*. – Denn Ziererei erscheint, wie Sie wissen, wenn sich die Seele (vis motrix) in irgendeinem andern Punkte befindet, als in dem Schwerpunkt der Bewegung. Da der Maschinist nun schlechthin, vermittelst des Drahtes oder Fadens, keinen andern Punkt in seiner Gewalt hat, als diesen: so sind alle übrigen Glieder, was sie sein sollen, tot, reine Pendel, und folgen dem bloßen Gesetz der Schwere; eine vortreffliche Eigenschaft,

vis motrix
bewegende Kraft

die man vergebens bei dem größesten Teil unsrer Tänzer sucht.

Daphne eine Nymphe der griechischen Mythologie
Najade → Seite 266 f.
Bernin → Seite 267
Venus den Apfel überreicht Anspielung auf das Urteil des Paris

Sehen Sie nur die P… an, fuhr er fort, wenn sie die Daphne spielt, und sich, verfolgt vom Apoll, nach ihm umsieht; die Seele sitzt ihr in den Wirbeln des Kreuzes; sie beugt sich, als ob sie brechen wollte, wie eine Najade aus der Schule Bernins. Sehen Sie den jungen F… an, wenn er, als Paris, unter den drei Göttinnen steht, und der Venus den Apfel überreicht; die Seele sitzt ihm gar (es ist ein Schrecken, es zu sehen) im Ellenbogen.

Baum der Erkenntnis s. 1. Mose 2,9/17 und 3,6

Solche Missgriffe, setzte er abbrechend hinzu, sind unvermeidlich, seitdem wir von dem Baum der Erkenntnis gegessen haben. Doch das Paradies ist verriegelt und der Cherub hinter uns; wir müssen die Reise um die Welt machen, und sehen, ob es vielleicht von hinten irgendwo wieder offen ist.

Ich lachte. – Allerdings, dachte ich, kann der Geist nicht irren, da, wo keiner vorhanden ist. Doch ich bemerkte, dass er noch mehr auf dem Herzen hatte, und bat ihn, fortzufahren.

antigrav der Schwerkraft entgegengesetzt
Entrechat → Seite 267
Pirouette schnelle, mehrmalige Drehung um die eigene Längsachse

Zudem, sprach er, haben diese Puppen den Vorteil, dass sie *antigrav* sind. Von der Trägheit der Materie, dieser dem Tanze entgegenstrebendsten aller Eigenschaften, wissen sie nichts: weil die Kraft, die sie in die Lüfte erhebt, größer ist, als jene, die sie an der Erde fesselte Was würde unsre gute G… darum geben, wenn sie sechzig Pfund leichter wäre, oder ein Gewicht von dieser Größe ihr bei ihren Entrechats und Pirouetten, zu Hülfe käme? Die Puppen brauchen den Boden nur, wie die Elfen, um ihn zu *streifen*, und den Schwung der Glieder, durch die augenblickliche Hemmung neu zu beleben; wir brauchen ihn, um darauf zu *ruhen*, und uns von der Anstrengung des Tanzes zu erholen: ein Moment, der offenbar selber kein Tanz ist, und mit dem sich weiter nichts anfangen lässt, als ihn möglichst verschwinden zu machen.

Ich sagte, dass, so geschickt er auch die Sache seiner Paradoxe führe, er mich doch nimmermehr glauben machen würde, dass in einem mechanischen Gliedermann mehr Anmut enthalten sein könne, als in dem Bau des menschlichen Körpers.

Er versetzte, dass es dem Menschen schlechthin unmöglich wäre, den Gliedermann darin auch nur zu erreichen. Nur ein Gott könne sich, auf diesem Felde, mit der Materie messen; und hier sei der Punkt, wo die beiden Enden der ringförmigen Welt in einandergriffen.

Ich erstaunte immer mehr, und wusste nicht, was ich zu so sonderbaren Behauptungen sagen sollte.

Es scheine versetzte er, indem er eine Prise Tabak nahm, dass ich das dritte Kapitel vom ersten Buch Moses nicht mit Aufmerksamkeit gelesen; und wer diese erste Periode aller menschlichen Bildung nicht kennt, mit dem könne man nicht füglich über die folgenden, um wie viel weniger über die letzte, sprechen.

dritte Kapitel vom ersten Buch Moses **Geschichte vom Sündenfall**
Bildung **Entwicklung**

Ich sagte, dass ich gar wohl wüsste, welche Unordnungen, in der natürlichen Grazie des Menschen, das Bewusstsein anrichtet. Ein junger Mann von meiner Bekanntschaft hätte, durch eine bloße Bemerkung, gleichsam vor meinen Augen, seine Unschuld verloren, und das Paradies derselben, trotz aller ersinnlichen Bemühungen, nachher niemals wieder gefunden. – Doch, welche Folgerungen, setzte ich hinzu, können Sie daraus ziehen?

Er fragte mich, welch einen Vorfall ich meine?

Ich badete mich, erzählte ich, vor etwa drei Jahren, mit einem jungen Mann, über dessen Bildung damals eine wunderbare Anmut verbreitet war. Er mochte ohngefähr in seinem sechszehnten Jahre stehn, und nur ganz von fern ließen sich, von der Gunst der Frauen herbeigerufen, die ersten Spuren von Eitelkeit erblicken. Es traf sich, dass wir grade kurz

Bildung **hier: Körperbildung**

Jüngling
→ Seite 267

zuvor in Paris den Jüngling gesehen hatten, der sich einen Splitter aus dem Fuße zieht; der Abguss der Statue ist bekannt und befindet sich in den meisten deutschen Sammlungen. Ein Blick, den er in dem Augenblick, da er den Fuß auf den Schemel setzte, um ihn abzutrocknen, in einen großen Spiegel warf, erinnerte ihn daran; er lächelte und sagte mir, welch eine Entdeckung er gemacht habe. In der Tat hatte ich, in eben diesem Augenblick, dieselbe gemacht; doch sei es, um die Sicherheit der Grazie, die ihm beiwohnte, zu prüfen, sei es, um seiner Eitelkeit ein wenig heilsam zu begegnen: ich lachte und erwiderte – er sähe wohl Geister! Er errötete, und hob den Fuß zum zweiten Mal, um es mir zu zeigen; doch der Versuch, wie sich leicht hätte voraussehen lassen, missglückte. Er hob verwirrt den Fuß zum dritten und vierten, er hob ihn wohl noch zehnmal: umsonst er war außerstande dieselbe Bewegung wieder hervorzubringen – was sag ich? die Bewegungen, die er machte, hatten ein so komisches Element, dass ich Mühe hatte, das Gelächter zurückzuhalten: –

Von diesem Tage, gleichsam von diesem Augenblick an, ging eine unbegreifliche Veränderung mit dem jungen Menschen vor. Er fing an, tagelang vor dem Spiegel zu stehen; und immer ein Reiz nach dem anderen verließ ihn. Eine unsichtbare und unbegreifliche Gewalt schien sich, wie ein eisernes Netz, um das freie Spiel seiner Gebärden zu legen, und als ein Jahr verflossen war, war keine Spur mehr von der Lieblichkeit in ihm zu entdecken, die die Augen der Menschen sonst, die ihn umringten, ergötzt hatte. Noch jetzt lebt jemand, der ein Zeuge jenes sonderbaren und unglücklichen Vorfalls war, und ihn, Wort für Wort, wie ich ihn erzählt, bestätigen könnte. –

Bei dieser Gelegenheit, sagte Herr C… freundlich, muss ich Ihnen eine andere Geschichte erzählen, von der Sie leicht begreifen werden, wie sie hierher gehört.

Ich befand mich, auf meiner Reise nach Russland, auf einem Landgut des Herrn v. G…, eines livländischen Edelmanns, dessen Söhne sich eben damals stark im Fechten übten. Besonders der ältere, der eben von der Universität zurückgekommen war, machte den Virtuosen, und bot mir, da ich eines Morgens auf seinem Zimmer war, ein Rapier an. Wir fochten; doch es traf sich, dass ich ihm überlegen war; Leidenschaft kam dazu, ihn zu verwirren; fast jeder Stoß, den ich führte, traf, und sein Rapier flog zuletzt in den Winkel. Halb scherzend, halb empfindlich, sagte er, indem er das Rapier aufhob, dass er seinen Meister gefunden habe: doch alles auf der Welt finde den seinen, und fortan wolle er mich zu dem meinigen führen. Die Brüder lachten laut auf, und riefen: Fort! fort! In den Holzstall herab! Und damit nahmen sie mich bei der Hand und führten mich zu einem Bären, den Herr v. G… ihr Vater, auf dem Hofe auferziehen ließ.

Rapier **Fechtdegen**

Der Bär stand, als ich erstaunt vor ihn trat, auf den Hinterfüßen, mit dem Rücken an einem Pfahl gelehnt, an welchem er angeschlossen war, die rechte Tatze schlagfertig erhoben, und sah mir ins Auge: das war seine Fechterpositur. Ich wusste nicht, ob ich träumte, da ich mich einem solchen Gegner gegenüber sah; doch: stoßen Sie! stoßen Sie! sagte Herr v. G… und versuchen Sie, ob Sie ihm eins beibringen können! Ich fiel, da ich mich ein wenig von meinem Erstaunen erholt hatte, mit dem Rapier auf ihn aus; der Bär machte eine ganz kurze Bewegung mit der Tatze und parierte den Stoß. Ich versuchte ihn durch Finten zu verführen; der Bär rührte sich nicht. Ich fiel wieder, mit einer augenblicklichen Gewandtheit, auf ihn aus, eines Menschen Brust würde ihn ohnfehlbar getroffen haben: der Bär machte eine ganz kurze Bewegung mit der Tatze und parierte den Stoß. Jetzt war ich fast in dem Fall des jungen Herrn v. G… Der Ernst des Bären kam hinzu, mir die Fassung zu rauben, Stöße und Finten wechselten sich,

fiel … aus **griff an**

mir triefte der Schweiß: umsonst! Nicht bloß, dass der Bär, wie der erste Fechter der Welt, alle meine Stöße parierte; auf Finten (was ihm kein Fechter der Welt nachmacht) ging er gar nicht einmal ein: Aug in Auge, als ob er meine Seele darin lesen könnte, stand er, die Tatze schlagfertig erhoben, und wenn meine Stöße nicht ernsthaft gemeint waren, so rührte er sich nicht.

Glauben Sie diese Geschichte?

Vollkommen! rief ich, mit freudigem Beifall; jedwedem Fremden, so wahrscheinlich ist sie; um wie viel mehr Ihnen!

Nun, mein vortrefflicher Freund, sagte Herr C…, so sind Sie im Besitz von allem, was nötig ist, um mich zu begreifen. Wir sehen, dass in dem Maße, als, in der organischen Welt, die Reflexion dunkler und schwächer wird, die Grazie darin immer strahlender und herrschender hervortritt. – Doch so, wie sich der Durchschnitt zweier Linien, auf der einen Seite eines Punkts, nach dem Durchgang durch das Unendliche, plötzlich wieder auf der andern Seite einfindet, oder das Bild des Hohlspiegels, nachdem es sich in das Unendliche entfernt hat, plötzlich wieder dicht vor uns tritt: so findet sich auch, wenn die Erkenntnis gleichsam durch ein Unendliches gegangen ist, die Grazie wieder ein; so, dass sie, zu gleicher Zeit, in demjenigen menschlichen Körperbau am reinsten erscheint, der entweder gar keins, oder ein unendliches Bewusstsein hat, d. h. in dem Gliedermann, oder in dem Gott.

Durchschnitt Schnittpunkt

Bild des Hohlspiegels → Seite 267

Mithin, sagte ich ein wenig zerstreut, müssten wir wieder von dem Baum der Erkenntnis essen, um in den Stand der Unschuld zurückzufallen? Allerdings, antwortete er, das ist das letzte Kapitel von der Geschichte der Welt.

Über die allmähliche Verfertigung der Gedanken beim Reden 1805

Wenn du etwas wissen willst und es durch Meditation nicht finden kannst, so rate ich dir, mein lieber, sinnreicher Freund, mit dem nächsten Bekannten, der dir aufstößt, darüber zu sprechen. Es braucht nicht eben ein scharfdenkender Kopf zu sein, auch meine ich es nicht so, als ob du ihn darum befragen solltest: nein! Vielmehr sollst du es ihm selber allererst erzählen. Ich sehe dich zwar große Augen machen, und mir antworten, man habe dir in frühern Jahren den Rat gegeben, von nichts zu sprechen, als nur von Dingen, die du bereits verstehst. Damals aber sprachst du wahrscheinlich mit dem Vorwitz, *andere*, ich will, dass du aus der verständigen Absicht sprechest, *dich* zu belehren, und so können, für verschiedene Fälle verschieden, beide Klugheitsregeln vielleicht gut nebeneinander bestehen. Der Franzose sagt, l'appétit vient en mangeant, und dieser Erfahrungssatz bleibt wahr, wenn man ihn parodiert, und sagt, l'idee vient en parlant.

l'appétit vient en mangeant
der Appetit kommt beim Essen
parodiert
umformt
l'idee vient en parlant
der Gedanke kommt beim Sprechen

Oft sitze ich an meinem Geschäftstisch über den Akten, und erforsche, in einer verwickelten Streitsache, den Gesichtspunkt, aus welchem sie wohl zu beurteilen sein möchte. Ich pflege dann gewöhnlich ins Licht zu sehen, als in den hellsten Punkt, bei dem Bestreben, in welchem mein innerstes Wesen begriffen ist, sich aufzuklären. Oder ich suche, wenn mir eine algebraische Aufgabe vorkommt, den ersten Ansatz, die Gleichung, die die gegebenen Verhältnisse ausdrückt, und aus welcher sich die Auflösung nachher durch Rechnung leicht ergibt. Und siehe da, wenn ich mit meiner Schwester davon rede, welche hinter mir sitzt, und arbeitet, so erfahre ich, was ich durch ein vielleicht stundenlanges Brüten nicht herausgebracht haben würde. Nicht, als ob sie es mir, im eigentlichen Sinne, *sagte*; den sie kennt weder das Gesetzbuch,

Euler Leonard Euler (1707–1783), Schweizer Mathematiker

Kästner Abraham Gotthelf Kaestner (1719–1800), Mathematiker in Göttingen

Periode Satzgefüge

Molière eigentlich Jean-Baptiste Poquelin, französischer Komödiendichter (1622–1673)

noch hat sie den Euler, oder den Kästner studiert. Auch nicht, als ob sie mich durch geschickte Fragen auf den Punkt hinführte, auf welchen es ankommt, wenn schon dies letzte häufig der Fall sein mag. Aber weil ich doch irgendeine dunkle Vorstellung habe, die mit dem, was ich suche, von fern her in einiger Verbindung steht, so prägt, wenn ich nur dreist damit den Anfang mache, das Gemüt, während die Rede fortschreitet, in der Notwendigkeit, dem Anfang nun auch ein Ende zu finden, jene verworrene Vorstellung zur völligen Deutlichkeit aus, dergestalt, dass die Erkenntnis zu meinem Erstaunen mit der Periode fertig ist. Ich mische unartikulierte Töne ein, ziehe die Verbindungswörter in die Länge, gebrauche wohl eine Apposition, wo sie nicht nötig wäre, und bediene mich anderer, die Rede ausdehnender, Kunstgriffe, zur Fabrikation meiner Idee auf der Werkstätte der Vernunft, die gehörige Zeit zu gewinnen. Dabei ist mir nichts heilsamer, als eine Bewegung meiner Schwester, als ob sie mich unterbrechen wollte; denn mein ohnehin schon angestrengtes Gemüt wird durch diesen Versuch von außen, ihm die Rede, in deren Besitz es sich befindet, zu entreißen, nur noch mehr erregt, und in seiner Fähigkeit, wie ein großer General, wenn die Umstände drängen, noch um einen Grad höher gespannt. In diesem Sinne begreife ich, von welchem Nutzen Molière seine Magd sein konnte; denn wenn er derselben, wie er vorgibt, ein Urteil zutraute, das das seinige berichten konnte, so ist dies eine Bescheidenheit, an deren Dasein in seiner Brust ich nicht glaube. Es liegt ein sonderbarer Quell der Begeisterung für denjenigen, der spricht, in einem menschlichen Antlitz, das ihm gegenübersteht; und ein Blick, der uns einen halb ausgedrückten Gedanken schon als begriffen ankündigt, schenkt uns oft den Ausdruck für die ganz andere Hälfte desselben. Ich glaube, dass mancher großer Redner, in dem Augenblick, da er den Mund aufmachte, noch nicht wusste, was er sagen würde. Aber die

Überzeugung, dass er die ihm nötige Gedankenfülle schon aus den Umständen, und der daraus resultierenden Erregung seines Gemüts schöpfen würde, machte ihn dreist genug, den Anfang, auf gutes Glück hin, zu setzen. Mir fällt jener »Donnerkeil« des Mirabeau ein, mit welchem er den Zeremonienmeister abfertigte, der nach Aufhebung der letzten monarchischen Sitzung des Königs am 23ten Juni, in welcher dieser den Ständen auseinanderzugehen anbefohlen hatte, in den Sitzungssaal, in welchem die Stände noch verweilten, zurückkehrte, und sie befragte, ob sie den Befehl des Königs vernommen hätten? »Ja«, antwortete Mirabeau, »wir haben des Königs Befehl vernommen« – ich bin gewiss, dass er, bei diesem humanen Anfang, noch nicht an die Bajonette dachte, mit welchen er schloss: »ja, mein Herr«, wiederholte er, »wir haben ihn vernommen« – man sieht, dass er noch gar nicht recht weiß, was er will. »Doch was berechtigt Sie« – fuhr er fort, und nun plötzlich geht ihm ein Quell ungeheurer Vorstellungen auf – »uns hier Befehle anzudeuten? Wir sind die Repräsentanten der Nation.« – Das war es, was er brauchte! »Die Nation gibt Befehle und empfängt keine« – um sich gleich auf den Gipfel der Vermessenheit zu schwingen. »Und damit ich mich ihnen ganz deutlich erkläre« – und erst jetzo findet er, was den ganzen Widerstand, zu welchem seine Seele gerüstet dasteht, ausdrückt: »So sagen Sie Ihrem Könige, dass wir unsere Plätze anders nicht, als auf die Gewalt der Bajonette verlassen werden.« – Worauf er sich, selbstzufrieden, auf einen Stuhl niedersetzte. – Wenn man an den Zeremonienmeister denkt, so kann man sich ihn bei diesem Auftritt nicht anders, als in einem völligen Geistesbankerott vorstellen; nach einem ähnlichen Gesetz, nach welchem in einem Körper, der von einem elektrischen Zustand Null ist, wenn er in eines elektrisierten Körpers Atmosphäre kommt, plötzlich die entgegengesetzte Elektrizität erweckt wird. Und wie in dem elektri-

Mirabeau
→ Seite 267

elektrischer Zustand Null
nicht unter elektrischer Spannung stehend

sierten dadurch, nach einer Wechselwirkung, der in ihm inwohnende Elektrizitätsgrad wieder verstärkt wird, so ging unseres Redners Mut, bei der Vernichtung seines Gegners, zur verwegensten Begeisterung über. Vielleicht, dass es auf diese Art zuletzt das Zucken einer Oberlippe war, oder ein zweideutiges Spiel an der Manschette, was in Frankreich den Umsturz der Ordnung der Dinge bewirkte. Man liest, dass Mirabeau sobald der Zeremonienmeister sich entfernt hatte, aufstand, und vorschlug: 1) sich sogleich als Nationalversammlung, und 2) als unverletzlich, zu konstituieren. Denn dadurch, dass er sich, einer Kleistischen Flasche gleich, entladen hatte, war er nun wieder neutral geworden, und gab, von der Verwegenheit zurückgekehrt, plötzlich der Furcht vor dem Chatelet, und der Vorsicht, Raum. – Dies ist eine merkwürdige Übereinstimmung zwischen den Erscheinungen der physischen und moralischen Welt, welche sich, wenn man sie verfolgen wollte, auch noch in den Nebenumständen bewähren würde. Doch ich verlasse mein Gleichnis, und kehre zur Sache zurück.

unverletzlich **immun**
Kleistische Flasche **→ Seite 267**

Chatelet **Sitz des königlichen Gerichtshofs in Paris**
bewähren **bewahrheiten**

Auch Lafontaine gibt, in seiner Fabel: les animaux malades de la peste, wo der Fuchs dem Löwen eine Apologie zu halten gezwungen ist, ohne zu wissen, wo er den Stoff dazu hernehmen soll, ein merkwürdiges Beispiel von einer allmählichen Verfertigung des Gedankens aus einem in der Not hingesetzten Anfang. Man kennt diese Fabel. Die Pest herrscht im Tierreich, der Löwe versammelt die Großen desselben, und eröffnet ihnen, dass dem Himmel, wenn er besänftigt werden solle, ein Opfer fallen müsse. Viel Sünder seien im Volke, der Tod des größesten müsse die übrigen vom Untergang retten. Sie möchten ihm daher ihre Vergehungen aufrichtig bekennen. Er, für sein Teil, gestehe, dass er, im Drange des Hungers, manchem Schafe den Garaus gemacht; auch dem Hunde, wenn er ihm zu nahe gekommen; ja, es sei ihm in leckerhaften

Lafontaine **Jean de La Fontaine (1621–1695), französischer Fabeldichter**
les animaux malades de la peste **die an der Pest erkrankten Tiere**

Augenblicken zugestoßen, dass er den Schäfer gefressen. Wenn niemand sich größerer Schwachheiten schuldig gemacht habe, so sei er bereit zu sterben. »Sire«, sagt der Fuchs, der das Ungewitter von sich ableiten will, »Sie sind zu großmütig. Ihr edler Eifer führt Sie zu weit. Was ist es, ein Schaf erwürgen? Oder ein Hund, diese nichtswürdige Bestie? Und: quant au berger«, fährt er fort, denn dies ist der Hauptpunkt: »On peut dire«; obschon er noch nicht weiß, was? »qu'il méritoit tout mal«; auf gut Glück; und somit ist er verwickelt; »etant«; eine schlechte Phrase, die ihm aber Zeit verschafft: »de ces gens la«, nun erst findet er den Gedanken, der ihn aus der Not reißt: »qui sur les animaux se font un chimerique empire«. Und jetzt beweist er, dass der Esel, der blutdürstige! (der alle Kräuter auffrisst), das zweckmäßigste Opfer sei, worauf alle über ihn herfallen, und ihn zerreißen.

quant au berger → Seite 267

[...] chimerique empire → Seite 267

Ein solches Reden ist wahrhaft lautes Denken. Die Reihen der Vorstellungen und ihrer Bezeichnungen gehen nebeneinander fort, und die Gemütsakte, für eins und das andere, kongruieren. Die Sprache ist alsdann keine Fessel, etwa wie ein Hemmschuh an dem Rade des Geistes, sondern wie ein zweites mit ihm parallel fortlaufendes, Rad an seiner Achse.

Etwas ganz anderes ist es, wenn der Geist schon, vor aller Rede, mit dem Gedanken fertig ist. Denn dann muss er bei seiner bloßen Ausdrückung zurückbleiben, und dies Geschäft, weit entfernt ihn zu erregen, hat vielmehr keine andere Wirkung, als ihn von seiner Erregung abzuspannen. Wenn daher eine Vorstellung verworren ausgedrückt wird, so folgt der Schluss noch gar nicht, dass sie auch verworren gedacht worden sei; vielmehr könnte es leicht sein, dass die verworrenst ausgedrückten gerade am deutlichsten gedacht werden. Man sieht oft in einer Gesellschaft, wo, durch ein lebhaftes Gespräch, eine kontinuierliche Befruchtung der Gemüter mit Ideen im Werk ist, Leute, die sich, weil sie sich der Sprache nicht mächtig fühlen, sonst in der Regel zurückgezogen halten, plötzlich, mit einer zuckenden Bewegung aufflammen, die Sprache an sich reißen und etwas Unverständliches zur Welt bringen. Ja, sie scheinen, wenn sie nun die Aufmerksamkeit aller auf sich gezogen haben, durch ein verlegnes Gebärdenspiel anzudeuten, dass sie selbst nicht mehr recht wissen, was sie haben sagen wollen. Es ist wahrscheinlich, dass diese Leute etwas recht Treffendes, und sehr deutlich, gedacht haben.

Geschäftswechsel
Wechsel der Aufgabe

Aber der plötzliche Geschäftswechsel, der Übergang ihres Geistes vom Denken zum Ausdrücken, schlug die ganze Erregung desselben, die zur Festhaltung des Gedankens notwendig, wie zum Hervorbringen, erforderlich war, wieder nieder. In solchen Fällen ist es um so unerlässlicher, dass uns die Sprache mit Leichtigkeit zur Hand sei, um dasjenige, was wir gleichzeitig gedacht haben, und doch nicht gleichzeitig von uns geben können, wenigstens so schnell als möglich, aufeinanderfolgen zu lassen. Und überhaupt wird jeder, der, bei gleicher Deutlichkeit, geschwinder als sein Gegner spricht, einen Vorteil über ihn haben, weil er gleichsam mehr Truppen als er ins Feld führt. Wie notwendig eine gewisse Erregung des Gemüts ist, auch selbst nur, um Vorstellungen, die wir schon gehabt haben, wieder zu erzeugen, sieht man oft, wenn offene, und unterrichtete Köpfe examiniert werden, und man ihnen, ohne vorhergegangene Einleitung, Fragen vorlegt, wie diese: Was ist der Staat? Oder: Was ist das Eigentum? Oder dergleichen. Wenn diese jungen Leute sich in einer Gesellschaft befunden hätten, wo man sich vom Staat, oder vom Eigentum, schon eine Zeit lang unterhalten hätte, so würden sie vielleicht mit Leichtigkeit, durch Vergleichung, Absonderung und Zusammenfassung der Begriffe, die Definition gefunden haben. Hier aber, wo die Vorbereitung des Gemüts gänzlich fehlt, sieht man sie stocken, und nur ein unverständiger Examinator wird daraus schließen, dass sie nicht *wissen*.

Denn nicht *wir* wissen, es ist allererst ein gewisser *Zustand* unsrer, welcher weiß. Nur ganz gemeine Geister, Leute, die, was der Staat sei, gestern auswendig gelernt, und morgen schon wieder vergessen haben, werden hier mit Antwort bei der Hand sein. Vielleicht gibt es überhaupt keine schlechtere Gelegenheit, sich von einer vorteilhaften Seite zu zeigen, als grade ein öffentliches Examen. Abgerechnet, dass es schon widerwärtig und das Zartgefühl verletzend ist, und dass es reizt, sich stetig zu zeigen, wenn solch ein gelehrter Rosskamm uns nach den Kenntnissen sieht, um uns, je nachdem es fünf oder sechs sind, zu kaufen oder wieder abtreten zu lassen: es ist so schwer, auf ein menschliches Gemüt zu spielen und ihm seinen eigentümlichen Laut abzulocken, es verstimmt sich so leicht unter ungeschickten Händen, dass selbst der geübteste Menschenkenner, der in der Hebeammenkunst der Gedanken, wie Kant sie nennt, auf das meisterhafteste bewandert wäre, hier noch, wegen der Unbekanntschaft mit seinem Sechswöchner Missgriffe tun könnte. Was übrigens solchen jungen Leuten, auch selbst den unwissendsten noch, in den meisten Fällen ein gutes Zeugnis verschafft, ist der Umstand, dass die Gemüter der Examinatoren, wenn die Prüfung öffentlich geschieht, selbst zu sehr befangen sind, um ein freies Urteil fällen zu können. Denn nicht nur fühlen sie häufig die Unanständigkeit dieses ganzen Verfahrens: man würde sich schon schämen, von jemanden, dass er seine Geldbörse vor uns ausschütte, zu fordern, viel weniger, seine Seele: sondern ihr eigener Verstand muss hier eine gefährliche Musterung passieren, und sie mögen oft ihrem Gott danken, wenn sie selbst aus dem Examen gehen können, ohne sich Blößen, schmachvoller vielleicht, als der, eben von der Universität kommende, Jüngling, gegeben zu haben, den sie examinierten.

stetig **widerspenstig**
Rosskamm **prüfender Pferdehändler**

Anekdote aus dem letzten preußischen Kriege

1810

nach der Schlacht Sieg Napoleons bei Jena am 14.10.1806

Schwert hier: Säbel

In einem bei Jena liegenden Dorf, erzählte mir, auf einer Reise nach Frankfurt, der Gastwirt, dass sich mehrere Stunden nach der Schlacht, um die Zeit, da das Dorf schon ganz von der Armee des Prinzen von Hohenlohe verlassen und von Franzosen, die es für besetzt gehalten, umringt gewesen wäre, ein einzelner preußischer Reiter darin gezeigt hätte; und versicherte mir, dass wenn alle Soldaten, die an diesem Tage mitgefochten, so tapfer gewesen wären, wie dieser, die Franzosen hätten geschlagen werden müssen, wären sie auch noch dreimal stärker gewesen, als sie in der Tat waren. Dieser Kerl, sprach der Wirt, sprengte, ganz von Staub bedeckt, vor meinen Gasthof, und rief: »Herr Wirt!« und da ich frage: was gibts? »ein Glas Branntewein!«, antwortet er, indem er sein Schwert in die Scheide wirft: »mich dürstet.« Gott im Himmel! sag ich: will er machen, Freund, dass er wegkömmt? Die Franzosen sind ja dicht vor dem Dorf! »Ei, was!«, spricht er, indem er dem Pferde den Zügel über den Hals legt. »Ich habe den ganzen Tag nichts genossen!« Nun er ist, glaub ich, vom Satan besessen –! He! Liese! rief ich, und schaff ihm eine Flasche Danziger herbei, und sage: da! und will ihm die ganze Flasche in die Hand drücken, damit er nur reite. »Ach, was!«, spricht er, indem er die Flasche wegstößt, und sich den Hut abnimmt: »wo soll ich mit dem Quark hin?« Und: »schenk er ein!«, spricht er, indem er sich den Schweiß von der Stirn abtrocknet: »denn ich habe keine Zeit!« Nun er ist ein Kind des Todes, sag ich. Da! sag ich, und schenk ihm ein; da! trink er und reit er! Wohl mags ihm bekommen: »Noch eins!«, spricht der Kerl; während die Schüsse schon von allen Seiten ins Dorf prasseln. Ich sage: noch eins? Plagt ihn –! »Noch eins!«, spricht er, und streckt mir das Glas hin – »Und gut gemessen«, spricht er, indem er sich den Bart wischte und sich vom Pferde herab schneuzt: »denn es wird bar bezahlt!« Ei, mein Seel, so wollt ich doch, dass ihn –! Da! sag ich, und schenk ihm noch, wie er verlangt, ein zweites, und schenk ihm, da er getrunken, noch ein drittes ein, und frage: ist er nun zufrieden? »Ach!«, – schüttelt sich der Kerl. »Der Schnaps ist gut! – Na!«, spricht er, und setzt sich den Hut auf: »was bin ich schuldig?« Nichts! nichts! versetz ich. Pack er sich, ins Teufelsnamen; die Franzosen ziehen augenblicklich ins Dorf! »Na!«, sagt er, indem er in seinen Stiefel greift: »so solls ihm Gott lohnen«, und holt, aus dem Stiefel, einen Pfeifenstummel hervor, und spricht, nachdem er den Kopf ausgeblasen: »schaff er mir Feuer!« Feuer? sag ich: plagt ihn –? »Feuer, ja!«, spricht er: »denn ich will mir eine Pfeife Tabak anmachen.« Ei, den Kerl reiten Legionen –! He, Liese, ruf ich das Mädchen! und während der Kerl sich die Pfeife stopft, schafft das Mensch ihm Feuer. »Na!«, sagt der Kerl, die Pfeife, die er sich angeschmaucht, im Maul: »nun sollen doch die Franzosen die Schwerenot kriegen!« Und damit, indem er sich den Hut in die Augen drückt, und zum Zügel greift, wendet er das Pferd und zieht von Leder. Ein Mordkerl! sag ich; ein verfluchter, verwetterter Galgenstrick! Will er sich ins Henkers Namen scheren, wo er hingehört? Drei Chasseurs – sieht er nicht? halten ja schon vor dem Tor? »Ei was!«, spricht er, indem er ausspuckt; und fasst die drei Kerls blitzend ins Auge. »Wenn ihrer zehen wären, ich fürcht mich nicht.« Und in dem Augenblick reiten auch die drei Franzosen schon ins Dorf. »Bassa Manelka!«, ruft der Kerl, und gibt seinem Pferde die Sporen und sprengt auf sie ein; sprengt, so wahr Gott lebt, auf sie ein, und greift sie, als ob er das ganze Hohenlohische Korps

Legionen hier: Gefolge des Teufels

Schwerenot Krankheit; Epilepsie

verwetterter verteufelter
Chasseur Jäger

Bassa Manelka ungarischer Soldatenfluch

hinter sich hätte, an; dergestalt, dass, da die Chasseurs, ungewiss, ob nicht noch mehr Deutsche im Dorf sein mögen, einen Augenblick, wider ihre Gewohnheit, stutzen, er, mein Seel, ehe man noch eine Hand umkehrt, alle drei vom Sattel haut, die Pferde, die auf dem Platz herumlaufen, aufgreift, damit bei mir vorbeisprengt, und: »Bassa Teremtetem!«, ruft, und: »Sieht er wohl, Herr Wirt?« und »Adies!« und »auf Wiedersehn!« und: »hoho! hoho! hoho!« – – So einen Kerl, sprach der Wirt, habe ich zeit meines Lebens nicht gesehen.

Bassa Teremtetem Soldatenfluch

Der neuere (glücklichere) Werther — 1811

Zu L. e in Frankreich war ein junger Kaufmannsdiener, Charles C…, der die Frau seines Prinzipals, eines reichen aber bejahrten Kaufmanns, namens D…, heimlich liebte. Tugendhaft und rechtschaffen, wie er die Frau kannte, machte er nicht den mindesten Versuch, ihre Gegenliebe zu erhalten: um so weniger, da er durch manche Bande der Dankbarkeit und Ehrfurcht an seinen Prinzipal geknüpft war. Die Frau, welche mit seinem Zustande, der seiner Gesundheit nachteilig zu werden drohte, Mitleiden hatte, forderte ihren Mann, unter mancherlei Vorwand auf, ihn aus dem Hause zu entfernen; der Mann schob eine Reise, zu welcher er ihn bestimmt hatte, von Tage zu Tage auf, und erklärte endlich ganz und gar, dass er ihn in seinem Kontor nicht entbehren könne. Einst machte Herr D…, mit seiner Frau, eine Reise zu einem Freunde, aufs Land; er ließ den jungen C…, um die Geschäfte der Handlung zu führen, im Hause zurück. Abends, da schon alles schläft, macht sich der junge Mann, von welchen Empfindungen getrieben, weiß ich nicht, auf, um noch einen Spaziergang durch den Garten zu machen. Er kömmt bei dem Schlafzimmer der teuern Frau vorbei, er steht still, er legt die Hand an die Klinke, er öffnet das Zimmer: das Herz schwillt ihm bei dem Anblick des Bettes, in welchem sie zu ruhen pflegt, empor, und kurz, er begeht, nach manchen Kämpfen mit sich selbst, die Torheit, weil es doch niemand sieht, und zieht sich aus und legt sich hinein. Nachts, da er schon mehrere Stunden, sanft und ruhig geschlafen, kommt, aus irgendeinem besonderen Grunde, der, hier anzugeben, gleichgültig ist, das Ehepaar unerwartet nach Hause zurück; und da der alte Herr mit seiner Frau ins Schlafzimmer tritt, finden sie den jungen C…, der sich, von dem Geräusch, das sie verursachen, aufgeschreckt, halb im Bette, erhebt. Scham und Verwirrung, bei diesem Anblick, ergreifen ihn; und während das Ehepaar betroffen umkehrt, und wieder in das Nebenzimmer, aus dem sie gekommen waren, verschwindet, steht er auf, und zieht sich an; er schleicht, seines Lebens müde, in sein Zimmer, schreibt einen kurzen Brief, in welchem er den Vorfall erklärt, an die Frau, und schießt sich mit einem Pistol, das an der Wand hängt, in die Brust. Hier scheint die Geschichte seines Lebens aus; und gleichwohl (sonderbar genug) fängt sie hier erst allererst an. Denn statt ihn, den Jüngling, auf den er gemünzt war, zu töten, zog der Schuss dem alten Herrn, – der in dem Nebenzimmer befindlich war, den Schlagfluss zu: Herr D… verschied wenige Stunden darauf, ohne dass die Kunst aller Ärzte, die man herbeigerufen, imstande gewesen wäre, ihn zu retten. Fünf Tage nachher, da Herr D… schon längst begraben war, erwachte der junge C…, dem der Schuss, aber nicht lebensgefährlich, durch die Lunge gegangen war: und wer beschreibt wohl – wie soll ich sagen, seinen Schmerz oder seine Freude? als er erfuhr, was vorgefallen war, und sich in den Armen der lieben Frau befand, um derentwillen er sich den Tod hatte geben wollen! Nach Verlauf eines Jahres heiratete ihn die Frau; und beide lebten noch im Jahr 1801, wo ihre Familie bereits, wie ein Bekannter erzählt, aus 13 Kindern bestand.

Schlagfluss **Schlaganfall**

Mutterliebe 1811

St. Omer Ort in Nordfrankreich

zu verderben zu Tode bringen

Zu St. Omer im nördlichen Frankreich ereignete sich im Jahr 1803 ein merkwürdiger Vorfall. Daselbst fiel ein toller Hund, der schon mehrere Menschen beschädigt hatte, über zwei, unter einer Haustür spielende, Kinder her. Eben zerreißt er das jüngste, das sich, unter seinen Klauen, im Blute wälzt; da erscheint, aus einer Nebenstraße, mit einem Eimer Wasser, den sie auf dem Kopf trägt, die Mutter. Diese, während der Hund die Kinder loslässt, und auf sie zuspringt, setzt den Eimer neben sich nieder; und außerstand zu fliehen, entschlossen, das Untier mindestens mit sich zu verderben, umklammert sie, mit Gliedern, gestählt von Wut und Rache, den Hund: sie erdrosselt ihn, und fällt, von grimmigen Bissen zerfleischt, ohnmächtig neben ihm nieder. Die Frau begrub noch ihre Kinder und ward, in wenig Tagen, da sie an der Tollwut starb, selbst zu ihnen ins Grab gelegt.

Unwahrscheinliche Wahrhaftigkeiten 1811

Windbeutel Aufschneider; Lügner

»Drei Geschichten«, sagte ein alter Offizier in einer Gesellschaft, »sind von der Art, dass ich ihnen zwar selbst vollkommenen Glauben beimesse, gleichwohl aber Gefahr liefe, für einen Windbeutel gehalten zu werden, wenn ich sie erzählen wollte. Denn die Leute fordern, als erste Bedingung, von der Wahrheit, dass sie wahrscheinlich sei; und doch ist die Wahrscheinlichkeit, wie die Erfahrung lehrt, nicht immer auf Seiten der Wahrheit.«

Erzählen Sie, riefen einige Mitglieder, erzählen Sie! Denn man kannte den Offizier als einen heitern und schätzenswürdigen Mann, der sich der Lüge niemals schuldig machte.

Der Offizier sagte lachend, er wolle der Gesellschaft den Gefallen tun; erklärte aber noch einmal im Voraus, dass er auf den Glauben derselben, in diesem besonderen Fall, keinen Anspruch mache.

Die Gesellschaft dagegen sagte ihm denselben im Voraus zu; sie forderte ihn nur auf, zu reden, und horchte.

»Auf einem Marsch 1792 in der Rheinkampagne«, begann der Offizier, »bemerkte ich, nach einem Gefecht, das wir mit dem Feinde gehabt hatten, einen Soldaten, der stramm, mit Gewehr und Gepäck, in Reih und Glied ging, obschon er einen Schuss mitten durch die Brust hatte; wenigstens sah man das Loch vorn im Riemen der Patrontasche, wo die Kugel eingeschlagen hatte, und hinten ein anderes im Rock, wo sie wieder herausgegangen war. Die Offiziere, die ihren Augen bei diesem seltsamen Anblick nicht trauten, forderten ihn zu wiederholten Malen auf, hinter die Front zu treten und sich verbinden zu lassen; aber der Mensch versicherte, dass er gar keine Schmerzen habe, und bat, ihn, um dieses Prellschusses willen, wie er es nannte, nicht von dem Regiment zu entfernen. Abends, da wir ins Lager gerückt waren, untersuchte der herbeigerufene Chirurgus seine Wunde; und fand, dass die Kugel vom Brustknochen, den sie nicht Kraft genug gehabt, zu durchschlagen, zurückgeprellt, zwischen der Ribbe und der Haut, welche auf elastische Weise nachgegeben, um den ganzen Leib herumgeglitscht, und hinten, da sie sich am Ende des Rückgrats gestoßen, zu ihrer ersten senkrechten Richtung zurückgekehrt, und aus der Haut wieder hervorgebrochen war. Auch zog diese kleine Fleischwunde dem Kranken nichts als ein Wundfieber zu: und wenige Tage verflossen, so stand er wieder in Reih und Glied.«

Wie? fragten einige Mitglieder der Gesellschaft betroffen, und glaubten, sie hätten nicht recht gehört.

Rheinkampagne **1. Koalitionskrieg gegen Frankreich**

Ribbe **Rippe**

Die Kugel? Um den ganzen Leib herum? Im Kreise? – – Die Gesellschaft hatte Mühe, ein Gelächter zu unterdrücken.

»Das war die erste Geschichte«, sagte der Offizier, indem er eine Prise Tabak nahm, und schwieg.

Beim Himmel! platzte ein Landedelmann los: da haben Sie recht; diese Geschichte ist von der Art, dass man sie nicht glaubt!

Königstein → Seite 267

»Eilf Jahre darauf«, sprach der Offizier, »im Jahre 1803, befand ich mich, mit einem Freunde, in dem Flecken Königstein in Sachsen, in dessen Nähe, wie bekannt, etwa auf eine halbe Stunde, am Rande des äußerst steilen, vielleicht dreihundert Fuß hohen, Elbufers, ein beträchtlicher Steinbruch ist. Die Arbeiter pflegen, bei großen Blöcken, wenn sie mit Werkzeugen nicht mehr hinzukommen können, feste Körper, besonders Pfeifenstiele, in den Riss zu werfen, und überlassen der, keilförmig wirkenden, Gewalt dieser kleinen Körper das Geschäft, den Block völlig von dem Felsen abzulösen. Es traf sich, dass, eben um diese Zeit, ein ungeheurer, mehrere tausend Kubikfuß messender, Block zum Fall auf die Fläche des Elbufers, in dem Steinbruch, bereit war; und da dieser Augenblick, wegen des sonderbar im Gebirge widerhallenden Donners, und mancher andern, aus der Erschütterung des Erdreichs hervorgehender Erscheinungen, die man nicht berechnen kann, merkwürdig ist: so begaben, unter vielen andern Einwohnern der Stadt, auch wir uns, mein Freund und ich, täglich abends nach dem Steinbruch hinaus, um den Moment, da der Block fallen würde, zu erhaschen. Der Block fiel aber in der Mittagsstunde, da wir eben, im Gasthof zu Königstein, an der Tafel saßen; und erst um 5 Uhr gegen Abend hatten wir Zeit, hinauszuspazieren, und uns nach den Umständen, unter denen er gefallen war, zu erkundigen. Was aber war die Wirkung dieses seines Falls gewesen? Zuvörderst muss man wissen, dass, zwischen der Felswand des Stein-

merkwürdig bemerkenswert

bruchs und dem Bette der Elbe, noch ein beträchtlicher, etwa 50 Fuß in der Breite haltender Erdstrich befindlich war; dergestalt, dass der Block (welches hier wichtig ist) nicht unmittelbar ins Wasser der Elbe, sondern auf die sandige Fläche dieses Erdstrichs gefallen war. Ein Elbkahn, meine Herren, das war die Wirkung dieses Falls gewesen, war, durch den Druck der Luft, der dadurch verursacht worden, aufs Trockne gesetzt worden; ein Kahn, der, etwa 60 Fuß lang und 30 breit, schwer mit Holz beladen, am andern, entgegengesetzten, Ufer der Elbe lag: diese Augen haben ihn im Sande – was sag ich? sie haben, am anderen Tage, noch die Arbeiter gesehen, welche, mit Hebeln und Walzen, bemüht waren, ihn wieder flott zu machen, und ihn, vom Ufer herab, wieder ins Wasser zu schaffen. Es ist wahrscheinlich, dass die ganze Elbe (die Oberfläche derselben) einen Augenblick ausgetreten, auf das andere flache Ufer übergeschwappt und den Kahn, als einen festen Körper, daselbst zurückgelassen; etwa wie, auf dem Rande eines flachen Gefäßes, ein Stück Holz zurückbleibt, wenn das Wasser, auf welchem es schwimmt, erschüttert wird.«

Und der Block, fragte die Gesellschaft, fiel nicht ins Wasser der Elbe?

Der Offizier wiederholte: nein!

Seltsam! rief die Gesellschaft.

Der Landedelmann meinte, dass er die Geschichten, die seinen Satz belegen sollten, gut zu wählen wüsste.

»Die dritte Geschichte«, fuhr der Offizier fort, »trug sich zu, im Freiheitskriege der Niederländer, bei der Belagerung von Antwerpen durch den Herzog von Parma. Der Herzog hatte die Schelde, vermittelst einer Schiffsbrücke, gesperrt, und die Antwerpner arbeiteten ihrerseits, unter Anleitung eines geschickten Italieners, daran, dieselbe durch Brander, die sie gegen die Brücke losließen, in die Luft zu sprengen. In

Herzog von Parma
→ Seite 267
Alessandro Farnese (1545–1592), seit 1578 spanischer Statthalter der Niederlande, eroberte 1585 Antwerpen.

Schelde
ein Fluss in Frankreich, Belgien und den Niederlanden

Brander
→ Seite 268

Fahnenjunker
→ Seite 268

dem Augenblick, meine Herren, da die Fahrzeuge die Schelde herab, gegen die Brücke, anschwemmen, steht, das merken Sie wohl, ein Fahnenjunker, auf dem linken Ufer der Schelde, dicht neben dem Herzog von Parma; jetzt, verstehen Sie, jetzt geschieht die Explosion: und der Junker, Haut und Haar, samt Fahne und Gepäck, und ohne dass ihm das mindeste auf dieser Reise zugestoßen, steht auf dem rechten. Und die Schelde ist hier, wie Sie wissen werden, einen kleinen Kanonenschuss breit.«

»Haben Sie verstanden?«

Himmel, Tod und Teufel! rief der Landedelmann.

Dixi! sprach der Offizier, nahm Stock und Hut und ging weg.

Herr Hauptmann! riefen die andern lachend: Herr Hauptmann! – Sie wollten wenigstens die Quelle dieser abenteuerlichen Geschichte, die er für wahr ausgab, wissen.

Lassen Sie ihn, sprach ein Mitglied der Gesellschaft; die Geschichte steht in dem Anhang zu Schillers Geschichte vom Abfall der vereinigten Niederlande; und der Verfasser bemerkt ausdrücklich, dass ein Dichter von diesem Faktum keinen Gebrauch machen könne, der Geschichtsschreiber aber, wegen der Unverwerflichkeit der Quellen und der Übereinstimmung der Zeugnisse, genötigt sei, dasselbe aufzunehmen.

Materialien

Lebenschronik

1777 wird Heinrich von Kleist am 18. Oktober als Sohn eines
preußischen Offiziers, Joachim Friedrich von Kleist,
und seiner zweiten Frau, Juliane Ulrike, geb. von Pann-
witz, in Frankfurt a. d. Oder geboren.

Geburtshaus

Von den zwei Halb- und fünf Vollgeschwistern ist Ul-
rike (1774–1849) seine Lieblingsschwester. Von
1781 an erhält er Privatunterricht. Nach dem Tode seines Va-
ters (18 Juni 1788) kommt er
1788 nach Berlin in Pension und wird von Professor Catel,
einem Lehrer am Französischen Gymnasium, erzogen.
1792 tritt Heinrich von Kleist in das Potsdamer Garderegi-
ment als Gefreiter-Korporal cin.
1793 nimmt er am Rheinfeldzug, u. a. an der Belagerung von
Mainz, teil und kehrt
1795 nach Potsdam zurück.

M

1797 wird er zum Leutnant befördert und unternimmt eine Harzreise. Mathematische und naturwissenschaftliche Studien.

1799 quittiert er den Dienst und nimmt in Frankfurt a.d. Oder seine Studien, Kameralia und Jus, vor allem aber in Philosophie, Physik und Mathematik auf; Verlobung mit Wilhelmine von Zenge.

Wilhelmine von Zenge
(1780–1852)

1800 Mitte August: Rückkehr nach Berlin; Kant-Lektüre. 1. November: Anstellung als Volontär im preußischen Wirtschaftsminiserium.

1801 März: Kant-Krise. Juli–November führt ihn eine Reise über Dresden nach Paris. Auf einer Wanderung lernt er die Schweiz kennen.

1802 Seit Februar wohnt Kleist auf einer Aarinsel bei Thun; er macht die Bekanntschaft von Ludwig Wieland und Heinrich Zschokke und arbeitet an dem »Robert-Guiskard«-Drama; er schreibt den ersten Entwurf zu dem Lustspiel »Der zerbrochene Krug«. Juli–August krank in Bern.

1803 reist er nach Weimar über Leipzig nach Dresden. Umgang mit Henriette von Schlieben. Genf, Lyon und Paris sind die weiteren Stationen seiner Reise. Allein nach Boulogne-sur-Mer. Während einer ernsten Nervenkrise verbrennt er das »Guiskard«-Manuskript und trägt sich mit Selbstmordgedanken. Nach seiner Genesung geht Kleist

1804 wieder nach Potsdam; dort die Aufnahme in den Staatsdienst abgelehnt; erst von

1805–1806 arbeitet er in der Kriegs- und Domänenkammer zu Königsberg; Arbeit am »Kohlhass«.

1806 Im August nimmt Kleist Urlaub und gibt endgültig die Beamtenlaufbahn auf. Oktober: militärischer Zusammenbruch Preußens.

1807 wird er auf einer Reise nach Berlin wegen Spionageverdachts verhaftet und in das Fort Joux verschleppt (Februar–Juli). Nach der Entlassung siedelt er nach Dresden über.

1808 gibt Heinrich von Kleist mit Adam Müller den »Phöbus«, ein »Journal für die Kunst«, heraus.

1809 reist Kleist nach Österreich, besucht das Schlachtfeld von Aspern und bemüht sich, in Prag einflussreiche Gönner zur Gründung einer politischen Wochenzeitschrift zu finden. Im selben Jahr schreibt er nach spanischem Vorbild den »Katechismus der Deutschen«.

1810 29. Januar: Rückkehr nach Deutschland. Gründung der »Berliner Abendblätter«, deren Redakteur Kleist wird.

1811 30. März: Die letzte Nummer der »Berliner Abendblätter« erscheint; Streit mit Hardenberg um eine Pension. Kleist macht die Bekanntschaft Gneisenaus. Am 21. November scheidet Heinrich von Kleist gemeinsam mit Henriette Vogel am Kleinen Wannsee (bei Potsdam) freiwillig aus dem Leben.

1821 Die »Hinterlassenen Schriften«, hrsg. von Ludwig Tieck, erscheinen.

Die Grabstätte von Heinrich von Kleist und Henriette Vogel am Wannsee in Berlin

Werke

Dramen
Die Familie Schroffenstein (1803)
Der zerbrochne Krug (1806)
Amphitryon (1807)
Penthesilea (1808)
Das Käthchen von Heilbronn (1810)
Prinz Friedrich von Homburg (1821)
Robert Guiskard (Fragment, 1808/21)

Novellen/Erzählungen
Das Erdbeben in Chili (1807)
Die Marquise von O... (1808)
Michael Kohlhaas (1810)
Das Bettelweib von Locarno (1811)
Die Verlobung in St. Domingo (1811)
Der Findling (1811)
Der Zweikampf (1811)

Politische Abhandlungen/Kunsttheoretische Schriften
Über die allmähliche Verfertigung der Gedanken beim Reden (1805)
Katechismus der Deutschen, abgefasst nach dem Spanischen zum Gebrauch für Kinder und Alte (Flugschrift, 1809)
Was gilt es in diesem Kriege? (Flugblatt, 1809)
Einleitung für die »Germania« (1809)
Über das Marionettentheater (1810)
An die Zeitgenossen (politisches Fragment, 1862)

Heinrich von Kleist

Brief an Ulrike von Kleist 1801

Ulrike von Kleist 1774–1849, Kleists Lieblingsschwester
Schönfeld → Seite 268

Berlin, den 5. Februar 1801

Mein liebes teures Ulrikchen, ich hatte, als ich Schönfeld im Schauspielhause sah, in dem ersten Augenblicke eine unbeschreiblich frohe Hoffnung, dass auch Du in der Nähe sein würdest – und noch jetzt weiß ich nicht recht, warum Du diese gute Gelegenheit, nach Berlin zu kommen, so ungenutzt gelassen hast. Recht herzlich würde ich mich darüber gefreut haben, und ob ich gleich weiß, dass Du daran nicht zweifelst, so schreibe ich es doch auf, weil ich mich noch weit mehr darüber gefreut haben würde, als Du glaubst. Denn hier in der ganzen volkreichen Königsstadt ist auch nicht ein Mensch, der mir etwas Ähnliches von dem sein könnte, was Du mir bist. Nie denke ich anders an Dich, als mit Stolz und Freude, denn Du bist die Einzige, oder überhaupt der einzige Mensch, von dem ich sagen kann, dass er mich ganz ohne ein eignes Interesse, ganz ohne eigne Absichten, kurz, dass er nur mich selbst liebt. Recht schmerzhaft ist es mir, dass ich nicht ein Gleiches von mir sagen kann, obgleich Du es gewiss weit mehr verdienst, als ich; denn Du hast zu viel für mich getan, als dass meine Freundschaft, in welche sich schon die Dankbarkeit mischt, ganz rein sein könnte. Jetzt wieder bietest Du mir durch Schönfeld Deine Hülfe an, und mein unseliges Verhältnis will, dass ich nie geben kann und immer annehmen muss. Kann Wackerbarth mir 200 Rth. geben, so denke ich damit und mit meiner Zulage den äußerst teuren Aufenthalt in Berlin (der mir eigentlich durch die vielen Besuche aus Potsdam teuer wird) bestreiten zu können. Besorge dies, und fürchte nicht, dass ich, wenn ich dankbarer sein muss, Dich weniger aus dem Innersten meiner Seele lieben und ehren werde. –

Wackerbarth → Seite 268

Ich habe lange mit mir selbst gekämpft, ob ich Schönfelds Werben zu folgen, annehmen sollte, oder nicht. Allein ich musste mich für das letztere bestimmen, aus Gründen, die ich Dir kürzlich wohl angeben kann. Ich wünsche nämlich von ganzem Herzen diesen für mich traurigen Ort sobald als möglich wieder zu verlassen. Sobald ich nach meinem Plan das Studium einiger Wissenschaften hier vollendet habe, so kehre ich ihm den Rücken. Daher wollte ich diesen ersehnten Zeitpunkt nicht gern durch eine Reise weiter herausschieben, als er schon liegt, und daher versagte ich mir das Vergnügen Dich zu sehn – Ach, wie gern hätte ich Dich gesehen in dem stillen Werben, wie vieles hätte ich Dir mitteilen, wie manches von Dir lernen können – Ach, Du weißt nicht, wie es in meinem Innersten aussieht. Aber es interessiert Dich doch? – O gewiss! Und gern möchte ich Dir alles mitteilen, wenn es möglich wäre? Aber es ist nicht möglich, und wenn es auch kein weiteres Hindernis gäbe, als dieses, dass es uns an einem Mittel zur Mitteilung fehlt. Selbst das Einzige, das wir besitzen, die Sprache taugt nicht dazu, sie kann die Seele nicht malen, und was sie uns gibt sind nur zerrissene Bruchstücke. Daher habe ich jedesmal eine Empfindung, wie ein Grauen, wenn ich jemandem mein Innerstes aufdecken soll; nicht eben weil es sich vor der Blöße scheut, aber weil ich ihm nicht alles zeigen kann, nicht kann, und daher fürchten muss, aus den Bruchstücken falsch verstanden zu werden. Indessen: auf diese Gefahr will ich es bei Dir wagen und Dir so gut ich kann, in zerrissenen Gedanken mitteilen, was Interesse für Dich haben könnte.

Noch immer habe ich mich nicht für ein Amt entscheiden können und Du kennst die Gründe. Es gibt Gründe für das Gegenteil, und auch diese brauche ich Dir nicht zu sagen. Gern will ich immer tun, was recht ist, aber was soll man tun, wenn man dies nicht weiß? Dieser innere Zustand der Ungewissheit war mir unerträglich, und ich griff um mich zu entscheiden zu jenem Mittel, durch welches jener Römer in dem Zelte Porsennas diesen König, als er über die Friedensbedingungen zauderte, zur Entscheidung zwang. Er zog nämlich mit Kreide einen Kreis um sich und den König und erklärte, keiner von ihnen würde den Kreis überschreiten, ehe der Krieg oder der Friede entschieden wäre. Fast ebenso machte ich es auch. Ich beschloss, nicht aus dem Zimmer zu gehen, bis ich über einen Lebensplan entschieden wäre; aber 8 Tage vergingen, und ich musste doch am Ende das Zimmer unentschlossen wieder verlassen. – Ach Du weißt nicht, Ulrike, wie mein Innerstes oft erschüttert ist – Du verstehst dies doch nicht falsch? Ach, es gibt kein Mittel, sich andern ganz verständlich zu machen, und der Mensch hat von Natur keinen andren Vertrauten, als sich selbst.

Porsenna
→ Seite 268

Indessen sehe ich doch immer von Tage zu Tage mehr ein: dass ich ganz unfähig bin, ein Amt zu führen. Ich habe mich durchaus daran gewöhnt, eignen Zwecken zu folgen, und dagegen von der Befolgung fremder Zwecke ganz und gar entwöhnt. Letzthin hatte ich eine äußerst widerliche Empfindung. Ich war nämlich in einer Session, denen ich immer noch beiwohne, weil ich nicht recht weiß, wie ich mich davon losmachen soll, ohne zu beleidigen. Da wird unter andern Berichten, auch immer im kurzen Nachricht erteilt von dem Inhalt gewisser Journale über Chemie, Mechanik etc. Eines der Mitglieder schlug einen großen Folianten auf, der der 5. Teil eines neu herausgekommenen französischen Werkes über Mechanik war. Er sagte in allgemeinen Ausdrücken, er habe das Buch freilich nur flüchtig durchblättern können, allein es scheine ihm, als ob es wohl allerdings manches enthalten könne, was die Deputation und ihren Zweck interessiert. Darauf fragte ihn der Präsident, ob er glaubte, dass es nützlich wäre, wenn es von einem Mitgliede ganz durch-

Session Sitzung

Foliant Buch in Folio-Format, ca. 30 x 40 cm

Deputation Abordnung, Ausschuss

studiert würde; und als er dies bejahend beantwortete, so wandte sich der Präsident schnell zu mir und sagte: nun Herr v. K. das ist etwas für Sie, nehmen Sie dies Buch zu sich, lesen Sie es durch und statten Sie der Deputation darüber Bericht ab. – Was in diesem Augenblicke alles in meiner Seele vorging kann ich Dir wieder nicht beschreiben. Ein solches Buch kostet wenigstens 1 Jahr Studium, ist neu, folglich sein Wert noch gar nicht entschieden, würde meinen ganzen Studienplan stören etc. etc. Ich hatte aber zum ersten Mal in 2 Jahren wieder einen Obern vor mir und wusste in der Verlegenheit nichts zu tun, als mit dem Kopfe zu nicken. Das ärgerte mich aber nachher doppelt, ich erinnerte mich mit Freuden, dass ich noch frei war, und beschloss das Buch ungelesen zu lassen, es folge daraus, was da wolle. – Ich muss fürchten, dass auch dieses missverstanden wird, weil ich wieder nicht alles sagen konnte.

In Gesellschaften komme ich selten. Die jüdischen würden mir die liebsten sein, wenn sie nicht so pretiös mit ihrer Bildung täten. An dem Juden Cohen habe ich eine interessante Bekanntschaft gemacht, nicht sowohl seinetwillen, als wegen seines prächtigen Kabinetts von physikalischen Instrumenten, das er mir zu benutzen erlaubt hat. Zuweilen bin ich bei Clausius, wo die Gäste meistens interessanter sind, als die Wirte. Einmal habe ich getanzt und war vergnügt, weil ich zerstreut war. Huth ist hier und hat mich in die gelehrte Welt eingeführt, worin ich mich aber so wenig wohl befinde, als in der ungelehrten. Diese Menschen sitzen sämtlich wie die Raupe auf einem Blatte, jeder glaubt seines sei das beste, und um den Baum bekümmern sie sich nicht.

Ach, liebe Ulrike, ich passe mich nicht unter die Menschen, es ist eine traurige Wahrheit, aber eine Wahrheit; und wenn ich den Grund ohne Umschweif angeben soll, so ist es dieser: sie gefallen mir nicht. Ich weiß wohl, dass es bei dem Menschen, wie bei dem Spiegel, eigentlich auf die eigne Beschaffenheit

pretiös geziert, geschraubt

Cohen → Seite 268

Clausius → Seite 268

Huth → Seite 268

M

beider ankommt, wie die äußern Gegenstände darauf einwirken sollen; und mancher würde aufhören über die Verderbtheit der Sitten zu schelten, wenn ihm der Gedanke einfiele, ob nicht vielleicht bloß der Spiegel, in welchen das Bild der Welt fällt, schief und schmutzig ist. Indessen wenn ich mich in Gesellschaften nie wohl befinde, so geschieht dies weniger, weil andere, als vielmehr weil ich mich selbst nicht zeige, wie ich es wünsche. Die Notwendigkeit, eine Rolle zu spielen, und ein innerer Widerwillen dagegen machen mir jede Gesellschaft lästig, und froh kann ich nur in meiner eignen Gesellschaft sein, weil ich da ganz wahr sein darf. Das darf man unter Menschen nicht sein, und keiner ist es – Ach, es gibt eine traurige Klarheit, mit welcher die Natur viele Menschen, die an dem Dinge nur die Oberfläche sehen, zu ihrem Glücke verschont hat. Sie nennt mir zu jeder Miene den Gedanken, zu jedem Worte den Sinn, zu jeder Handlung den Grund – sie zeigt mir alles, was mich umgibt, und mich selbst in seiner ganzen armseligen Blöße, und dem Herzen ekelt zuletzt vor dieser Nacktheit – Dazu kommt bei mir eine unerklärliche Verlegenheit, die unüberwindlich ist, weil sie wahrscheinlich eine ganz physische Ursache hat. Mit der größten Mühe nur kann ich sie so verstecken, dass sie nicht auffällt – o wie schmerzhaft ist es, in dem Äußern ganz stark und frei zu sein, indessen man im Innern ganz schwach ist, wie ein Kind, ganz gelähmt, als wären uns alle Glieder gebunden, wenn man sich nie zeigen kann, wie man wohl möchte, nie frei handeln kann, und selbst das Große versäumen muss, weil man vorausempfindet, dass man nicht standhalten wird, indem man von jedem äußern Eindrucke abhangt und das albernste Mädchen oder der elendeste Schuft von Elegant uns durch die matteste Persiflage vernichten kann. – Das alles verstehst Du vielleicht nicht, liebe Ulrike, es ist wieder kein Gegenstand für die Mitteilung, und der andere müsste das alles aus sich selbst kennen, um es zu verstehen.

Elegant **Stutzer, Geck, einer, der stets nach der letzten Mode gekleidet ist**
Persiflage **Verspottung**

Selbst die Säule, an welcher ich mich sonst in dem Strudel des Lebens hielt, wankt – Ich meine, die Liebe zu den Wissenschaften. – Aber wie werde ich mich hier wieder verständlich machen? – Liebe Ulrike, es ist ein bekannter Gemeinplatz, dass das Leben ein schweres Spiel sei; und warum ist es schwer? Weil man beständig und immer von Neuem eine Karte ziehen soll und doch nicht weiß, was Trumpf ist; ich meine darum, weil man beständig und immer von Neuem handeln soll und doch nicht weiß, was recht ist. Wissen kann unmöglich das Höchste sein – handeln ist besser als wissen. Aber ein Talent bildet sich im Stillen, doch ein Charakter nur in dem Strome der Welt. Zwei ganz verschiedne Ziele sind es, zu denen zwei ganz verschiedne Wege führen. Kann man sie beide nicht vereinigen, welches soll man wählen? Das höchste, oder das, wozu uns unsre Natur treibt? – Aber auch selbst dann, wenn bloß Wahrheit mein Ziel wäre, – ach, es ist so traurig, weiter nichts, als gelehrt zu sein. Alle Männer, die mich kennen, raten mir, mir irgendeinen Gegenstand aus dem Reiche des Wissens auszuwählen und diesen zu bearbeiten. – Ja freilich, das ist der Weg zum Ruhme, aber ist dieser mein Ziel? Mir ist es unmöglich, mich wie ein Maulwurf in ein Loch zu graben und alles andere zu vergessen. Mir ist keine Wissenschaft lieber als die andere, und wenn ich eine vorziehe, so ist es nur wie einem Vater immer derjenige von seinen Söhnen der liebste ist, den er eben bei sich sieht. – Aber soll ich immer von einer Wissenschaft zur andern gehen, und immer nur auf ihrer Oberfläche schwimmen und bei keiner in die Tiefe gehen? Das ist die Säule, welche schwankt.

Ich habe freilich einen Vorrat von Gedanken zur Antwort auf alle diese Zweifel. Indessen reif ist noch keiner. – Goethe sagt, wo eine Entscheidung soll geschehen, da muss vieles zusammentreffen. – Aber ist es nicht eine Unart nie den Augenblick der Gegenwart ergreifen zu können, sondern immer in der Zukunft zu leben? – Und doch, wer wendet sein Herz nicht gern der Zukunft zu, wie die Blumen ihre Kelche der Sonne? – Lerne Du nur fleißig aus dem Gaspari, und vergiss nicht die Laute. Wer weiß, ob wir es nicht früh oder spät brauchen. Gute Nacht, es ist spät. Grüße Deine Hebe Wirtin und alle Bekannte. H. K.

N. S. Soeben erfahre ich, dass Minette und Gustel mit der Moltken und Emilien nach Berlin kommen. Heute werden sie ankommen und bei der Schlichting wohnen.

Gaspari → Seite 268

Hebe → Seite 269

Minette und Gustel Schwestern von Kleist

Moltken Gattin des Hauptmanns Otto Wilhelm von Moltke

Emilien → Seite 269

Schlichting Frau Schlichting, nichts weiter bekannt

Wilhelmine von Zenge → Seite 269

Heinrich von Kleist

Brief an Wilhelmine von Zenge 1801

[An das Stiftsfräulein Wilhelmine v. Zenge Hochwohlgeboren zu Frankfurt a.d. Oder] Paris, den 10. Oktober 1801

Liebe Wilhelmine. Also mein letzter Brief hat Dir so viel Freude gemacht? O möchte Dir auch dieser, unter so vielen trüben Tagen, ein paar froher Stunden schenken! Andere beglücken, es ist das reinste Glück auf dieser Erde. – Nur schwer ist es, wenn wir selbst nicht glücklich sind, und andere doch grade in unserm Glücke das ihrige setzen. – Indessen fühle ich mich doch wirklich von Tage zu Tage immer heiterer und heiterer, und hoffe, dass endlich die Natur auch mir einmal das Maß von Glück zumessen wird, das sie allen ihren Wesen schuldig ist. Auf welchem Wege ich es suchen soll, darüber bin ich freilich noch nicht recht einig, obgleich sich mein Herz fast überwiegend immer zu einem neigt – Aber ob auch Dein Herz sich dazu neigen wird? – ? Ach, Wilhelmine, da bin ich fast schüchtern in der Mitteilung. Aber wenn ich denke, dass Du meine Freundin bist, so schwindet alle Zurückhaltung, und darum will ich Dir mancherlei Gedanken, die meine Seele jetzt für die Zukunft bearbeitet, mitteilen. Ein großes Bedürfnis ist in mir rege geworden, ohne dessen Befriedigung ich niemals glücklich sein werde; es ist dieses, etwas Gutes zu tun. Ja, ich glaube fast, dass dieses Bedürfnis bis jetzt immer meiner Trauer dunkel zum Grunde lag, und dass ich mich jetzt seiner bloß deutlich bewusst geworden bin. Es liegt eine Schuld auf dem Menschen, die, wie eine Ehrenschuld, jeden, der Ehrgefühl hat, unaufhörlich mahnt. Vielleicht kannst Du Dir, wie dringend dieses Bedürfnis ist, nicht lebhaft vorstellen. Aber das kommt, weil Dein Geschlecht ein leidendes ist – Besonders seitdem mich die Wissenschaften gar nicht mehr befriedigen, ist dieses Bedürfnis in mir rege geworden. Kurz, es steht fest beschlossen in meiner Seele: ich will diese Schuld abtragen.

Dein Geschlecht **die Frauen**

Wenn ich mich nun aber umsehe in der Welt, und frage: wo gibt es denn wohl etwas Gutes zu tun? – ach, Wilhelmine, darauf weiß ich nur eine einzige Antwort. Es scheint allerdings für ein tatenlechzendes Herz zunächst ratsam, sich einen großen Wirkungskreis zu suchen; aber – liebes Mädchen, Du musst, was ich Dir auch sagen werde, mich nicht mehr nach dem Maßstabe der Welt beurteilen. Eine Reihe von Jahren, in welchen ich über die Welt im Großen frei denken konnte, hat mich dem, was die Menschen Welt nennen, sehr unähnlich gemacht. Manches, was die Menschen ehrwürdig nennen, ist es mir nicht, vieles, was ihnen verächtlich scheint, ist es mir nicht. Ich trage eine innere Vorschrift in meiner Brust, gegen welche alle äußern, und wenn sie ein König unterschrieben hätte, nichtswürdig sind. Daher fühle ich mich ganz unfähig, mich in irgendein konventionelles Verhältnis der Welt zu passen. Ich finde viele ihrer Einrichtungen so wenig meinem Sinn gemäß, dass es mir unmöglich wäre, zu ihrer Erhaltung oder Ausbildung mitzuwirken. Dabei wüsste ich doch oft nichts Besseres an ihre Stelle zu setzen – Ach, es ist so schwer, zu bestimmen, was gut ist, der Wirkung nach. Selbst manche von jenen Taten, welche die Geschichte bewundert, waren sie wohl gut in diesem reinen Sinne? Ist nicht oft ein Mann, der einem Volke nützlich ist, verderblich für zehn andere? – Ach, ich kann Dir das alles gar nicht aufschreiben, denn das ist ein endloses Thema. – Ich wäre auch in einer solchen Lage nicht glücklich, o gar nicht glücklich. Doch das sollte mich noch nicht abhalten, hineinzutreten, wüsste ich nur etwas wahrhaft Gutes, etwas, das mit meinen innern Forderungen übereinstimmt, zu leisten. – Dazu kommt, dass mir auch, vielleicht durch meine eigne Schuld, die Möglichkeit, eine neue Laufbahn in meinem Vaterlande zu betreten, benommen. Wenigstens würde ich ohne Erniedrigung kaum, nachdem ich zweimal Ehrenstellen ausgeschlagen habe, wieder selbst darum anhalten können. Und doch würde ich auch dieses saure Mittel nicht scheuen, wenn es mich nur auch, zum Lohne, an meinen Zweck führte. – Die Wissenschaften habe ich ganz aufgegeben. Ich kann Dir nicht beschreiben, wie ekelhaft mir ein wissender Mensch ist, wenn ich ihn mit einem handelnden vergleiche. Kenntnisse, wenn sie noch einen Wert haben, so ist es nur, insofern sie vorbereiten zum Handeln. Aber unsere Gelehrten, kommen sie wohl, vor allem Vorbereiten, jemals zum Zweck? Sie schleifen unaufhörlich die Klinge, ohne sie jemals zu brauchen, sie lernen und lernen, und haben niemals Zeit, die Hauptsache zu tun. – Unter diesen Umständen in mein Vaterland zurückzukehren, kann unmöglich ratsam sein. Ja, wenn ich mich über alle Urteile hinweg setzen könnte, wenn mir ein grünes Häuschen beschert wäre, das mich und Dich empfinge – Du wirst mich, wegen dieser Abhängigkeit von dem Urteile anderer, schwach nennen, und ich muss Dir darin recht geben, so unerträglich mir das Gefühl auch ist. Ich selbst habe freilich durch einige seltsamen Schritte die Erwartung der Menschen gereizt; und was soll ich nun antworten, wenn sie die Erfüllung von mir fordern? Und warum soll ich denn grade ihre Erwartung erfüllen? O es ist mir zur Last – Es mag wahr sein, dass ich so eine Art von verunglücktem Genie bin, wenn auch nicht in ihrem Sinne verunglückt, doch in dem meinen. Kenntnisse, was sind sie? Und wenn Tausende mich darin überträfen, übertreffen sie mein Herz? Aber davon halten sie nicht viel – Ohne ein Amt in meinem Vaterlande zu leben, könnte ich jetzt auch wegen meiner Vermögensumstände fast nicht mehr. Ach, Wilhelmine, wie viele traurige Vorstellungen ängstigen mich unaufhörlich, und Du willst, ich soll Dir vergnügt schreiben? Und doch – habe noch ein wenig Geduld. Vielleicht, wenn der Anfang dieses Briefes nicht erfreulich ist, so ist es sein Ende. – Nahrungssorgen, für mich allein, sind es doch nicht eigentlich, die mich sehr ängstigen, denn wenn ich mich an das Bücherschreiben machen wollte, so könnte ich mehr, als ich bedarf, verdienen. Aber Bücherschreiben für Geld – o nichts davon. Ich habe mir, da ich unter den Menschen in dieser Stadt so wenig für mein Bedürfnis finde, in einsamer Stunde (denn ich gehe wenig aus) ein Ideal ausgearbeitet; aber ich begreife nicht, wie ein Dichter das Kind seiner Liebe einem so rohen Haufen, wie die Menschen sind, übergeben kann. Bastarde nennen sie es. Dich wollte ich wohl in das Gewölbe führen, wo ich mein Kind, wie eine vestalische Priesterin das ihrige, heimlich aufbewahre bei dem Schein der Lampe. – Also aus diesem Erwerbszweige wird nichts. Ich verachte ihn aus vielen Gründen, das ist genug. Denn nie in meinem Leben, und wenn das Schicksal noch so sehr drängte, werde ich etwas tun, das meinen innern Forderungen, sei es auch noch so leise, widerspräche. – Nun, liebe Wilhelmine, komme ich auf das Erfreuliche. Fasse Mut, sieh mein Bild an, und küsse es. – Da schwebt mir unaufhörlich ein Gedanke vor

vestalische Priesterin
→ Seite 269

die Seele – aber wie werde ich ihn aussprechen, damit er Dir heiliger Ernst, und nicht kindisch-träumerisch erscheine? Ein Ausweg bleibt mir übrig, zu dem mich zugleich Neigung und Notwendigkeit führen. – Weißt Du, was die alten Männer tun, wenn sie 50 Jahre lang um Reichtümer und Ehrenstellen gebuhlt haben? Sie lassen sich auf einen Herd nieder, und bebauen ein Feld. Dann, und dann erst, nennen sie sich weise. – Sage mir, könnte man nicht klüger sein, als sie, und früher dahin gehen, wohin man am Ende doch soll? – Unter den persischen Magiern gab es ein religiöses Gesetz: ein Mensch könne nichts der Gottheit Wohlgefälligeres tun, als dieses, ein Feld zu bebauen, einen Baum zu pflanzen, und ein Kind zu zeugen. – Das nenne ich Weisheit, und keine Wahrheit hat noch so tief in meine Seele gegriffen, als diese. Das soll ich tun, das weiß ich bestimmt – Ach, Wilhelmine, welch ein unsägliches Glück mag in dem Bewusstsein liegen, seine Bestimmung ganz nach dem Willen der Natur zu erfüllen! Ruhe vor den Leidenschaften!! Ach, der unselige Ehrgeiz, er ist ein Gift für alle Freuden. – Darum will ich mich losreißen, von allen Verhältnissen, die mich unaufhörlich zwingen zu streben, zu beneiden, zu wetteifern. Denn nur in der Welt ist es schmerzhaft, wenig zu sein, außer ihr nicht. – Was meinst Du, Wilhelmine, ich habe noch etwas von meinem Vermögen, wenig zwar, doch wird es hinreichen mir etwa in der Schweiz einen Bauerhof zu kaufen, der mich ernähren kann, wenn ich selbst arbeite. Ich habe Dir das so trocken hingeschrieben, weil ich Dich durch Deine Fantasie nicht bestechen wollte. Denn sonst gibt es wohl keine Lage, die für ein reines Herz so unüberschwenglich reich an Genüssen wäre, als diese. – Die Romane haben unsern Sinn verdorben. Denn durch sie hat das Heilige aufgehört, heilig zu sein, und das reinste, menschlichste, einfältigste Glück ist zu einer bloßen Träumerei herabgewürdigt worden. – Doch wie gesagt, ich will Deine Fantasie nicht bestechen. Ich will die schöne Seite dieses Standes gar nicht berühren, und dies einem künftigen Briefe aufbewahren, wenn Du Geschmack an diesem Gedanken finden kannst. Für jetzt prüfe bloß mit Deiner Vernunft. Ich will im eigentlichsten Verstande ein Bauer werden, mit einem etwas wohlklingenderen Worte, ein Landmann. – Was meine Familie und die Welt dagegen einwenden möchte, wird mich nicht irre führen. Ein jeder hat seine eigne Art, glücklich zu sein, und niemand darf verlangen, dass man es in der seinigen sein soll. Was ich tue, ist nichts Böses, und die Menschen mögen über mich spötteln so viel sie wollen, heimlich in ihrem Herzen werden sie mich ehren müssen. – Doch wenn auch das nicht wäre, ich selbst ehre mich. Meine Vernunft will es so, und das ist genug.

Aber nun, Wilhelmine, wenn ich diese Forderung meiner Vernunft erfülle, wenn ich mir ein Landgut kaufe, bleibt mir dann kein Wunsch übrig? Fehlt mir dann nichts mehr? Fehlt mir nicht noch ein Weib? Und gibt es ein anderes für mich, als Du? Ach, Wilhelmine, wenn es möglich wäre, wenn Deine Begriffe von Glück hier mit den meinigen zusammenfielen! Denke an die heiligen Augenblicke, die wir durchleben könnten! Doch nichts davon, für jetzt – Denke jetzt vielmehr nur an das, was Dir in dieser Lage vielleicht weniger reizend scheinen möchte. Denke an das Geschäft, das Dir anheimfiele – aber dann denke auch an die Liebe, die es belohnen wird. – Wilhelmine! – Ach, viele Hindernisse schrecken mich fast zurück. Aber wenn es möglich wäre, sie zu übersteigen! – Wilhelmine! Ich fühle, dass es unbescheiden ist, ein solches Opfer von Dir zu verlangen. Aber wenn Du es mir bringen könntest! Deine Erziehung, Deine Seele, Dein ganzes bisheriges Leben ist von der Art, dass es einen solchen Schritt nicht unmöglich macht. – Indessen, vielleicht ist es doch anders. Ängstige Dich darum nicht. Ich habe kein Recht auf solche

Aufopferungen, und wenn Du dies mir verweigerst, so werde ich darum an Deiner Liebe nicht zweifeln. –

Indessen, liebes Mädchen, weiß ich nur fast keinen andern Ausweg. Ich habe mit Ulriken häufig meine Lage und die Zukunft überlegt, und das Mädchen tut alles Mögliche, mich, wie sie meint, auf den rechten Weg zurückzuführen. Aber das ist eben das Übel, dass jeder seinen Weg für den rechten hält. – Wenn Du einstimmen könntest in meinen innigsten Wunsch, dann, Wilhelmine, dann will ich Dir zeigen, welch ein Glück uns bevorsteht, an das kein anderes reicht. Dann erwarte einen froheren Brief von mir – Wenn ein solcher Schritt wirklich Dein Glück begründen könnte, so wird auch Dein Vater nichts dagegen einwenden. – Antworte mir bald. Mein Plan ist, den Winter noch in dieser traurigen Stadt zuzubringen, dann auf das Frühjahr nach der Schweiz zu reisen, und mir ein Örtchen auszusuchen, wo es Dir und mir und unsern Kindern einst Wohlgefallen könnte. – Ich muss diesen Brief auf die Post tragen, denn mit Sehnsucht sehe ich Deiner Antwort entgegen. H. K.

Heinrich Gustav Hotho

Kritik der »Gesammelten Schriften Kleists« __ 1827

Dadurch ist aber das Gemüt, statt mit der Wirklichkeit und Wahrheit der Gegenstände innig vereint zu sein, nur aufs Härteste mit ihnen und dadurch mit sich selber zerfallen; es lebt, wenn es diese Erfahrung nun wirklich macht, heimatlos in zweien Welten, und kann den Schmerz dieser Zerrissenheit nur mit dem Tode enden. Als ein solches Gemüt tritt uns Heinrich von Kleist entgegen. [...]

Es könnte desto auffallender scheinen, dass weder unser Dichter sich lebend mit der vorhandenen Welt in Einklang zu setzen, noch von seiner Mitwelt, wie er es wünschte und forderte, Anerkennung zu finden vermochte. Nennt ihn doch Tieck immer den verkannten Dichter, und bemüht sich vergebens, das Publikum für die Werke seines Freundes zu begeistern. Doch diese Werke können und dürfen ihrer Natur nach nur einem kleinen Kreise zur Freude und Erholung dienen. Die inneren Stimmungen und Verstimmungen des Gemütes, das Widerstreben der äußeren Zufälligkeit, ihr gespenstiges Verkünden einer höheren Welt, jene tiefste, lautlose, verschlossene Innerlichkeit, welche in sich webend und verschwebend unmittelbar aus dem Vergessen aller sonst gültigen, menschlichen und göttlichen Wirklichkeit das höhere Wissen von einer göttlichen Welt schöpfen soll, und dann doch keine weitere Kunde erhält, als die von erfüllten Liebesträumen, – die ganze Darstellung überhaupt der mehr oder minder inhaltslosen Verhältnisse des inneren Selbstbewusstseins und des Wissens von der äußeren Welt, diese dramatische Psychologie, wie vollendet sie auch ausgeführt sein mag, kann niemals auf allgemeinere Anerkennung Anspruch machen. Denn man müsste diese Verstimmungen und Krankheiten des Geistes nicht nur in sich erfahren haben, sondern

Tieck
Ludwig Tieck (1773–1853), Dichter der Romantik

sie auch für die Gesundheit selber halten, um mit unserem Dichter ganz übereinzustimmen. Da die Richtung seiner Zeit, welche er darstellt, nur eine Nebenrichtung ist, kann es nur als unbillig erscheinen, zu verlangen, jeder solle diesen einsamen Fußsteig entlang wandern und alle seine Krümmen und Irrgewinde voll Befriedigung verfolgen. Aus der Unbilligkeit dieser Forderung hat unser Dichter selber seinen Missmut und Lebensüberdruss geschöpft. Denn ihm kam es nicht nur darauf an, seine innere Welt überhaupt nur zu äußern: dann hätte er in wohlgefälliger Selbstgenügsamkeit sich in sich zurückziehen können, sondern es drängte ihn, sein ganzes Inneres in die äußere Wirklichkeit hinauszusetzen und in ihr gegenwärtig zu sehn.

Johann Wolfgang von Goethe

[Über Kleist] 1826/33

Seine [Tiecks] Pietät gegen Kleist zeigt sich höchst liebenswürdig. Mir erregte dieser Dichter, bei dem reinsten Vorsatz einer aufrichtigen Teilnahme, immer Schauder und Abscheu, wie ein von der Natur schön intentionierter Körper, der von einer unheilbaren Krankheit ergriffen wäre. Tieck wendet es um: er betrachtet das Treffliche, was von dem Natürlichen noch übrig blieb; die Entstellung lässt er beiseite, entschuldigt mehr, als dass er tadelte; denn eigentlich ist jener talentvolle Mann auch nur zu bedauern, und darin kommen denn beide zuletzt überein. [...]

In Christa Wolfs Erzählung »Kein Ort. Nirgends« findet sich eines der luzidesten Porträts Heinrich von Kleists. Das mag die fiktive Charakteristik Goethes in Wolfs Erzählung verdeutlichen, die sukzessive in ein aufschlussreiches Selbstbildnis des ehrgeizigen jungen Dramatikers mündet:

Christa Wolf

Kein Ort. Nirgends ______________ 1979

Der Geheime Rat, denk ich, hat keinen dringlichen Hang zur Tragödie, und ich glaube zu wissen, wieso. [...] Er ist auf Ausgleich bedacht. Er meint, die Widerkräfte, die in der Welt wirken, ließen sich teilen in zwei Zweige der Vernunft – er nennt sie Gut und Böse –, die letzten Endes beide zur Fortentwicklung der Menschheit beitragen müssen [...]. Ich kann die Welt in Gut und Böse nicht teilen; nicht in zwei Zweige der Vernunft, nicht in Gesund und Krank. Wenn ich die Welt teilen wollte, müsst ich die Axt an mich selber legen, mein Inneres spalten, dem angeekelten Publikum die beiden Hälften hinhalten, dass es Grund hat, die Nase zu rümpfen: Wo bleibt die Reinlichkeit. Ja, unrein ist, was ich vorzuweisen habe.

Arbeitsanregungen

1. Informieren Sie sich über jene Werke, die Kleist im Umkreis der Entstehung der hier versammelten Essays und Erzählungen schrieb. Stellen Sie kurze Inhaltsangaben in Form von Referaten den anderen Kursteilnehmern vor.

2. Überlegen Sie sich einen Katalog von Fragestellungen für ein Interview mit Kleist. In welche Richtung würde Ihr Interesse bei den Fragen gehen?

3. Welcher literaturgeschichtlichen Epoche wird Kleist zugeordnet? Welche Verdienste werden besonders herausgestrichen?

4. Wie charakterisiert Kleist sich im Brief an die Schwester?

5. Was bedeutet es für Kleist, wenn er bei sich selbst ein »Mittel der Mitteilung« seines Innersten vermisst?

6. Welche Position schreibt Kleist sich selbst in der »Gesellschaft« zu?

7. Was könnte Goethe am Werk Kleists abgestoßen haben? Suchen Sie in den Erzählungen nach Belegen. Inwiefern ist Kleist nicht auf Ausgleich – wie Goethe – bedacht?

8. Was könnte Hotho dazu veranlasst haben, in Bezug auf Kleist vom »Schmerz der Zerrissenheit« zu sprechen? Finden Sie Belege für Hothos Aussage, dass es sich bei Kleist um die »Darstellung überhaupt der mehr oder minder inhaltslosen Verhältnisse des inneren Selbstbewusstseins und des Wissens von der äußeren Welt« handle.

Verstehen und Deuten

M

Zu »Die Marquise von O…«

Heinrich von Kleist

Sonderbare Geschichte, die sich, zu meiner Zeit, in Italien zutrug 1811

Am Hofe der Prinzessin von St. C… zu Neapel, befand sich, im Jahr 1788, als Gesellschafterin oder eigentlich als Sängerin eine junge Römerin, namens Franzeska N…, Tochter eines armen invaliden Seeoffiziers, ein schönes und geistreiches Mädchen, das die Prinzessin von St. C…, wegen eines Dienstes, den ihr der Vater geleistet, von früher Jugend an, zu sich genommen und in ihrem Hause erzogen hatte. Auf einer Reise, welche die Prinzessin in die Bäder zu Messina, und von hieraus, von der Witterung und dem Gefühl einer erneuerten Gesundheit aufgemuntert, auf den Gipfel des Ätna machte, hatte das junge, unerfahrne Mädchen das Unglück, von einem Kavalier, dem Vicomte von P…, einem alten Bekannten aus Paris, der sich dem Zuge anschloss, auf das abscheulichste und unverantwortlichste betrogen zu werden; dergestalt, dass ihr, wenige Monden darauf, bei ihrer Rückkehr nach Neapel, nichts übrig blieb, als sich der Prinzessin, ihrer zweiten Mutter, zu Füßen zu werfen, und ihr unter Tränen den Zustand, in dem sie sich befand, zu entdecken. Die Prinzessin, welche die junge Sünderin sehr liebte, machte ihr zwar wegen der Schande, die sie über ihren Hof gebracht hatte, die heftigsten Vorwürfe; doch da sie ewige Besserung und klösterliche Eingezogenheit und Enthaltsamkeit, für ihr ganzes künftiges Le-

Gesellschafterin eine eigens zur Gesellschaft und Unterhaltung angestellte Person

Messina italienische Hafenstadt in Nordost-Sizilien

Kavalier Adliger

ben, angelobte, und der Gedanke, das Haus ihrer Gönnerin und Wohltäterin verlassen zu müssen, ihr gänzlich unerträglich war, so wandte sich das menschenfreundliche, zur Verzeihung ohnehin in solchen Fällen geneigte Gemüt der Prinzessin: sie hob die Unglückliche vom Boden auf, und die Frage war nur, wie man der Schmach, die über sie hereinzubrechen drohte, vorbeugen könne? In Fällen dieser Art fehlt es den Frauen, wie bekannt, niemals an Witz und der erforderlichen Erfindung; und wenige Tage verflossen: so ersann die Prinzessin selbst zur Ehrenrettung ihrer Freundin folgenden kleinen Roman.

Witz hier: Scharfsinn, Verstand
Erfindung hier: Erfindungsgabe
Roman romanhafte Unternehmung
Hotel hier: vornehmes Privathaus

Zuvörderst erhielt sie abends, in ihrem Hotel, da sie beim Spiel saß, vor den Augen mehrerer, zu einem Souper eingeladenen Gäste einen Brief: sie erbricht und überliest ihn und indem sie sich zur Signora Franzeska wendet: »Signora«, spricht sie, »Graf Scharfeneck, der junge Deutsche, der Sie vor zwei Jahren in Rom gesehen, hält aus Venedig, wo er den Winter zubringt, um Ihre Hand an. – Da!« setzt sie hinzu, indem sie wieder zu den Karten greift, »lesen Sie selbst: es ist ein edler und würdiger Kavalier, vor dessen Antrag Sie sich nicht zu schämen brauchen.« Signora Franzeska steht errötend auf; sie empfängt den Brief, überfliegt ihn, und, indem sie die Hand der Prinzessin küsst: »Gnädigste« spricht sie: »da der Graf in diesem Schreiben erklärt, dass er Italien zu seinem Vaterlande machen kann, so nehme ich ihn, von Ihrer Hand, als meinen Gatten an!« – Hierauf geht das Schreiben unter Glückwünschungen von Hand zu Hand; jedermann erkundigt sich nach der Person des Freiers, den niemand kennt, und Signora Franzeska gilt, von diesem Augenblick an, für die Braut des Grafen Scharfeneck. Drauf, an dem zur Ankunft des Bräutigams bestimmten Tage, an welchem nach seinem Wunsche auch sogleich die Hochzeit sein soll, fährt ein Reisewagen mit vier Pferden vor: es ist der Graf Scharfeneck! Die ganze Gesellschaft, die, zur Feier dieses Tages, in dem Zimmer der Prinzessin versammelt war, eilt voll Neugierde an die Fenster, man sieht ihn, jung und schön wie ein junger Gott, aussteigen – inzwischen verbreitet sich sogleich, durch einen vorangeschickten Kammerdiener, das Gerücht, dass der Graf krank sei, und in einem Nebenzimmer habe abtreten müssen. Auf diese unangenehme Meldung wendet sich die Prinzessin betreten zur Braut; und beide begeben sich nach einem kurzen Gespräch, in das Zimmer des Grafen, wohin ihnen nach Verlauf von etwa einer Stunde der Priester folgt. Inzwischen wird die Gesellschaft durch den Hauskavalier der Prinzessin zur Tafel geladen; es verbreitet sich, während sie auf das Kostbarste und Ausgesuchteste bewirtet wird, durch diesen die Nachricht, dass der junge Graf, als ein echter, deutscher Herr, weniger krank, als vielmehr nur ein Sonderling sei, der die Gesellschaft bei Festlichkeiten dieser Art nicht liebe; bis spät, um 11 Uhr in der Nacht, die Prinzessin, Signora Franzeska an der Hand, auftritt, und den versammelten Gästen mit der Äußerung, dass die Trauung bereits vollzogen sei, die Frau Gräfin von Scharfeneck vorstellt. Man erhebt sich, man erstaunt und freut sich, man jubelt und fragt: doch alles, was man von der Prinzessin und der Gräfin erfährt, ist, dass der Graf wohlauf sei; dass er sich auch in kurzem sämtlichen Herrschaften, die hier die Güte gehabt, sich zu versammeln, zeigen würde; dass dringende Geschäfte jedoch ihn nötigten, mit der Frühe des nächsten Morgens nach Venedig, wo ihm ein Onkel gestorben sei und er eine Erbschaft zu erheben habe, zurückzukehren. Hierauf, unter wiederholten Glückwünschungen und Umarmungen der Braut, entfernt sich die Gesellschaft; und mit dem Anbruch des Tages fährt, im Angesicht der ganzen Dienerschaft, der Graf in seinem Reisewagen mit vier Pferden wieder ab. – Sechs Wochen darauf erhalten die Prinzessin und die Gräfin, in einem schwarz versiegelten Briefe, die Nach-

abtreten
... in ein Nebenzimmer sich begeben müssen

Hauskavalier
Vorsteher der Haushaltung, hier: ein Adliger

richt, dass der Graf Scharfeneck in dem Hafen von Venedig ertrunken sei. Es heißt, dass er, nach einem scharfen Ritt, die Unbesonnenheit begangen, sich zu baden; dass ihn der Schlag auf der Stelle gerührt, und sein Körper noch bis diesen Augenblick im Meere nicht gefunden sei. – Alles, was zu dem Hause der Prinzessin gehört, versammelt sich, auf diese schreckliche Post, zur Teilnahme und Kondolation; die Prinzessin zeigt den unseligen Brief, die Gräfin, die ohne Bewusstsein in ihren Armen liegt, jammert und ist untröstlich; hat jedoch nach einigen Tagen Kraft genug, nach Venedig abzureisen, um die ihr dort zugefallene Erbschaft in Besitz zu nehmen. – Kurz, nach Verfluss von ungefähr neun Monaten (denn so lange dauerte der Prozess) kehrt sie zurück; und zeigt einen allerliebsten kleinen Grafen Scharfeneck, mit welchem sie der Himmel daselbst gesegnet hatte. Ein Deutscher, der eine große genealogische Kenntnis seines Vaterlands hatte, entdeckte das Geheimnis, das dieser Intrige zum Grunde lag, und schickte dem jungen Grafen, in einer zierlichen Handzeichnung, sein Wappen zu, welches die Ecke einer Bank darstellte, unter welcher ein Kind lag. Die Dame hielt sich gleichwohl, unter dem Namen einer Gräfin Scharfeneck, noch mehrere Jahre in Neapel auf; bis der Vicomte von P…, im Jahr 1793, zum zweiten Male nach Italien kam, und sich, auf Veranlassung der Prinzessin, entschloss, sie zu heiraten. – Im Jahr 1802 kehrten beide nach Frankreich zurück.

Verfluss Verlauf

genealogische Kenntnis … der Adelsgeschlechter

Michel de Montaigne

Essai über die Trunksucht 1588

Und auch das, was mir eine Dame erzählte, die ich vorzüglich schätze und ehre: Nicht weit von Bordeaux nach Castres hin, wo sie ihr Gut hat, habe, wie sie sagte, eine Bauersfrau und Witwe von sehr großem Geruch der Keuschheit, nachdem sie die ersten Merkmale der Schwangerschaft an sich wahrgenommen, zu ihren Nachbarinnen gesagt, sie würde glauben, sie sei schwanger, wenn sie einen Mann hätte. Da aber von Tag zu Tag ihre Mutmaßung stärker ward und endlich zur Gewissheit anwuchs, so tat sie den Schritt, von der Kanzel ihrer Kirche ablesen zu lassen, demjenigen, der um diesen Umstand wisse, und es gestünde, verspräche sie, zu verzeihen, und, falls ers wünschte, ihn zu heiraten. Einer ihrer jungen Ackerknechte, durch die Abkündigung dreist gemacht, erklärte, er habe sie an einem Festtage, da sie reichlich Wein getrunken gehabt, in so tiefem Schlafe und in einer solchen Stellung gefunden, dass er ihr habe beiwohnen können, ohne sie zu wecken. Sie leben noch miteinander verheiratet.

beiwohnen **beischlafen**

M

Thomas Mann

Heinrich von Kleist und seine Erzählungen ___ 1954

Man kommt beim Lesen dieser Geschichten aus dem Schrecken, der Aufregung, der Bangigkeit vor dem Ungeheuerlichen, aus dem Bann geteilten Gefühls nicht heraus. »Die Marquise von O…« ist die früheste von Kleists Erzählungen, der Achtundzwanzigjährige schrieb sie, um die Zeit, als er in Königsberg ein kleines Amt bei der »Domänenkammer« (Verwaltung der Staatsgüter) versah, gleich nach dem anonymen Erscheinen der »Familie Schroffenstein«. Der Stoff ist alt und viel behandelt. Kleist kann ihn aus französischer Novellistik, von Cervantes, von Montaigne gehabt, auch aus dem wirklichen Leben geschöpft haben. Jedenfalls ist seine Art, ihn zu behandeln, von der persönlichsten Prägung, unverwechselbar kleistisch. Das Penible und Skandalöse kann nicht mit mehr Ernst und Würde vorgetragen werden. Allein das half alles nichts, die Geschichte wurde sehr übel aufgenommen. »Nur die Fabel derselben angeben«, schrieb ein Blatt, das sich obendrein »Der Freimüthige« nannte, »heißt schon, sie aus den gesitteten Zirkeln verbannen. Die Marquise ist schwanger geworden, man weiß nicht wie und von wem? Ist dies ein Sujet, das in einem Journale für die Kunst eine Stelle verdient? Und welche Details erfordert es, die keuschen Ohren durchaus widrig klingen müssen.« Die keuschen Ohren gehörten zum Beispiel einer Dame, die sich brieflich äußerte: »Seine Geschichte der Marquise von O… kann kein Frauenzimmer ohne Erröten lesen. Wozu soll dieser Ton führen?« Vor allem das Damenvolk, versteht sich, hatte der Dichter gegen sich. Aber selbst Männer wie Friedrich von Gentz, sonst ein Verehrer Kleists, waren schockiert, und ihr Urteil versagte vor einem gewagten Meisterwerk, das seither in den Rang eingerückt ist, den schon damals willige Geister, wie der

das Penible das peinlich Genaue, sehr Sorgfältige
das Skandalöse das ein Ärgernis Bedeutende

Gentz → Seite 269

österreichische Staatswissenschaftler Adam Müller, ihm zusprachen: nämlich den einer nach »Kunst, Art und Stil gleich herrlichen Novelle von moralischer Hoheit«.

Übrigens war Adam Müller ein Politiker romantischer Stimmung, dazu katholischer Konvertit, und auf sein Urteil, durch die Zeit bewährt wie es ist, mögen gewisse zwar leichte, aber unmissverständliche mystische Allusionen nicht ganz ohne Einfluss gewesen sein, die in seiner nur allzu natürlichen Geschichte unterzubringen der angehende Dichter des »Amphitryon« sich nicht versagen kann. Man muss auf sie hinweisen. Als die Marquise, außer sich über ihren unfasslichen Zustand, die Hebamme fragt, ob eine Erscheinung wie die unwissentliche oder unberührte Empfängnis denn um Gottes willen im Bereich der Natur liege, antwortet die Frau, dass dies »außer der heiligen Jungfrau« noch keinem Weibe auf Erden zugestoßen sei. Nun, das ist fachkundige Trockenheit. Aber zur Zeit ihrer schönen seelischen Erhebung, als die unschuldig Verstoßene beschließt, sich ins Unbegreifliche zu ergeben, sich ganz in ihr Innerstes zurückzuziehen, ganz sich der Erziehung ihrer beiden Kinder zu widmen »und des Geschenks, das ihr Gott mit dem dritten gemacht, mit aller mütterlichen Liebe zu pflegen«, da stellt sie über dies »Geschenk« das anstößige Kind, die Erwägung an, dass der Ursprung, eben weil er geheimnisvoller ist, auch göttlicher zu sein scheint als der anderer Menschen. Vielmehr: Diesen Gedanken flößt ein Dichter ihr ein, dem das Herz danach steht, ein Scandalum durch Anspielungen auf das Mysterium zu erklären.«

M

Konvertit **zum katholischen Glauben übergetreten**

Scandalum **Skandal**
Mysterium **Geheimnis**

Gerhard Fricke

Das unbedingt gewisse Gefühl 1929

Wieder stehen sich in der »Marquise« die Unschuld und Reinheit des seiner selbst unbedingt gewissen Gefühls und die ihm gegebene reale Wirklichkeit des Daseins gegenüber. In dieser Wirklichkeit allein kann die Reinheit behalten oder verloren werden, – und eben sie zeugt unwidersprechlich, dass sie verloren ist.

Was Kleist sonst als das höchste Glück, die erfüllte irdische Bestimmung des Weibes ansah, die Gewissheit, Mutter zu sein, das bedeutete nun die Vernichtung der zeitlichen wie der absoluten Existenz: die Zerstörung des Verhältnisses der Marquise zu den Ihren wie ihres ewigen Verhältnisses zu sich selber und zu Gott. Denn jede sie moralisch rettende Erklärung der Wirklichkeit liegt völlig außerhalb des Bereiches der Möglichkeit und der Gedanken, sodass allein die leichtfertigen Andeutungen der Hebamme das Rätsel zu lösen scheinen.

Und in diesem Augenblick, wo die ganze Wirklichkeit zum Spiel eines teuflischen Dämons wird, wo sich die Liebsten und Nächsten, mit denen die Marquise verbunden ist, von der Gewalt der Tatsachen bezwungen, schmähend und brutal von ihr abkehren, wo die Wirklichkeit ihren letzten Sinn verliert und zu einer einzigen, vernichtenden Anklage wird gegen ihr innerstes Gefühl, – da bricht aus einer geheimnisvollen Tiefe ihres Wesens eine Kraft hervor, die, unerklärbar aus ihrem bloß empirisch-psychologischen Dasein, sich stärker erweist als die ganze furchtbare Wirklichkeit. Nun spürt sie plötzlich, wie inmitten der verwirrenden Endlichkeit eines ewig und unzerstörbar in ihr lebt: Die unzerstörbare Einheit mit sich selbst und mit Gott in der heiligen Gewissheit des reinen Gefühls, – und spürt, wie dieses Gefühl sie trägt:

»Durch diese schöne Anstrengung mit sich selbst bekannt gemacht, hob sie sich plötzlich wie an ihrer eigenen Hand aus der ganzen Tiefe, in welche das Schicksal sie herabgestürzt hatte, empor.«

[…] Die Echtheit des Gefühls als des Ausdruckes der eigentlich Kleistschen Frömmigkeit aber bewährt sich darin, dass es auch jenen zweiten, fast noch schwereren Schritt zu tun vermag, der die heroische Haltung umwandelt und enthüllt als eine fromme, der die Tragik überwindet durch den Glauben: Die Marquise vermag es, aus der Kraft ihres reinen Gefühls ihr Schicksal demütig anzunehmen und sich gläubig einer Wirklichkeit zu unterwerfen, die mehr des Teufels als Gottes Züge trägt. Sie bejaht diese Wirklichkeit, weil auch sie aus Gottes Hand kommt.

Eric Rohmer hat die Nähe seiner Verfilmung zu der Erzählung folgendermaßen begründet:

Eric Rohmer

Anmerkungen zur Inszenierung — 1979

In diesem Fall zeigt es sich, dass die Novelle »Die Marquise von O.« nicht nur das »Sujet« für einen eineinhalbstündigen Film abgibt, sondern schon ein echtes »Drehbuch« ist, auf das sich die Regiearbeit ohne Vermittlung einer sogenannten »Bearbeitung« direkt stützen kann. Das Werk, das ganz für sich steht und nur zur einmaligen Lektüre bestimmt ist, fordert jene Anstrengung der Vorstellungskraft oder genauer: der Vergegenwärtigung, die auch vom Leser eines Theaterstücks gefordert wird. Es verlangt nach Fortsetzungen, die in diesem Fall nicht mehr auf der Bühne stattfinden, sondern auf der Leinwand. Die filmische Übersetzung gelingt hier gleichsam wie von selbst und ist nicht, wie so oft, ein Kampf gegen eine widerstrebende Materie.

Erstens, weil die Dialoge des künftigen Films schon vollständig ausgearbeitet sind in einer Form, die gänzlich untheatralisch ist, die, wie wir meinen, glatt »über die Leinwand gehen« müssten; weil die Dialoge in direkter Rede stehen oder, in indirekter Rede geschrieben, äußerst leicht umzusetzen sind.

Zweitens, weil sich der Erzähler jegliche Andeutung der inneren Vorgänge seiner Helden versagt. Alles ist von außen her beschrieben und mit der gleichen Ungerührtheit betrachtet wie durch das Objektiv einer Kamera. Die Beweggründe der Personen lassen sich nur durch die Beschreibung ihres Verhaltens hindurch erahnen. Der Film ist hier also der Erzählung gegenüber nicht im Nachteil, da sie ja gerade ihre Möglichkeit zur Introspektion an keiner Stelle wahrnimmt.

Drittens, weil Kleist uns mit äußerster Präzision, besser als der gewissenhafteste Drehbuchautor, über die Gewohnheiten, Bewegungen, Äußerungen seiner Helden Auskunft gibt. In jedem Augenblick wissen wir, ob eine Figur steht, sitzt oder auf den Knien liegt, ob sie ihren Partner umarmt oder ihm die Hand reicht, ... ob sie ihn anschaut oder den Blick abwendet. Wäre jede Zeile des Textes mit einem Stich illustriert, könnte dieser nicht besser unsere Vorstellungskraft ansprechen.

Filmplakat zu Eric Rohmers Verfilmung, 1976

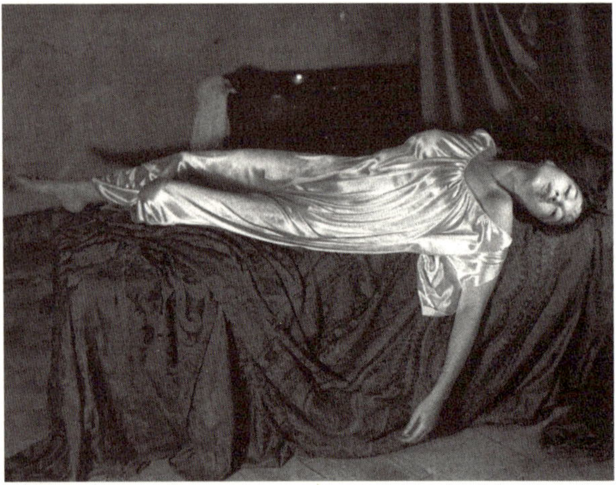

Edith Clever als Marquise von O…

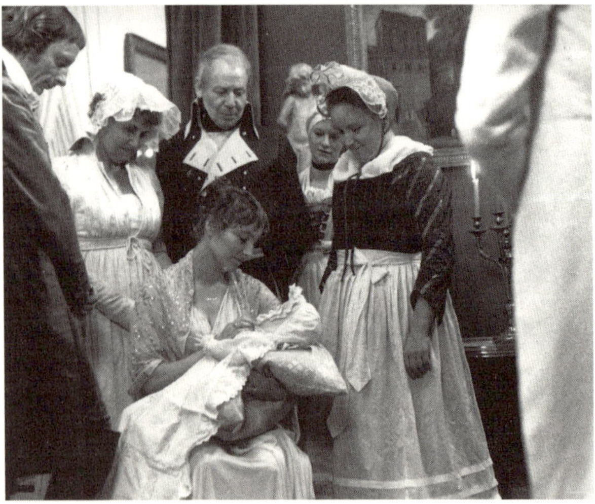

Bruno Ganz als Graf F…

M

Auch Hans Jürgen Syberberg verfilmte Kleists Novelle: 1989 ebenfalls mit Edith Clever in der Hauptrolle (vgl. auch das Umschlagfoto):

Arbeitsanregungen

1. Inwiefern könnte die von Kleist selbst in den »Berliner Abendblättern« berichtete »Sonderbare Geschichte« eine Anregung für die »Marquise von O…« darstellen? Stellen Sie Parallelen und Unterschiede heraus.

2. Eine weitere mögliche Anregung für Kleist könnte die Erzählung von Montaigne sein. Überprüfen Sie auch diese Geschichte auf Parallelen und Differenzen hin.

3. Welche Schwierigkeiten für die Publikation der »Marquise von O…« beim zeitgenössischen Publikum deutet Thomas Mann in seiner Besprechung der Novelle an?

4. Welche mythologischen Anspielungen sieht Thomas Mann in der Novelle?

5. Worin sieht G. Fricke das Zentrum der Novelle?

6. Worin sieht E. Rohmer die Nähe der Kleistschen Novelle zum Film?

Zu »Das Erdbeben in Chili«

Gerhard Lauer/Thorsten Unger (Hrsg.)

Das Erdbeben von Lissabon und der Katastrophendiskurs im 18. Jahrhundert _____ 2005

Das Erdbeben von Lissabon am 1. November 1755 – […] markiert einen Einschnitt im kulturellen Gedächtnis nicht nur Portugals, sondern ganz Europas. Der Tod von etwa 30.000 Menschen unter den Trümmern einer der bedeutendsten europäischen Handelsstädte hat das Selbstverständnis des 18. Jahrhunderts verstört, wie es dann erst wieder die Französische Revolution tun sollte. »Tod des Optimismus«, – so hat man die Erschütterung der europäischen Aufklärung durch das Desaster von Lissabon umschrieben. Die Erschütterung war aber keine nur geologische. Andere Katastrophen waren dem Lissabonner Erdbeben ohne viel Aufhebens vorausgegangen. Die Erschütterung war auch eine mediale. Voltaires »Poème sur le désastre de Lisbonne« hat aus der Zerstörung Lissabons ein gesamteuropäisches Ereignis gemacht. Es hat nicht nur die philosophische Theodizee Leibniz' und Wolffs der Kritik unterzogen, sondern die optimistische Selbstdeutung des Jahrhunderts als Ganzes in Frage gestellt.

An den drei schweren Erdstößen vom Allerheiligen-Tag 1755 wurde festgeschrieben, was sich schon länger in den Verschiebungen der Diskursformationen des 18. Jahrhunderts abzeichnete: Dass die aufgeklärten Gesellschaften begannen, sich in einer Welt einzurichten, in der von Katastrophe und Risiko die Rede sein muss, nicht mehr von Sünde und Schuld, von Geologie und nicht mehr von Sintflut. Die Preisaufgabe der Berliner Akademie über den Lehrsatz Alexander Popes »Alles ist gut« war nicht nur zufällig kurz vor dem Erdbeben von Lissabon ausgeschrieben worden. Das meint mehr als

Pope
→ Seite 269

Säkularisierung ehemaliger theologischer Deutungen von Katastrophen. Die Etablierung neuer wissenschaftlicher Beschreibungssysteme wie der Geologie, die Entwicklung apparativ-empirischer Naturbeobachtungen etwa der Seismographik, die millenaristischen Logiken der Sintflut wie die Umdeutungen der Schöpfungsgeschichte in den naturkundlichen Beschreibungen eines Buffons oder etwa Rousseaus Kritik an der urbanen Lebensweise und ihren Folgen gehören einer sehr viel längerfristigen Umstellung in der Semantik der Katastrophe an, auch wenn in den Wörterbüchern des 18. Jahrhunderts der Terminus »Katastrophe« noch lange der Dramentheorie vorbehalten blieb und Erdbeben, aber auch Überschwemmungen und Sturmfluten unter die natürlichen Übel zu zählen waren, die von den moralischen Übeln zu unterscheiden seien.

Nicht Katastrophen sind neu, wohl aber ihre Deutung. Insofern ist das Erdbeben von Lissabon ein ikonisches Moment in der Formierung der modernen »Risikogesellschaft«, die auch darum modern ist, weil sie das Risiko auf Dauer stellen muss und dafür eine stabile, handlungsleitende Semantik der Katastrophe braucht. [...]

Seismographik **Aufzeichnung von Erdbeben durch Seismographen**
millenaristisch **tausendfach**
Buffon **→ Seite 269**
Rousseau **→ Seite 269**
Semantik **Bedeutung**
ikonisch **bildhaft**

Theodizee 2009

Nach Gottfried Wilhelm Leibniz gibt es eine unendliche Anzahl möglicher Welten. Von diesen hat Gott nur eine geschaffen, nämlich die vollkommenste, in der das Übel den kleinsten Raum hat (»die beste aller möglichen Welten«). Jede Form des Übels ist letztlich notwendig und erklärbar. Leibniz unterscheidet drei Arten des Übels:

- das malum metaphysicum, metaphysische Übel (das Geschaffene ist notwendig unvollkommen, da es sonst mit Gott identisch wäre),
- das malum physicum, physische Übel (Schmerz und Leid sind notwendig, da sie vom Schädlichen abhalten und zum Nützlichen drängen) und
- das malum morale, moralische Übel (die zur Abwendung von Gott führende Sünde).

[...]

Das Übel habe, biblisch gesehen, einen guten Zweck: Das Erkennen von Gottes heiligen Eigenschaften setzt nach der Auffassung einiger Exegeten voraus, dass die Geschöpfe, die ihn dafür lieben sollen, auch den Gegensatz zwischen Gut und Böse erlernt haben. Mit dieser Erkenntnisfähigkeit wurde der Mensch aber nicht geschaffen. Er musste sie erst entwickeln. Woher aber hätte der Mensch den Gegensatz von Gut und Böse wissen können, wenn negative Umstände (»das Böse«) nicht von außen an ihn herangetreten wären? Wie hätte dies ferner anders geschehen können, als durch ein Verbot, irgendetwas zu tun? Und so schuf Gott die Möglichkeit, dass die ersten Menschen von dem »Baum, der klug macht«, essen konnten (1. Mose 3,4), dem Baum der Erkenntnis des Guten und Bösen. Denn es ist häufig die Krankheit, die die Gesundheit angenehm macht; besonders am Übel gemessen tritt das Gute in Erscheinung, am Hunger die Sättigung, an der Mühsal die Ruhe. Nach einer dialektischen (allerdings höchst umstrittenen) Auffassung bilden für Gott diese Gegensätze eine Einheit – für Gott seien alle Dinge gerecht und gut, da sie in seinem Plan zielführend sind; Menschen mögen dagegen das eine für gerecht, das andere für schlecht halten. Wichtig sei es für sie, beides zu erleben.

Gottfried Wilhelm Leibniz

Die beste aller möglichen Welten ____________ 1710

Gott ist die erste Ursache aller Dinge: denn die beschränkten Dinge, wie alles, was wir sehen und erfahren, sind zufällig und besitzen nichts, was ihnen notwendige Existenz verleiht; ist es doch offenbar, dass Zeit, Raum und Materie, an sich einheitlich und gleichförmig und gegen alles gleichgültig, andere Bewegungen und Gestalten in anderer Anordnung, erhalten konnten. Es gilt also, den Grund für die Existenz der Welt, als den Zusammenschluss aller zufälligen Dinge, aufzusuchen, und zwar in der Substanz, die den Grund ihrer Existenz in sich selbst trägt und die darum notwendig und ewig ist. Diese Ursache muss mit Verstand begabt sein: denn die existierende Welt ist zufällig, und unendlich viele andere Welten sind ebenso möglich und streben sozusagen ebenso wie sie nach der Existenz. Daher muss die Ursache der Welt auf alle Welten Rücksicht oder Bezug genommen haben, will sie eine von ihnen zur Existenz bestimmen. Diese Rücksicht oder Beziehung einer existierenden Substanz auf bare Möglichkeiten kann nichts anderes als der sie vorstellende Verstand, und das Herausgreifen einer derselben nichts anderes als der sie erwählende Willensakt sein. Die Macht dieser Substanz gibt dem Willen Wirksamkeit. Die Macht geht auf das Sein, die

Weisheit oder der Verstand auf das Wahre, der Wille auf das Gute. Diese mit Verstand begabte Ursache muss außerdem in jeder Weise unendlich sein, ihre Macht, Weisheit und Güte müssen unbedingt vollkommen sein; denn sie umfasst jede Möglichkeit. Da alles miteinander in Verbindung steht, so lässt sich auch nicht mehr als eine Ursache annehmen. Ihrem Verstande entquillt jede Wesensbeschaffenheit, ihr Wille ist Ursprung jeder Existenz. Dies ist in wenigen Worten der Beweis für einen einzigen Gott, für seine Vollkommenheiten und für die Entstehung der Dinge aus ihm.

Diese überlegene Weisheit konnte in Verbindung mit einer nicht weniger unendlichen Güte einzig und allein das Beste erwählen. Denn wie ein geringes Übel eine Art Gut und ein geringes Gut eine Art Übel ist, wenn es ein größeres Gut verhindert, so hätte man Ursache, die Handlungen Gottes zu tadeln, wenn es ein Mittel gäbe, es besser zu machen. Und wie in der Mathematik ohne ein Maximum und Minimum, kurz ohne etwas bestimmt Unterschiedenes, alles gleichförmig verläuft, oder wenn dies nicht möglich ist, überhaupt nichts geschieht, so lässt sich dasselbe von der vollkommenen Weisheit sagen, die gleichen Regelmäßigkeiten untersteht wie die Mathematik: gäbe es nicht die beste (optimum) aller möglichen Welten, dann hätte Gott überhaupt keine erschaffen. »Welt« nenne ich hier die ganze Folge und das ganze Beieinander aller besten Dinge, damit man nicht sagen kann, mehrere Welten könnten zu verschiedener Zeit und an verschiedenen Orten bestehen. Man muss sie insgesamt für eine Welt rechnen, oder, wie man will, für ein Universum. Erfüllte man jede Zeit und jeden Ort; es bleibt dennoch wahr, dass man sie auf unendlich viele Arten hätte erfüllen können und dass es unendlich viel mögliche Welten gibt, von denen Gott mit Notwendigkeit die beste erwählt hat, da er nichts ohne höchste Vernunft tut.

Kann ein Gegner diesem Argument nicht beikommen, so wird er vielleicht auf unsere Schlussfolgerung mit einem entgegengesetzten Argument antworten: er wird sagen, die Welt hätte ja sündlos und ohne Leiden sein können; aber was ich bestreite, ist, dass sie dann besser wäre. Wissen muss man, dass in jeder möglichen Welt alles miteinander in Verbindung steht: jedwedes Universum ist ein Ganzes aus einem Stück, gleich dem Ozean; die geringste Bewegung breitet sich in beliebige Entfernung aus, wenn sie auch schwächer und schwächer wird entsprechend dieser Entfernung: so hat Gott ein für allemal alles im Voraus geregelt, er, der die Gebete, die guten und schlechten Handlungen und alles andere voraussah; und jedes Ding hat vor seiner Existenz idealiter zu dem Entschlusse beigetragen, der über das Dasein aller Dinge gefasst wurde. Darum kann in der Welt nichts ohne Schaden an seiner Wesensart, oder (wie bei einer Zahl), wenn man will, an seiner numerischen Individualität verändert werden. Wenn somit das geringste Übel, das in der Welt eintrifft, fehlte, es wäre nicht mehr diese Welt, die, alles in allem, von dem sie auswählenden Schöpfer als die beste gefunden worden ist.

idealiter
in der Idee, als Vorstellung und nicht real vorhanden

numerische Individualität
→ Seite 269

Der aus der Nähe Stuttgarts stammende Wekhrlin (eigentlich Weckherlin), Träger eines berühmten württembergischen Namens, war ein zu seiner Zeit populärer und viel gelesener Journalist und Autor.
In seiner Monatsschrift »Das graue Ungeheur«, aus der der folgende Text genommen ist, schreibt er über seine Absicht als Herausgeber: »Mit meinen Mitbürgern klatschen, vielleicht eine oder die andere rare Thatsache, eine neue Reflexion, eine besondere Wahrheit ans Licht bringen: hier ist mein Sinn.« (Band 1, 1784, S. 8)

Wilhelm Ludwig Wekhrlin

Monolog einer Milbe im siebenten Stock eines Edamerkäses — 1784

Auf einem silbernen Teller befand sich einst ein Edamer Käs, und nahe dabei ein Talglicht, welches den Käs bestrahlte. Milben hatten sich durch die innere Gährung seiner organischen Partikeln, im Käse erzeugt. Unter ihnen war eine Philosophin, welche dem Ursprung und der Bestimmung des Käses und der Milben nachdachte. Jemand, der den Käs zu essen im Begriff war, belauschte ihren Monolog mit dem Ohr jener Geniemänner, welche die Sphären singen, die Nerven stimmen, die Flöhe husten hören.

Man fragt mich nicht, wie Das möglich war. Die Frage über das Wie der Dinge ist oft indiskret, und wir könnten eher allgemeine Zweifler werden, als sie in jedem Falle beantworten. Genug, dieser Fürwizbeutel vernahm die Milbe so reden.

ambrosisch göttlich

»Wie lieblich duftet dieser Käs! Wie ambrosisch ist dieser Geschmack! Wie nahrhaft diese Speise! Wie bequem meine Wohnung! Eine unermessliche, durchaus essbare Welt!

Wie mächtig, wie wohltätig muss Der sein, der den Käs machte, ihn für Milben schuf! Unser Sein sein Wille, unser Wohlsein sein Zweck. Denn vom Nutzen eines Dings schließen wir auf die Absicht.

Ich gehe weiter: Der Käs ist der beste unter allen möglichen. (Der Eigentümer hielt ihn für versalzen.) Der Beweis ist simpel. Hätte der Urheber einen besseren machen können, so würde er ihn vorgezogen haben. Warum sollte er das Vollkommene dem Mittelmäßigen nachsetzen!

Jener glänzende Körper, der aus ungemessener Ferne meinen Käs bestrahlt (Hier lächelte die Milbe gegen das Talglicht.), was kann er sein als unsere Laterne? Wie erquickend, wie wohltätig ist sein Licht! Wie anpassend der Organisation meiner Augen! Ja, das Licht ist um der Milben willen gemacht!

Glückliche Milben! Ihr seid Mittelpunkt – Endzweck aller Kombinationen der Welt. Euch erfreuet das Licht, Euch duftet der Käs, Euch laden seine fetten Partikeln zum Genuss ein.

Partikel **kleiner Bestandteil**

Aber eben darum, weil Milben der Zweck sind, dem die Natur alle ihre Werke, als Mittel, subordiniert hat; eben darum, erhabene Milben, ist diese ephemerische Existenz nicht das ganze Erbteil, welches die Natur euch beschieden hat.

subordiniert **unterordnet**
ephemerisch **vergänglich**

Sollte sie nicht ewige Zwecke lieben? Sollte der Zirkel der Allnatur ohne seinen Mittelpunkt, worauf alle Strahlen, sich beziehen, bestehen können? Nimmermehr! Milben: ihr seid zu den erhabensten Aussichten bestimmt. Eure Existenz in der Höhle des Käses ist nur der rosenfarbene Morgen eines schönen Tages, dessen Mittag eurer wartet.

Die sublimen Gedanken, welche jetzt meinen Geist beschäftigen, sind mehr als Wirkungen meiner Organisation. Es ist wahr, ich kenne meinen Körper, die innere Natur seiner Elemente, die Art ihrer Zusammensetzung beinah gar nicht.

sublim **feinsinnig**

a priori ohne Erfahrungsgrundlage

Syllogismen logische Schlussfolgerungen

Katheder Lehrstuhl

Aber dennoch kann ich a priori bestimmen, welche Wirkungen aus dieser Zusammensetzung möglich sind, und welche nicht.

Soeben wollte die Rednerin von der Zukunft weissagen, und die Natur der Käse, welche sie künftig bewohnen und zum Teil essen würde, auf unzähligen, wie sie meinte, unumstößlichen Grundbegriffen der Milbenmetaphysik zu demonstrieren beginnen, als der Zuhörer, vom Mitleid über ihre Mühe gerührt und um ihr eine langwierige Reihe Syllogismen zu ersparen, die Rednerin samt dem Katheder, worauf sie stand, in den Mund steckte und verschlang.

Man sagte, sie habe noch zwischen den Zähnen des Würgers behauptet, ihre Erhaltung, ihr Wohl sei der Endzweck der Natur.

Voltaire

Gedicht über die Katastrophe von Lissabon – Vorwort

1756

Wenn je die Frage nach dem physischen Übel die Aufmerksamkeit aller Menschen verdient hat, so bei diesen düsteren Vorfällen, die uns daran erinnern, über unsere schwache Natur nachzudenken, wie z. B. die allgemeinen Seuchen, die ein Viertel der Menschen in der bekannten Welt dahingerafft haben, das Erdbeben, das 1699 in China 400.000 Menschen verschlungen hat, das von Lima und das von Callao, und zuletzt das von Portugal und das im Königreich Fez. Das Axiom »Alles ist gut« erscheint denen, die Zeugen dieser Katastrophen sind, ein wenig befremdlich. Alles ist eingerichtet, alles ist geordnet, ohne Zweifel, durch die Vorsehung, aber es ist nur allzu spürbar, dass längst nicht alles für unser gegenwärtiges Wohlbefinden eingerichtet ist.

Als der berühmte Pope seinen »Versuch über den Menschen« veröffentlichte und in seinen unsterblichen Versen die Systeme von Leibniz, Lord Shaftesbury und Lord Bolingbroke entwickelte, griff eine Masse von Theologen aller Glaubensrichtungen dieses System an. Man empörte sich gegen dieses neue Axiom, dass »alles gut ist«, dass »der Mensch als einzigen Maßstab das Glück nimmt, zu dem er fähig sei, usw. …«. […]

Leibniz
→ Seite 269
Shaftesbury
→ Seite 269
Bolingbroke
→ Seite 270
Axiom
grundlegender Lehrsatz

Man glaubte also, in diesem Satz »Alles ist gut« die Umkehrung des Fundamentes der erlaubten Vorstellungen zu sehen. Wenn alles gut ist, sagte man, ist es also falsch, dass die menschliche Natur gefallen ist. Wenn die allgemeine Ordnung erfordert, dass alles sei, wie es ist, ist die menschliche Natur auch nicht verdorben worden. Sie hatte also auch keinen Erlöser nötig. Wenn diese Welt, so wie sie ist, die beste aller möglichen Welten ist, kann man also nicht auf eine zukünftige glücklichere hoffen. Wenn alle die Übel, von denen wir gequält werden, ein allgemeines Wohl sind, haben also alle die gebildeten Heiden unrecht gehabt, nach dem Ursprung des physischen und des moralischen Übels zu suchen. Wenn ein von den wilden Tieren gefressener Mensch das Wohlbefinden dieser Tiere bewirkt und zur Ordnung der Welt beiträgt; wenn das Unglück von all den Einzelnen nur die Folge dieser allgemeinen, notwendigen Ordnung ist, sind wir also nur Räder, die dazu dienen, die große Maschine laufen zu lassen. Wir sind dann vor den Augen Gottes nicht mehr wert als die Tiere, die uns verschlingen.

Konklusion
Schlussfolgerung

Das sind die Konklusionen, die man aus dem Gedicht von Herrn Pope zog, und diese Konklusionen vermehrten sogar noch die Berühmtheit und den Erfolg dieses Werkes. [...]

Der Autor des Gedichts über die Katastrophe von Lissabon streitet nicht gegen den berühmten Pope, den er immer bewundert und geliebt hat. Er denkt über fast jeden Punkt wie er. Doch ergriffen vom Unglück der Menschen empört er sich gegen den Missbrauch, den man mit diesem alten Axiom »Alles ist gut« treiben kann. Er akzeptiert jene traurige, ältere Wahrheit, die allen Menschen bekannt ist, dass es Übel auf der Erde gibt. Er gibt zu, dass das Wort »Alles ist gut«, in einem absoluten Sinne und ohne die Hoffnung auf eine Zukunft genommen, nur eine Beleidigung für die Schmerzen unseres Lebens ist.

Damals, als Lissabon, Mekines, Tetuän und so viele andere Städte mit einer so großen Zahl ihrer Einwohner verschlungen wurden – wenigstens im November 1755 –, haben Philosophen über die Unglücklichen, die kaum den Ruinen entgingen, ausgerufen: »Alles ist gut. Die Erben der Toten werden ihr Vermögen vermehren. Die Maurer werden beim Wiederaufbau der Häuser Geld verdienen. Die Tiere werden in den unter den Trümmern begrabenen Leichen Nahrung finden.

Es ist die notwendige Wirkung notwendiger Ursachen. Euer einzelnes Übel bedeutet nichts, denn ihr tragt zum allgemeinen Wohl bei.« Eine solche Redeweise war gewiss ebenso grausam, wie das Erdbeben unheilvoll war. Und das ist es, was der Autor des Gedichtes über die Katastrophe von Lissabon sagt.

Er gibt also mit der ganzen Welt zu, dass es auf der Erde Übles wie auch Gutes gibt. Er gibt zu, dass kein Philosoph jemals den Ursprung des moralischen und des physischen Übels erklären konnte.[…] Er gibt zu, dass es ebenso Schwächen in den Einsichten des Menschen gibt wie Leiden in seinem Leben. Er stellt alle Systeme mit wenigen Worten dar. Er behauptet, dass allein die Offenbarung jenen großen Knoten auflösen kann, den alle Philosophen durcheinandergebracht haben. Er behauptet, dass nur die Hoffnung auf eine Entwicklung unseres Seins in einer neuen Ordnung der Dinge über das gegenwärtige Unglück hinwegtrösten kann, und dass die Güte der Vorsehung die einzige Zuflucht ist, wohin sich der Mensch in der Dunkelheit seiner Vernunft und in den Nöten seiner schwachen, sterblichen Natur wenden kann. […]

M

Jean-Jacques Rousseau

Brief über die Vorsehung 1756

[...] Ich zeige den Menschen, wie sie ihr Unglück selbst erzeugen, und folglich, wie sie es vermeiden können.

Ich sehe nicht, dass man die Quelle des moralischen Übels woanders suchen dürfte als im freien, perfekten, folglich verdorbenen Menschen. Und was die physischen Übel betrifft: Wenn die sinnlich empfindende, aber gefühllose Materie – wie es mir scheint – ein Widerspruch ist, so sind sie in jedem System, in dem der Mensch einen Teil darstellt, unvermeidlich. Dann ist die Frage aber nicht, warum der Mensch nicht vollkommen glücklich ist, sondern warum er existiert. Außerdem glaube ich gezeigt zu haben, dass – abgesehen vom Tod, der fast nur durch die Vorbereitungen, die man ihm vorausgehen lässt, ein Übel ist – die meisten unserer physischen Übel immer noch unser eigenes Werk sind. Bleiben wir bei Ihrem Thema Lissabon, so sollten Sie z. B. eingestehen, dass nicht die Natur dort 20.000 Häuser zu je sechs bis sieben Etagen erbaut hat, und dass der Schaden, wenn die Einwohner dieser großen Stadt gleichmäßiger verteilt und in leichteren Bauwerken gewohnt hätten, viel geringer oder vielleicht überhaupt keiner eingetreten wäre. Jeder wäre bei der ersten Erschütterung geflohen, und man hätte die Einwohner am nächsten Tage zwanzig Meilen entfernt davon gesehen, ebenso heiter, als wäre nichts passiert. Doch man musste bleiben, sich hartnäckig bei den Gebäuden aufhalten, sich neuen Beben aussetzen, weil das, was man zurücklässt, mehr zählt als das, was man wegschaffen kann. Wie viel Unglückliche sind bei dieser Katastrophe umgekommen, weil sie etwas mitnehmen wollten: der eine seine Kleider, der andere seine Papiere, wieder ein anderer sein Geld! Weiß man nicht, dass die Person eines jeden Menschen der geringste Teil desselben geworden ist, und dass es fast nicht der Mühe wert ist, sie zu retten, wenn man alles Übrige verloren hat?

Ihnen wäre es lieber gewesen, das Beben hätte sich mitten in einer Wüste ereignet als in Lissabon. Kann man daran zweifeln, dass es auch in den Wüsten entsteht? Doch davon reden wir nicht, weil diese Beben den Herren in den Städten – den einzigen Menschen, die wir berücksichtigen – nichts Übles tun. Sie tun sogar den Tieren und den Wilden wenig, die vereinzelt jene abgelegenen Orte bewohnen und weder den Einsturz von Dächern noch den Brand von Häusern fürchten.

Immanuel Kant

Geschichte und Naturbeschreibung der merkwürdigen Vorfälle des Erdbebens, welches an dem Ende des 1755sten Jahres einen großen Teil der Erde erschüttert hat ______ 1756

Die Natur hat nicht vergeblich einen Schatz von Seltenheiten überall zur Betrachtung und Bewunderung ausgebreitet. Der Mensch, welchem die Haushaltung des Erdbodens anvertraut ist, besitzt Fähigkeit, er besitzt auch Lust, sie kennenzulernen, und preiset den Schöpfer durch seine Einsichten. Selbst die fürchterlichsten Werkzeuge der Heimsuchung des menschlichen Geschlechts, die Erschütterungen der Länder, die Wut des in seinem Grunde bewegten Meeres, die feuerspeienden Berge, fordern den Menschen zur Betrachtung auf und sind nicht weniger von Gott als eine richtige Folge aus beständigen Gesetzen in die Natur gepflanzt, als andre schon gewohnte Ursachen der Ungemächlichkeit, die man nur darum für natürlicher hält, weil man mit ihnen mehr bekannt ist.

Die Betrachtung solcher schrecklichen Zufälle ist lehrreich. Sie demütigt den Menschen dadurch, dass sie ihn sehen lässt, er habe kein Recht, oder zum wenigsten, er habe es verloren, von den Naturgesetzen, die Gott angeordnet hat, lauter bequemliche Folgen zu warten, und er lernt vielleicht auch auf diese Weise einsehen, dass dieser Tummelplatz seiner Begierden billig nicht das Ziel aller seiner Ansichten enthalten sollte.

Man wird erschrecken, eine so fürchterliche Strafrute der Menschen von der Seite der Nutzbarkeit angepriesen zu sehen. Ich bin gewiss, man würde gerne Verzicht darauf tun, um nur der Furcht und der Gefahren überhoben zu sein, die damit verbunden sind. So sind wir Menschen geartet. Nachdem wir einen widerrechtlichen Anspruch auf alle Annehmlichkeit des Lebens gemacht haben, so wollen wir keine Vorteile mit Unkosten erkaufen. Wir verlangen, der Erdboden soll so beschaffen sein, dass man wünschen könnte darauf ewig zu wohnen. Über dieses bilden wir uns ein, dass wir alles zu unserm Vorteil besser regieren würden, wenn die Vorsehung uns darüber unsere Stimme abgefragt hätte. So wünschen wir z.E. den Regen in unserer Gewalt zu haben, damit wir ihn nach unserer Bequemlichkeit das Jahr über verteilen könnten und immer angenehme Tage zwischen den trüben zu genießen hätten. Aber wir vergessen die Brunnen, die wir gleichwohl nicht entbehren könnten, und die doch auf solche Art gar nicht würden unterhalten werden. Ebenso wissen wir den Nutzen nicht, den uns eben die Ursachen verschaffen könnten, die uns in den Erdbeben erschrecken, und wollten sie doch gerne verbannt wissen.

Als Menschen, die geboren waren, um zu sterben, können wir es nicht vertragen, dass einige im Erdbeben gestorben sind, und als die hier Fremdlinge sind und kein Eigentum besitzen, sind wir untröstlich, dass Güter verloren worden, die in Kurzem durch den allgemeinen Weg der Natur von selbst wären verlassen worden.

Es lässt sich leicht raten, dass, wenn Menschen auf einem Grunde bauen, der mit entzündbaren Materien angefüllt ist, über kurz oder lang die ganze Pracht ihrer Gebäude durch Erschütterungen über den Haufen fallen könne; aber muss man denn darum über die Wege der Vorsehung ungeduldig werden? Wäre es nicht besser also zu urteilen: Es war nötig, dass Erdbeben bisweilen auf dem Erdboden geschähen, aber es war nicht notwendig, dass wir prächtige Wohnplätze darüber erbauten? Die Einwohner in Peru wohnen in Häusern, die nur in geringer Höhe gemauert sind, und das übrige besteht aus Rohr. Der Mensch muss sich in die Natur schicken lernen, aber er will, dass sie sich in ihn schicken soll.

Was auch die Ursache der Erdbeben den Menschen auf einer Seite jemals für Schaden erweckt hat, das kann sie ihm leichtlich auf der andern Seite mit Gewinnst ersetzen. Wir wissen, dass die warmen Bäder, die vielleicht einem beträchtlichen Teil der Menschen zur Beförderung der Gesundheit in der Folge der Zeiten können dienlich gewesen sein, durch eben dieselben Ursachen ihre mineralische Eigenschaft und Hitze haben, wodurch die Erhitzungen in dem Innern der Erde vorgehen, welche diese in Bewegung setzen. […]

Kants »Schlussbetrachtung« lautet:

[…] Der Anblick so vieler Elenden, als die letztere Katastrophe unter unsern Mitbürgern gemacht hat, soll die Menschenliebe rege machen und uns einen Teil des Unglücks empfinden lassen, welches sie mit solcher Härte betroffen hat. Man verstößt aber gar sehr dawider, wenn man dergleichen Schicksale jederzeit als verhängte Strafgerichte ansieht, die die verheerte

Städte um ihrer Übeltaten willen betreffen, und wenn wir diese Unglückselige als das Ziel der Rache Gottes betrachten, über die seine Gerechtigkeit alle ihre Zornschalen ausgießt. Diese Art des Urteils ist ein sträflicher Vorwitz, der sich anmaßt, die Absichten der göttlichen Rathschlüsse einzusehen und nach seinen Einsichten auszulegen.

Gleichwohl sehen wir, dass unendlich viel Bösewichter in Ruhe entschlafen, dass die Erdbeben gewisse Länder von je her erschüttert haben ohne Unterschied der alten oder neuen Einwohner, dass das christliche Peru so gut bewegt wird als das heidnische, und dass viele Städte von dieser Verwüstung von Anbeginn befreiet geblieben, die über jene sich keines Vorzuges der Unsträflichkeit anmaßen können. So ist der Mensch im Dunkeln, wenn er die Absichten erraten will, die Gott in der Regierung der Welt vor Auge hat. Allein wir sind in keiner Ungewissheit, wenn es auf die Anwendung ankommt, wie wir diese Wege der Vorsehung dem Zwecke derselben gemäß gebrauchen sollen. Der Mensch ist nicht geboren, um auf dieser Schaubühne der Eitelkeit ewige Hütten zu erbauen. Weil sein ganzes Leben ein weit edleres Ziel hat, wie schön stimmen dazu nicht alle die Verheerungen, die der Unbestand der Welt selbst in denjenigen Dingen blicken lässt, die uns die größte und wichtigste zu sein scheinen, um uns zu erinnern: dass die Güter der Erden unserm Triebe zur Glückseligkeit keine Genugtuung verschaffen können!

Ein anonymer protestantischer Pfarrer schrieb:

Anonym ______ 1756

Man meinte es besser zu wissen und dachte, solche Zorngerichte [Gottes] könnten nicht kommen. [...] Gesalzene Spöttereien, bittere Scherze, hämische Lästerungen belustigen den Spötter und andere, wenn er damit die herrlichen Ermahnungen der Knechte Gottes verspottete [...].

Nun hat der Herr selbst gepredigt. Weil man seine Boten verachtete und ihre Predigten für Scherz hielt, so hat er selbst Zeugen und ein neues Exempel der heutigen Welt geben wollen, [...]

[Das Erdbeben] ist eine Warnung für die Sünder. Diese sind es, welche die Plagen des Allmächtigen mit Gewalt zu sich rufen [...]. Diese Unseligen sind es, denen verkündet wird, Ungnade und Zorn, Trübsal und Angst über alle Seelen der Menschen, die da Böses thun. [...]

Ja Sünder, der du jetzt hörest, was Lissabon und ihren Schwestern geschehen ist, denke nicht, dass diese Stätte vor anderen sündig gewesen ist. Wo du und deine Mitbürger in der Stadt euch nicht bessert, werdet ihr alle also umkommen. [...]

Darum tut Buße, tut Buße, entflieht dem kommenden Zorn, dass er euch nicht treffe. Gott hat viele, sehr viele Mittel, womit er züchtigen kann. Es braucht nicht immer ein Erdbeben zu sein.

M

Johann Wolfgang von Goethe

Dichtung und Wahrheit 1811

Erster Teil, Erstes Buch

Durch ein außerordentliches Weltereignis wurde jedoch die Gemütsruhe des Knaben zum ersten Mal im tiefsten erschüttert. Am ersten November 1755 ereignete sich das Erdbeben von Lissabon und verbreitete über die in Frieden und Ruhe schon eingewohnte Welt einen ungeheuren Schrecken. Eine große prächtige Residenz, zugleich Handels- und Hafenstadt, wird ungewarnt von dem furchtbarsten Unglück betroffen. Die Erde bebt und schwankt, das Meer braust auf, die Schiffe schlagen zusammen, die Häuser stürzen ein, Kirchen und Türme darüber her, der königliche Palast zum Teil wird vom Meere verschlungen, die geborstene Erde scheint Flammen zu speien, denn überall meldet sich Rauch und Brand in den Ruinen. Sechzigtausend Menschen, einen Augenblick zuvor noch ruhig und behaglich, gehen miteinander zugrunde, und der Glücklichste darunter ist der zu nennen, dem keine Empfindung, keine Besinnung über das Unglück mehr gestattet ist. Die Flammen wüten fort, und mit ihnen wütet eine Schar sonst verborgner, oder durch dieses Ereignis in Freiheit gesetzter Verbrecher. Die unglücklichen Übriggebliebenen sind dem Raube, dem Morde, allen Misshandlungen bloßgestellt; und so behauptet von allen Seiten die Natur ihre schrankenlose Willkür. Schneller als die Nachrichten hatten schon Andeutungen von diesem Vorfall sich durch große Landstrecken verbreitet; an vielen Orten waren schwächere Erschütterungen zu verspüren, an manchen Quellen, besonders den heilsamen, ein ungewöhnliches Innehalten zu bemerken gewesen; um desto größer war die Wirkung der Nachrichten selbst, welche erst im Allgemeinen, dann aber mit schrecklichen Einzelheiten sich rasch verbreiteten. Hierauf ließen es die Gottesfürchtigen nicht an Betrachtungen, die Philosophen nicht an Trostgründen, an Strafpredigten die Geistlichkeit nicht fehlen. So vieles zusammen richtete die Aufmerksamkeit der Welt eine Zeitlang auf diesen Punkt, und die durch fremdes Unglück aufgeregten Gemüter wurden durch Sorgen für sich selbst und die Ihrigen um so mehr geängstigt, als über die weit verbreitete Wirkung dieser Explosion von allen Orten und Enden immer mehrere und umständlichere Nachrichten einliefen. Ja vielleicht hat der Dämon des Schreckens zu keiner Zeit so schnell und so mächtig seine Schauer über die Erde verbreitet. Der Knabe, der alles dieses wiederholt vernehmen musste, war nicht wenig betroffen. Gott, der Schöpfer und Erhalter des Himmels und der Erden, den ihm die Erklärung des ersten Glaubensartikels so weise und gnädig vorstellte, hatte sich, indem er die Gerechten mit den Ungerechten gleichem Verderben preisgab, keineswegs väterlich bewiesen. Vergebens suchte das junge Gemüt sich gegen diese Eindrücke herzustellen, welches überhaupt um so weniger möglich war, als die Weisen und Schriftgelehrten selbst sich über die Art, wie man ein solches Phänomen anzusehen habe, nicht vereinigen konnten.

Walter Benjamin

Erdbeben von Lissabon — 1931

[...] Das Erdbeben aber, das Lissabon am 1. November 1755 vernichtet hat, war nicht nur ein Unheil wie tausend andere, sondern in vielem einzigartig und merkwürdig. Und von dem, worin es das war, will ich euch erzählen. Erstens einmal ist es allerdings eines der größten und vernichtendsten gewesen, die jemals stattfanden. Aber nicht nur darum hat es, wie wenige Dinge, in jenem Jahrhundert die ganze Welt erregt und beschäftigt. Die Zerstörung von Lissabon, das war damals so, als würde man heute sagen, die Zerstörung von Chicago oder von London. Um die Mitte des 18. Jahrhunderts stand Portugal noch auf der Höhe seiner gewaltigen Kolonialmacht. Lissabon war eine der reichsten Handelsstädte der Erde; sein Hafen an der Mündung des Tejo war jahraus, jahrein voller Schiffe und eingesäumt von den gewaltigen Handelshäusern der englischen, französischen, deutschen, vor allem der Hamburger Kaufleute. 30.000 Häuser zählte die Stadt und weit über 250.000 Einwohner, von denen ungefähr der vierte Teil bei diesem Erdbeben umkam. [...]

Dass [...] dies Ereignis die Leute so ungeheuer bewegte, zahllose Flugblätter darüber von Hand zu Hand gingen, ja noch fast 100 Jahre später neue Berichte davon erschienen, das hat nun noch einen besonderen Grund. Dieses Erdbeben nämlich war seiner Auswirkung nach das umfassendste, von welchem man je gehört hat. Über ganz Europa bis nach Afrika hin verspürte man es, und man hat berechnet, dass es mit seinen entferntesten Ausläufern die ungeheure Fläche von zweieinhalb Millionen Quadratkilometern erfasst hat. Die stärksten Erschütterungen reichten bis zu den Küsten Marokkos einerseits, bis zu den Küsten Andalusiens und Frankreich andererseits. Die Städte Cádiz, Jerez und Algeciras wurden fast vollkommen vernichtet. In Sevilla zitterten die Türme der Kathedrale nach einem Augenzeugen wie Schilfrohr im Winde. Die gewaltigsten Erschütterungen jedoch pflanzten sich durch das Meer fort. Von Finnland bis Holländisch-Indien spürte man die gewaltige Wasserbewegung. Man hat berechnet, dass sich die Erschütterung des Ozeans von der portugiesischen Küste bis an die Elbmündung mit ungeheurer Schnelligkeit, nämlich einer Viertelstunde, fortpflanzte. Soviel von dem, was gleichzeitig mit dem Unheil verspürt wurde. Mehr noch als dies aber hat die Fantasie der damaligen Menschen beschäftigt, was in den Wochen vorher an seltsamen Naturereignissen beobachtet wurde, die man dann nachträglich, und wohl nicht immer mit Unrecht, als Vorzeichen des künftigen Unheils ansah. So brachen zwei Wochen vor dem Unglückstage auf einmal in Locarno, in der Südschweiz, Dämpfe aus der Erde, die in zwei Stunden sich in einen roten Nebel verwandelt hatten, der gegen Abend als ein purpurner Regen niederfiel. Von der Zeit an will man fürchterliche Orkane, verbunden mit Wolkenbrüchen und Überschwemmungen, in Westeuropa beobachtet haben. Acht Tage vor der Erschütterung war die Erde bei Cádiz mit einer Menge ausgekrochenen Gewürms bedeckt. Niemand hat sich damals mit diesen merkwürdigen Vorgängen mehr beschäftigt als der große deutsche Philosoph Kant, von dem manche von euch immerhin vielleicht den Namen schon einmal gehört haben. Der war zur Zeit, als das Erdbeben stattfand, ein junger Mann von 24 Jahren, war weder vorher noch ist er später je aus Königsberg, seiner Heimat, herausgekommen, aber mit einem ungeheuren Eifer hat er alle Nachrichten, die er von diesem Erdbeben bekommen konnte, zusammengestellt, und eine kleine Schrift, die er darüber verfasste, ist eigentlich der Anfang der wissenschaftlichen Erdkunde in Deutschland gewesen.

Bestimmt der Anfang der Erdbebenkunde. Gern würde ich euch etwas über den Weg erzählen, den diese Wissenschaft von jener Schilderung des Erdbebens von 1755 bis heute gemacht hat.

Aber da muss ich behutsam sein, damit unser Engländer, von dem ich euch noch die Beschreibung seiner Erlebnisse bei dem Erdbeben vorlesen will, nicht ganz ins Gedränge gerät. Er wartet schon ungeduldig, weil er nach 150 Jahren, wo sich niemand um ihn gekümmert hat, wieder einmal zu Wort kommen will, und erlaubt mir, euch von dem, was wir heute über Erdbeben wissen, nur ein paar Worte zu sagen. Eins zuvor: So wie ihr euch die Sache vorstellt, ist sie nicht. Denn ich wette, wenn ich jetzt eine kleine Pause machen könnte und euch dann fragte, wie ihr versuchen würdet, ein Erdbeben zu erklären, ihr würdet zuerst an die Vulkane denken. Wirklich sind ja Vulkanausbrüche oft mit Erdbeben verbunden oder wenigstens von ihnen verkündet worden. So haben denn auch 2.000 Jahre lang von den alten Griechen bis Kant und noch weiter bis ungefähr zum Jahre 1870 die Leute geglaubt, die Erdbeben kämen von den feurigen Gasen, Dämpfen im Erdinnern und Ähnlichem. Als man dann aber der Sache mit Messinstrumenten und mit Berechnungen, von deren Schärfe und Feinheit ihr euch keine Vorstellung machen könnt – und von denen auch ich mir kaum eine mache – kurz, als man die Sache nachprüfte, ergab sich etwas ganz anderes, jedenfalls für die großen Erdbeben, wie das von Lissabon eines war.

Die entstehen nicht aus dem tiefsten Erdinnern, das man sich auch heute noch flüssig oder besser gesagt schlammartig, wie einen Feuerschlamm, vorstellt, sondern durch Vorgänge in der Erdrinde. Die Erdrinde, das ist eine Schicht von ungefähr 3.000 km Dicke. In dieser Schicht ist andauernd Unruhe; andauernd verschieben sich die Massen in ihr, wobei sie immer wieder versuchen, in ein Gleichgewicht miteinander zu kommen. Von den Gründen, die dieses Gleichgewicht stören, kennt man einige, andere ist man in unaufhörlicher Arbeit im Begriff zu erforschen. Soviel steht fest, dass die wichtigsten Veränderungen vor sich gehen durch die andauernde Abkühlung der Erde. Durch sie entstehen ungeheure Spannungen in den Gesteinsmassen, unter deren Einwirkung diese schließlich zerrissen werden und in einer Umlagerung, die wir als Erdbeben spüren, ein neues Gleichgewicht suchen. Andere Veränderungen kommen zustande durch die Verwitterung der Gebirge, die also leichter werden, durch die Anschwemmungen des Meeresbodens, der also schwerer wird. Stürme, wie sie vor allen Dingen im Herbst um die Erde sausen, erschüttern ihrerseits deren Oberfläche. [...]

[...] Desto schlimmer, wenn plötzlich aus heiterm Himmel dieses Beben verspürbar wird. Aus heiterem Himmel – das ist ganz wörtlich zu nehmen. »Denn«, so schreibt unser Engländer, der nun endlich zu Wort kommt, »die Sonne schien in ihrem Glänze. Der Himmel war völlig rein und klar und nicht das geringste Anzeichen von irgendeinem Naturereignisse zu spüren, als zwischen 9 und 10 Uhr morgens, da ich am Schreibtisch saß, mein Tisch eine Bewegung erlitt, die mich, da ich gar keine Ursache erkannte, ziemlich überraschte. Indem ich eben noch über die Ursache nachdachte, erzitterte das Haus von oben bis unten. Unter der Erde erbebte ein Donner, als ob ein Gewitter in großer Ferne sich entlade. Jetzt legte ich aber doch schnell die Feder weg und sprang auf. Die Gefahr war groß, doch Hoffnung blieb, dass die Sache ohne Schaden ablaufen werde; allein der nächste Augenblick machte dem Zweifel ein Ende. Es ließ sich ein furchtbares Geprassel hören, als ob alle Gebäude in der Stadt zusammenstürzten. Auch mein Haus wurde so erschüttert, dass die oberen Stockwerke auf der Stelle einstürzten, und die Zimmer, in denen ich wohnte, schwankten so, dass alles Gerät über den Haufen fiel.

Jeden Augenblick erwartete ich, erschlagen zu werden, denn die Mauern barsten, und aus den Fugen stürzten große Steine heraus, während die Dachbalken überall fast schon in der freien Luft schwebten. In dieser Zeit aber verfinsterte sich der Himmel so, dass man keinen Gegenstand mehr erkennen konnte. Es trat eine ägyptische Finsternis ein, entweder als Folge des unermesslichen Staubes, den die einstürzenden Häuser verursachten, oder weil sich eine Menge schwefliger Dünste aus der Erde entwickelten. Endlich erhellte sich die Nacht wieder, die Gewalt der Stöße ließ nach; ich bekam einige Fassung und blickte umher. Mir wurde klar, dass ich bis dahin mein Leben einem kleinen Zufall verdankte; wäre ich nämlich angekleidet gewesen, so hätte ich mich sicher sofort auf die Straße geflüchtet und wäre von den zusammenstürzenden Gebäuden erschlagen worden. Ich warf mich geschwind in Schuhe und Rock und stürzte nun auf die Straße, nach dem St. Pauls Kirchhof zu, auf dessen Höhe ich am sichersten zu sein glaubte. Niemand war imstande, die Straße, wo er wohnte, noch zu erkennen, viele wussten gar keine Antwort zu geben, wie ihnen geschehen wäre, alles war zerstreut und keiner wusste, wo das Seinige oder die Seinigen hingekommen waren. Auf der Höhe des Kirchhofs war ich nun Zeuge eines schrecklichen Schauspiels: Soweit das Auge ins Meer hin schweifen konnte, wogten eine Menge Schiffe und stießen miteinander zusammen, als ob der heftigste Sturm wüte. Mit einem Mal versank der mächtige Kai am Ufer und alle Menschen, die sich auf ihm in Sicherheit glaubten. Die Boote und die Fahrzeuge, auf denen so viele Rettung suchten, wurden zu gleicher Zeit eine Beute des Meeres.«

Es war, wie man aus anderen Berichten weiß, ungefähr eine Stunde nach dem zweiten und verheerendsten Erdstoße, dass jene ungeheure Wasserwoge von 20 m Höhe, die der Engländer von fern sah, auf die Stadt einstürzte. Als die Flutwelle zurücklief, erschien das Bett des Tejo plötzlich ganz trocken; ihr Rückstoß war so gewaltig, dass sie das ganze Wasser vom Flusse mitriss. »Als der Abend«, so schließt der Engländer, »sich auf die verödete Stadt niedersenkte, schien sie ganz ein Feuermeer zu werden: Es war so hell, dass man einen Brief lesen konnte. An 100 Orten mindestens stiegen die Flammen empor und wüteten sechs Tage lang. Was das Erdbeben verschont hatte, verzehrten sie. Versteinert von Schmerz starrten Tausende nach ihnen hin, indessen Weiber und Kinder alle Heiligen und Engel um Hilfe anflehten. Die Erde bebte zugleich immerfort, mehr oder weniger, oft eine Viertelstunde ununterbrochen.«

So viel von diesem Unglückstage, dem 1. November 1755. Das Unheil, das er brachte, ist eines der ganz wenigen, denen die Menschheit heute noch so machtlos gegenübersteht wie vor 170 Jahren. Doch auch hier wird die Technik Mittel finden, sei es auch nur auf dem Umwege über die Vorhersage. Vorläufig freilich sind, wie es scheint, die Sinnesorgane mancher Tiere unseren feinsten Instrumenten noch überlegen. Besonders Hunde sollen schon tagelang vor dem Ausbruch von Erdbeben eine so unverkennbare Unruhe zeigen, dass man in gefährdeten Gegenden auf den Erdbebenwarten ihrer sich als Helfer bedient. Damit sind meine 20 Minuten um, und ich hoffe, sie sind euch nicht lang geworden.

M

»Das Erdbeben in Chili« wurde 1975 von Helma Sanders-Brahms verfilmt.

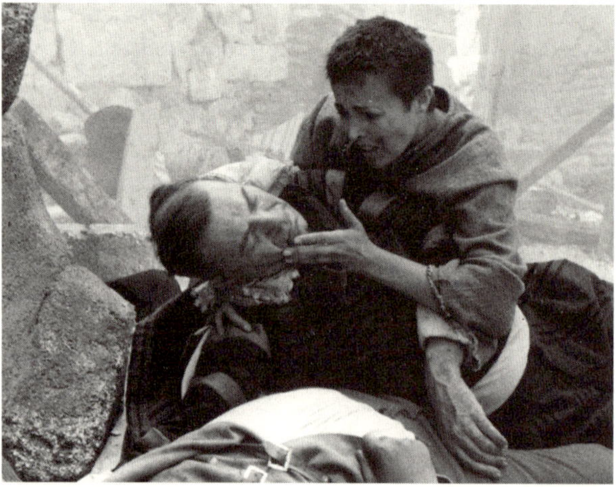

Szenen aus der Verfilmung von Helma Sanders-Brahms

Arbeitsanregungen

1. Fassen Sie Leibniz' Ansicht zur Existenz des Bösen in der Welt bzw. seine Auffassung, es handle sich bei der Welt um »die beste aller möglichen Welten«, obwohl sie das Böse in sich enthalte, in einem kurzen Referat zusammen.

2. Wie parodiert Wekhrlin Leibniz' These, es handle sich um die beste aller möglichen Welten?

3. Welche Schlüsse ziehen nach Voltaire die Gegner von Pope aus dessen Behauptung, dass »alles gut sei«?

4. Was entgegnet Voltaire auf die Behauptung Popes »Alles ist gut«? Worin liegt seiner Ansicht nach der Missbrauch, der mit Popes Feststellung getrieben wird.

5. Welche Position bezieht Voltaire selbst?

6. Wie könnten – nach Rousseau – die Menschen das Unglück vermeiden?

7. Welche »Lehre« kann man nach Kant aus dem Erdbeben und vergleichbaren Ereignissen ziehen?

8. Wie »interpretiert« der Pfarrer das Erdbeben?

9. Wie wirkt das Erdbeben auf den jungen Goethe?

10. Was könnte Walter Benjamin veranlasst haben, in einer seiner Hörfunksendung für Kinder das Erdbeben von Lissabon zu thematisieren? Worin macht sich der spezielle Adressatenbezug deutlich?

M

Zu »Die Verlobung in St. Domingo«

Wilhelm Große

Zur Geschichte Haitis und der Dominikanischen Republik

2009

Um Kleists Novelle, die im Jahre 1803 spielt, zeitlich einzuordnen, sei hier der historische Hintergrund skizziert:

Die Insel Haiti wurde nach ihrer Entdeckung durch Kolumbus (1492) zunächst Hispaniola (Kleines Spanien), dann nach der späteren Hauptstadt Santo (San) Domingo benannt. Die Benennung nach dem Heiligen Dominikus verweist auf den Dominikanerorden, der bei der Hispanisierung der Insel eine wesentliche Rolle spielte. Die Insel gehört zu den Großen Antillen wie Kuba (nordwestl.) und San Juan (südöstl.). Atlantischer Ozean und das Karibisches Meer umfließen sie.

1493 begann die europäische Besiedlung; die durch die Folgen der Versklavung und Seuchen rasch zurückgehende einheimische Bevölkerung wurde ab 1505/18 weitgehend durch »Negersklaven« ersetzt. Weil er die von den Eroberern brutal dezimierten Indios schützen wollte, hatte der berühmte Dominikanermönch Bartolomé de Las Casas (1474–1566) Kaiser Karl V. zu Beginn des 16. Jahrhunderts dazu veranlasst, Sklaven aus Afrika zu importieren.

Nachdem die Insel von den Spaniern gänzlich ausgeplündert worden war, verließen die meisten von ihnen Santo Domingo wieder. Seit Beginn des 17. Jahrhunderts siedelten sich im Westteil der Insel französische Seeräuber an, die zahlreiche Landsleute nach sich zogen. Im Frieden von Rijswijk (1697) trat Spanien das westliche Drittel der Insel Hispaniola an Frankreich ab. Im Basler Frieden von 1795 wurde auch der östliche Teil der Insel von den Spaniern an die Franzosen abgetreten.

Saint Domingue wurde im 18. Jahrhundert zur reichsten französischen Kolonie, in großer Zahl eingeführte afrikanische Sklaven ermöglichten hohe Erträge der Zuckerrohr-, Baumwoll- Kaffee- und Indigoplantagen. Die Gesellschaft gliederte sich in drei Hauptgruppen: die weißen Herren, die privilegierten Mulatten (die »freien Farbigen«) und die schwarzen Sklaven.

Im Mai 1791 dekretierte die französische Nationalversammlung die Gleichberechtigung der »freien Farbigen«, widerrief dann aber noch im September desselben Jahres dieses Dekret. Dieser Widerruf hatte Aufstände der Mulatten und der Sklaven zur Folge. 1793 wurde formell die Freilassung aller Sklaven verfügt, der Französische Nationalkonvent schloss sich dem am 4.2. 1794 an. Hierauf traten die aufständischen Sklaven, die sich zeitweilig auf die Seite der im Ostteil der Insel vorwiegend lebenden Spanier gestellt hatten, wieder zu den Franzosen über. Ihr damaliger Anführer war der ehemalige Sklave Toussaint Louverture (1743–1803). Für seine Verdienste bei der Vertreibung der Spanier und Engländer sowie bei der Niederwerfung anderer Sklavenanführer wurde er im Oktober 1793 zum Brigadegeneral, drei Jahre später zum Divisionsgeneral ernannt. Während er eine Generalamnestie erließ, liquidierte sein Unterführer Jean-Jacques Dessalines die Elite der Mulatten. Im Jahre 1801 annektierte Toussaint den spanischen Teil der Insel, der offiziell schon 1795 an Frankreich abgetreten, aber nicht in Besitz genommen war. Im Juni 1801 setzte er eine Verfassung in Kraft, die ihn zum Gouverneur auf Lebenszeit machte. Napoleon Bonaparte wollte die nur noch formal zum Mutterland gehörige reiche Kolonie zurückgewinnen und schickte Anfang 1802 eine Invasionsarmee nach St. Domingue. Ihr gelang es, Toussaint Louverture und Dessalines zur Kapitulation zu zwingen. Der französische Oberbefehlshaber ließ Toussaint verhaften und nach Frankreich deportieren. Das Gelbfieber grassierte unter der französischen Invasionstruppe, auch Leclerc, der Oberbefehlshaber selbst, erlag der Krankheit.

Der Umstand, dass Frankreich in den meisten seiner Kolonien die Sklaverei nicht abschaffte, sondern aufrechterhielt oder wieder einführte, führte zu einem neuen Aufstand. Unter Führung von Dessalines besiegten die vereinigten Mulatten und Schwarzen die französischen Truppen, die am 19.11.1803 kapitulierten. Am 1.1.1804 wurde die Unabhängigkeit verkündet, Dessalines zum Gouverneur erklärt. Im März 1804 verfügte Dessalines die Ermordung aller auf der Insel verbliebenen Franzosen, ließ sich dann am 6. Oktober zum Kaiser von Haiti krönen und wurde selbst zwei Jahre später von aufständischen Mulatten ermordet.

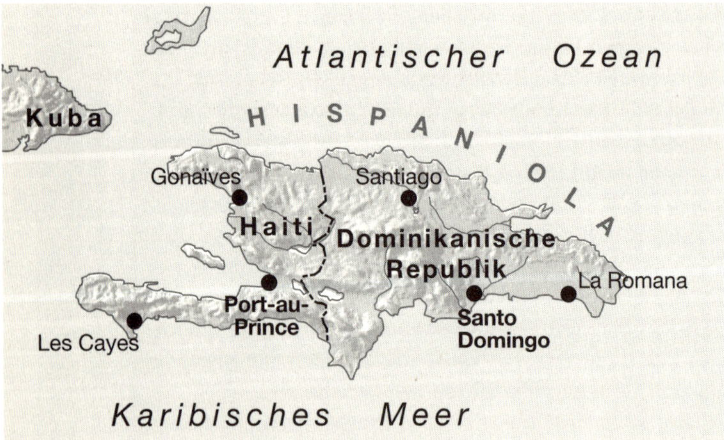

Die karibische Insel Hispaniola mit den beiden Staaten *Haiti* **und** *Dominikanische Republik*

Das unabhängige Haiti wurde zunächst von einem Kaiser beherrscht und spaltete sich 1806 in eine Republik im Süden und ein Königreich unter Henri Christophe im Norden; 1808 konnten die spanischen Kreolen mit britischer Unterstützung die Haitianer vertreiben und unterstellten sich wieder dem Mutterland. 1821 jedoch, als sich die dominikanische Bevölkerung gegen Spanien erhob, um die Unabhängigkeit zu erkämpfen, nutzte Haiti die günstige Gelegenheit und unterwarf den spanischsprachigen Teil der Insel; erst 1844 konnten die Haitaner vertrieben werden, die Dominikanische Republik wurde gegründet.

1849–1859 hatte Haiti nochmals einen Kaiser, danach verfiel es in Anarchie. 1915 besetzten die USA Haiti; Amerikaner kontrollierten v. a. Finanzen und Zölle. Die politischen und wirtschaftlichen Verhältnisse stabilisierten sich allmählich. Auch nach dem Abzug der amerikanischen Truppen (1934) blieb Haiti unter amerikanischer Finanzkontrolle; erst 1947 hatte Haiti seine alten Auslandsschulden abgetragen und erreichte den Abzug der amerikanischen Finanzberater. 1844 wurde die Dominikanische Republik gegründet.

Christian Fürchtegott Gellert

Inkle und Yariko 1748

Die Liebe zum Gewinnst, die uns zuerst gelehrt,
Wie man auf leichtem Holz durch wilde Fluten fährt;
Die uns beherzt gemacht, das liebste Gut, das Leben,
Der Ungewissen See auf Brettern preiszugeben;
Die Liebe zum Gewinnst, der deutliche Begriff
Von Vorteil und Verlust, trieb Inklen auf ein Schiff.
Er opferte der See die Kräfte seiner Jugend;
Denn Handeln war sein Witz und Rechnen seine Tugend.

Ihn lockt das reiche Land, das wir durchs Schwert bekehrt,
Das wir das Christentum und unsern Geiz gelehrt.
Er sieht Amerika; doch nah' an diesem Lande
Zerreißt der Sturm sein Schiff. Zwar glückt es ihm am Strande
Dem Tode zu entgehn; allein der Wilden Schar
Fiel auf die Briten los; und wer entkommen war,
Den fraß ihr hungrig Schwert. Nur Inkle soll noch leben;
Die Flucht in einen Wald muss ihm Beschirmung geben.
Vom Laufen atemlos, wirft, mit verwirrtem Sinn,
Der Brite sich zuletzt bei einem Baume hin,
Umringt mit naher Furcht und Ungewissem Grämen,
Ob Hunger oder Schwert ihm wird das Leben nehmen.

Ein plötzliches Geräusch erschreckt sein schüchtern Ohr.
Ein wildes Mädchen springt aus dem Gebüsch hervor
Und sieht mit schnellem Blick den Europäer liegen.
Sie stutzt. Was wird sie tun? Bestürzt zurücke fliegen?
O nein! so streng und deutsch sind wilde Schönen nicht.
Sie sieht den Fremdling an; sein rund und weiß Gesicht,
Sein Kleid, sein lockicht Haar, die Anmut seiner Blicke
Gefällt der Schönen wohl, hält sie mit Lust zurücke.

Auch Inklen nimmt dies Kind bei wilder Anmut ein.
Unwissend in der Kunst, durch Zwang verstellt zu sein,
Verrät sie durch den Blick die Regung ihrer Triebe:
Ihr Auge sprach von Gunst und bat um Gegenliebe.
Die Indianerin war liebenswert gebaut.
Durch Mienen red't dies Paar, durch Mienen wird's vertraut.
Sie winkt ihm mit der Hand, er folget ihrem Schritte;
Mit Früchten speist sie ihn in einer kleinen Hütte
Und zeigt ihm einen Quell, vom Durst sich zu befrein.
Durch Lächeln rät sie ihm, getrost und froh zu sein.
Sie sah ihn zehnmal an und spielt an seinen Haaren
Und schien verwundernsvoll, dass sie so lockicht waren.

So oft der Morgen kommt, so macht Yariko
Durch neuen Unterhalt den lieben Fremdling froh
Und zeigt durch Zärtlichkeit, mit jedem neuen Tage,
Was für ein treues Herz in einer Wilden schlage!
Sie bringt ihm manch Geschenk und schmückt sein kleines Haus
Mit mancher bunten Haut, mit bunten Federn aus;
Und eine neue Tracht von schönen Muschelschalen
Muss, wenn sie ihn besucht, um ihre Schultern prahlen.
Zur Nachtzeit führt sie ihn zu einem Wasserfall;
Und unter dem Geräusch und Philomelens Schall
Schläft unser Fremdling ein. Aus zärtlichem Erbarmen
Bewacht sie jede Nacht den Freund in ihren Armen.
Wird in Europa wohl ein Herz so edel sein?

Die Liebe flößt dem Paar bald eine Mundart ein.
Sie unterreden sich durch selbst erfundne Töne:
Kurz, er versteht sein Kind, und ihn versteht die Schöne
Oft sagt ihr Inkle vor, was seine Vaterstadt
Für süße Lebensart, für Kostbarkeiten hat.
Er wünscht, sie neben sich in London einst zu sehen;
Sie hört's und zürnet schon, dass es noch nicht geschehen.
»Dort«, spricht er, »kleid' ich dich«, und zeiget auf sein Kleid,
»In lauter bunten Zeug, von größrer Kostbarkeit;
In Häusern, halb von Glas, bespannt mit raschen Pferden,
Sollst du in dieser Stadt bequem getragen werden.«

Vor Freuden weint dies Kind und sieht, indem sie weint,
Schon nach der offnen See, ob noch kein Schiff erscheint.
Es glückt ihr, was sie wünscht, in kurzem zu entdecken;
Sie sieht ein Schiff am Strand, und läuft mit frohem Schrecken,
Sucht ihren Fremdling auf, vergisst ihr Vaterland
Aus Treue gegen ihn und eilt an seiner Hand
So freudig in die See, als ob das Schiff im Meere,
In das sie steigen will, ein Haus in London wäre.

Das Schiff setzt seinen Lauf mit gutem Winde fort
Und fliegt nach Barbados; doch dieses war der Ort,
Wo Inkle ganz bestürzt sein Schicksal überdachte,
Als schnell in seiner Brust der Kaufmannsgeist erwachte.
Er kam mit leerer Hand aus Indien zurück;
Dies war für seinen Geiz ein trauriges Geschick.

»So hab' ich«, fing er an, »um arm zurück zu kommen,
Die fürchterliche See mit Müh' und Angst durchschwommen?«
Er stillt in kurzer Zeit den Hunger nach Gewinn
Und führt Yariko zum Sklavenhändler hin.
Hier wird die Dankbarkeit in Tyrannei verwandelt
Und die, die ihn erhielt, zur Sklaverei verhandelt.

Sie fällt ihm um den Hals, sie fällt vor ihm aufs Knie,
Sie fleht, sie weint, sie schreit. Nichts! Er verkaufet sie.
»Mich, die ich schwanger bin, mich!« fährt sie fort zu klagen.
Bewegt ihn dies? Ach ja! Sie höher anzuschlagen.
Noch drei Pfund Sterling mehr! »Hier«, spricht der Brite froh,
»Hier, Kaufmann, ist das Weib, sie heißt Yariko!«

O Inkle, du Barbar, dem keiner gleich gewesen;
O möchte deinen Schimpf ein jeder Weltteil lesen!
Die größte Redlichkeit, die allergrößte Treu'
Belohnst du, Bösewicht! noch gar mit Sklaverei?
Ein Mädchen, das für dich ihr eigen Leben wagte,
Das dich dem Tod entriss und ihrem Volk entsagte,
Mit dir das Meer durchstrich und bei der Glieder Reiz
Das beste Herz besaß, verhandelst du aus Geiz?
Sei stolz! Kein Bösewicht bringt dich um deinen Namen;
Nie wird es möglich sein, dein Laster nachzuahmen.

M

Heinrich von Kleist

Brief an Wilhelmine von Zenge — Anfang 1800

Ich weiß nichts, Wilhelmine, in meiner Seele regt sich kein Gedanke, kein Gefühl in meinem Busen, das ich mich scheuen dürfte Ihnen mitzuteilen. Und was könnten Sie mir wohl zu verheimlichen haben? Und was könnte Sie wohl bewegen, die erste Bedingung der Liebe, das Vertrauen zu verletzen? – Also offenherzig, Wilhelmine, immer offenherzig. Was wir auch denken und fühlen und wünschen – etwas Unedles kann es nicht sein, und darum wollen wir es uns freimütig mitteilen. Vertrauen und Achtung, das sind die beiden unzertrennlichen Grundpfeiler der Liebe, ohne welche sie nicht bestehen kann; denn ohne Achtung hat die Liebe keinen Wert und ohne Vertrauen keine Freude.

Niklas Luhmann

Vertrauen — 1973

[...] Auf dem Boden der alltäglichen Weltvertrautheit ist Vertrauen zunächst personales (und damit begrenztes) Vertrauen. Es dient der Überbrückung eines Unsicherheitsmomentes im Verhalten anderer Menschen, das wie die Unvorhersehbarkeit der Änderungen eines Gegenstandes erlebt wird. In dem Maße, als der Bedarf für Komplexität wächst und der andere Mensch als alter ego, als Mitverursacher dieser Komplexität und ihrer Reduktion, in den Blick kommt, muss das Vertrauen erweitert werden und jene ursprünglich-fraglose Weltvertrautheit zurückdrängen, ohne sie doch je ganz ersetzen zu können. Es wandelt sich dabei in ein Systemvertrauen neuer Art, das einen bewusst riskierten Verzicht auf mögliche weitere Information, sowie bewährte Indifferenzen und laufende Erfolgskontrolle impliziert. [...]

Vertrauen als Reduktion von Komplexität

Wir können das Problem des Vertrauens nunmehr bestimmter fassen als Problem der riskanten Vorleistung. Die Welt ist zu unkontrollierbarer Komplexität auseinandergezogen, so dass andere Menschen zu jedem beliebigen Zeitpunkt sehr verschiedene Handlungen frei wählen können. Ich aber muss hier und jetzt handeln. Der Augenblick, in dem ich sehen kann, was andere tun und mich sehend darauf einstellen kann, ist kurz. In ihm allein ist wenig Komplexität zu erfassen und abzuarbeiten, also wenig Rationalität zu gewinnen. [...] Ein Fall von Vertrauen liegt nur dann vor, wenn die vertrauensvolle Erwartung bei einer Entscheidung den Ausschlag gibt – andernfalls handelt es sich um eine bloße Hoffnung. Wenn eine Mutter ihr Kind für den Abend einem Babysitter überlässt, hat sie manche nebenherlaufende Hoffnungen: dass alles gut abläuft, dass das Mädchen nett zu dem Baby ist, es nicht beim Einschlafen durch zu laute Radiomusik stört usw. Ihr Vertrauen erstreckt sich nur auf Geschehnisse, bei deren Eintritt sie ihren Entschluss bereuen würde, überhaupt ausgegangen zu sein und das Kind jemand anderem anvertraut zu haben. Vertrauen bezieht sich also stets auf eine kritische Alternative, in der der Schaden beim Vertrauensbruch größer sein kann als der Vorteil, der aus dem Vertrauenserweis gezogen wird. Der Vertrauende macht sich mithin an der Möglichkeit übergroßen Schadens die Selektivität des Handelns anderer bewusst und stellt sich ihr. Der Hoffende fasst trotz Unsicherheit einfach Zuversicht. Vertrauen reflektiert Kontingenz, Hoffnung eliminiert Kontingenz.

Selektivität Trennschärfe

[...] Vertrauen geht stufenlos über in Kontinuitätserwartungen, die ohne Reflexion wie feste Gleitschienen dem täg-

involvieren enthalten

lichen Erleben zugrundegelegt werden. Aber nicht alle Erwartungen dieser Art involvieren Vertrauen, vielmehr nur Verhaltenserwartungen, und auch da nur solche, auf die hin man sich mit eigenem Handeln engagiert und bei deren Enttäuschung man das eigene Verhalten bereuen würde. Ob vertrauensvolles Handeln in der rückblickenden Endbewertung richtig war, hängt also davon ab, ob das Vertrauen honoriert oder gebrochen wird. […]

Hans Jürgen Syberberg verfilmte 1970 Kleists Novelle als eigenwillige Mischung aus Kleist-Adaption und Dokumentation über junge Außenseiter unter dem Titel »San Domingo«.

Arbeitsanregungen

1. Informieren Sie sich über die weitere Geschichte Haitis und der Dominikanischen Republik bis heute.

2. Welche historischen Ereignisse und Bewegungen finden sich in Kleists Erzählung wieder?

3. Vergleichen Sie die Behandlung des interkulturellen Konflikts in Gellerts Verserzählung aus dem Jahre 1748 mit Kleists Behandlung des Themas.

4. Könnte man bei einer Interpretation der »Verlobung« den Begriff des Vertrauens als Schlüsselbegriff für die Interpretation gebrauchen?

5. Ziehen Sie zur Beantwortung der Frage den Auszug aus einem Brief Kleists heran.

6. Geben Sie die Ausführungen von Luhmann in einem kurzen Vortrag wieder.

Zu »Das Bettelweib von Locarno«

Bernhard Greiner

Kleists Dramen und Erzählungen ____________ 2000

Kleists Erzählung »Das Bettelweib von Locarno« hat zu einseitigen Lektüren verführt. Man war über den trivialen Stoff indigniert – eine Spukgeschichte, wobei das umgehende Gespenst wie üblich eine verdrängte Schuld anzeigt, die mit dem Untergang des Schuldigen gesühnt wird – und hat dem recht beflissen den Nachweis der hier aufgebrachten formalen Erzählkunst gegenübergestellt. Im Gegenzug wurde versucht, das erzählte Geschehen aufzuwerten, und das heißt, ihm einen (sozial-)kritischen Gehalt nachzuweisen, den man aus der Konfrontation von alter, kranker Frau aus dem Volk und Adligem, der seinem Vergnügen nachgeht, abgeleitet hat, wobei zuweilen auch die Marquise in diese Konstellation einbezogen wurde. Selbstverständlich mussten hierauf Lektüren folgen, die beide Perspektiven zusammenführen, was das Erzählverfahren ins Zentrum der Aufmerksamkeit rückt. So wurden die – nicht zu leugnenden – vielen Ungereimtheiten und Widersprüche herausgestellt, die sich der Erzähler leistet, und als Mimesis einer widersprüchlichen Welt gedeutet, in der als regelmäßiges Gesetz nur der Spuk verbleibt. Mit Blick auf das Medium, in dem die Erzählung erstmals erschien, die Zeitung Berliner Abendblätter, wurde sodann die Spannung zwischen Faktenbericht (über soziale Not) und Sinnstiftung (durch den Akt des Erzählens) als Anliegen des Textes bestimmt. In der Konsequenz der Lektüren, die die erzählerische Sinnstiftung zur Debatte stellen, gelangte dann endlich auch die erkenntnistheoretische Problemstellung der Erzählung in den Blick. In ihr ist das Rätsel des Textes beschlossen, zugleich sein Beitrag zur Begründung novellistischen Erzählens.

M

Emil Staiger

Heinrich von Kleist. »Das Bettelweib von Locarno«. Zum Problem des dramatischen Stils ________ 1942

Und wer wollte gerade im »Bettelweib von Locarno« übersehen, wie sehr die Eigenart der Sprache mit einer bei Kleist und nirgends sonst in diesem Maß beliebten Führung dramatischer Kurven zusammenhängt. Was zu Beginn real geschieht, der Gang der Bettlerin durch den Raum, wiederholt sich am Ende als grausiger Spuk [...] In der Hypotaxe des »Bettelweibes von Locarno« aber prägt sich diese Kurve so aus, dass der Dichter, wenn es ginge, offenbar am liebsten alles zusammenfasste in einen Satz: Im ersten Teil (Satz 1–3) würde der Hauptsatz angefangen, in den Sätzen 1–15 ein riesiger und mannigfach unterteilter Nebensatz eingeschoben, und im Schluss sodann der angefangene Hauptsatz zu Ende geführt. Das heißt nun zwar die Kleistische Prosa hyperbolisch charakterisieren. Doch kein Zweifel, einem solchen Ideale strebt sie zu. Es wäre der grammatische Ausdruck totaler Funktionalität. Man sieht, wie unaufhörlich rein formale Elemente mit dem Inhalt, mit dem Stoff vermengt sind. Wir sehen es noch deutlicher, wenn wir das Folgende bedenken. In der epischen Parataxe, wo die Teile kaum bezogen, sondern nur aneinandergereiht sind, kann und darf das Frühere später in Vergessenheit geraten. Nicht nur das berühmte Schläfchen Homers ist dem epischen Dichter vergönnt. Ihm bleibt ganz allgemein erspart, mit allem, was er ausspricht, schon die künftigen Dinge vorzubereiten, und später aus dem Früheren jede nur mögliche Konsequenz zu ziehen. So aber müssen ihm die Widersprüche in der Weltordnung, im Leben der Götter und Menschen, entgehen. Die Teile behaupten sich, jeder für sich. Der Dramatiker dagegen hält die Dinge in dem weitgespannten Rahmen seines hypotaktischen »Satzgefü-

hyperbolisch **übertreibend**

ges« zusammen. Und damit erst ist die Entdeckung des Unvereinbaren angebahnt. Im »Bettelweib von Locarno« bricht das tiefste Grauen aus der Erkenntnis, dass alles sich ganz genau wiederholt, das Rascheln des Strohs, der Fall, die Richtung quer durch das Zimmer, der Klang der Schritte, das Ächzen und der Sterbeseufzer. Gar nichts ist davon vergessen, obwohl es schon viele Jahre zurückliegt. Und weniger, dass ein Gespenst erscheint, als dass sich ein leichtes Vergehen im Geisterraum unverrückbar erhält und immerzu das Leben verstört, dem mit der Trauer doch auch der Segen der Vergänglichkeit beschieden sein sollte, dies lässt den Marchese verzweifeln und irre werden am Wesen und Sinn der Welt. Der Geist, der ordnet, der bezieht, gestützt auf ein Gedächtnis, das man fast unmenschlich nennen möchte, die emsige Logik, die da keinen Faden im Netz zu ziehen versäumt – und dann der Spuk wider alle Vernunft, bestätigt von der Kreatur, dem Hund, der hier, zuständiger ist als angestrengtester Menschenverstand, der rabiate Wille zu geschlossenen Sinnzusammenhängen, ohne den das Unbegreifliche nie zur Katastrophe würde: Dies zeigt uns, dass die Auffassung des Lebens, die wir »dramatisch« nennen, ein gefährliches Experiment ist, das jederzeit tragisch enden kann, dass, im Hinblick auf den – nicht historischen, sondern wesensmäßigen – Ursprung der Tragödie zu reden, das Drama die Tragik heraufbeschwört. […]

rabiat **wütend**

Wir kommen zum Ergebnis: Was uns am »Bettelweib von Locarno« erschüttert, ist die unerbittlich durchgeführte dramatische Form an sich. Wenn Schillers Wort zu Recht besteht, dass der Dichter einzig durch das Wie der Darstellung, nicht durch das Was des Stoffes wirken soll, dann hat Kleist hier das Höchste erreicht. Der Stoff ist weiter nichts als eine Schauermär, wie sie die Bänkelsänger vorzutragen lieben. Kein Schmelz und keine Atmosphäre entschädigt für seine Dürftigkeit. Die reine Form bezwingt uns, derart, dass wir übernehmen, was ursprünglicher ist als alle Gegenstände der Erfahrung, nämlich die Struktur der Fantasie, die a priori jeden möglichen Gegenstand bestimmt. Und damit sind wir Kleist so sehr verfallen, dass uns nur ein Ruck aus der Umschlingung noch befreit und uns erlöst von einer Weise, Mensch zu sein, von deren Tödlichkeit des Dichters Ende zeugt.

Arbeitsanregungen

1. In Greiners Beitrag sind verschiedene Interpretationsansätze referiert. Suchen Sie für die einzelnen Interpretationsansätze im Erzählungstext Belege.

2. Was meint Staiger mit den »dramatischen Zügen« in der Kleistschen Erzählung?

3. Erstellen Sie ein Filmskript für eine Verfilmung der Kleistschen Erzählung »Das Bettelweib von Locarno«.

Zu »Über das Marionettentheater«

1. Buch Mose (Genesis 3,1–24)

Der Sündenfall

1 Aber die Schlange war listiger als alle Tiere auf dem Felde, die Gott der HERR gemacht hatte, und sprach zu der Frau: Ja, sollte Gott gesagt haben: Ihr sollt nicht essen von allen Bäumen im Garten?

2 Da sprach die Frau zu der Schlange: Wir essen von den Früchten der Bäume im Garten;

3 aber von den Früchten des Baumes mitten im Garten hat Gott gesagt: Esset nicht davon, rühret sie auch nicht an, dass ihr nicht sterbet!

4 Da sprach die Schlange zur Frau: Ihr werdet keineswegs des Todes sterben,

5 sondern Gott weiß: an dem Tage, da ihr davon esst, werden eure Augen aufgetan, und ihr werdet sein wie Gott und wissen, was gut und böse ist.

6 Und die Frau sah, dass von dem Baum gut zu essen wäre und dass er eine Lust für die Augen wäre und verlockend, weil er klug machte. Und sie nahm von der Frucht und aß und gab ihrem Mann, der bei ihr war, auch davon und er aß.

7 Da wurden ihnen beiden die Augen aufgetan und sie wurden gewahr, dass sie nackt waren, und flochten Feigenblätter zusammen und machten sich Schurze.

8 Und sie hörten Gott den HERRN, wie er im Garten ging, als der Tag kühl geworden war. Und Adam versteckte sich mit seiner Frau vor dem Angesicht Gottes des HERRN unter den Bäumen im Garten.

9 Und Gott der HERR rief Adam und sprach zu ihm: Wo bist du?

10 Und er sprach: Ich hörte dich im Garten und fürchtete mich; denn ich bin nackt, darum versteckte ich mich.

11 Und er sprach: Wer hat dir gesagt, dass du nackt bist? Hast du nicht gegessen von dem Baum, von dem ich dir gebot, du solltest nicht davon essen?

12 Da sprach Adam: Die Frau, die du mir zugesellt hast, gab mir von dem Baum und ich aß.

13 Da sprach Gott der HERR zur Frau: Warum hast du das getan? Die Frau sprach: Die Schlange betrog mich, sodass ich aß.

14 Da sprach Gott der HERR zu der Schlange: Weil du das getan hast, seist du verflucht, verstoßen aus allem Vieh und allen Tieren auf dem Felde. Auf deinem Bauche sollst du kriechen und Erde fressen dein Leben lang.

15 Und ich will Feindschaft setzen zwischen dir und der Frau und zwischen deinem Nachkommen und ihrem Nachkommen; der soll dir den Kopf zertreten, und du wirst ihn in die Ferse stechen.

16 Und zur Frau sprach er: Ich will dir viel Mühsal schaffen, wenn du schwanger wirst; unter Mühen sollst du Kinder gebären. Und dein Verlangen soll nach deinem Mann sein, aber er soll dein Herr sein.

17 Und zum Mann sprach er: Weil du gehorcht hast der Stimme deiner Frau und gegessen von dem Baum, von dem ich dir gebot und sprach: Du sollst nicht davon essen -, verflucht sei der Acker um deinetwillen! Mit Mühsal sollst du dich von ihm nähren dein Leben lang.

18 Dornen und Disteln soll er dir tragen, und du sollst das Kraut auf dem Felde essen.

19 Im Schweiße deines Angesichts sollst du dein Brot essen, bis du wieder zu Erde werdest, davon du genommen bist. Denn du bist Erde und sollst zu Erde werden.

20 Und Adam nannte seine Frau Eva; denn sie wurde die Mutter aller, die da leben.

21 Und Gott der HERR machte Adam und seiner Frau Röcke von Fellen und zog sie ihnen an.

22 Und Gott der HERR sprach: Siehe, der Mensch ist geworden wie unsereiner und weiß, was gut und böse ist. Nun aber, dass er nur nicht ausstrecke seine Hand und breche auch von dem Baum des Lebens und esse und lebe ewiglich!

23 Da wies ihn Gott der HERR aus dem Garten Eden, dass er die Erde bebaute, von der er genommen war.

24 Und er trieb den Menschen hinaus und ließ lagern vor dem Garten Eden die Cherubim mit dem flammenden, blitzenden Schwert, zu bewachen den Weg zu dem Baum des Lebens.

Johann Wolfgang von Goethe

Wandrers Nachtlied — 1780

Über allen Gipfeln
Ist Ruh,
In allen Wipfeln
Spürest du
Kaum einen Hauch;
Die Vögelein schweigen im Walde.
Warte nur, balde
Ruhest du auch.

Friedrich Hölderlin

Hälfte des Lebens — 1803

Mit gelben Birnen hänget
Und voll mit wilden Rosen
Das Land in den See,
Ihr holden Schwäne,
Und trunken von Küssen
Tunkt ihr das Haupt
Ins heilignüchterne Wasser.

Weh mir, wo nehm ich, wenn
Es Winter ist, die Blumen, und wo
Den Sonnenschein,
Und Schatten der Erde ?
Die Mauern stehn
Sprachlos und kalt, im Winde
Klirren die Fahnen.

Friedrich Schiller

Über naive und sentimentalische Dichtung — 1795

Das Naive der Gesinnung kann zwar, eigentlich genommen, auch nur dem Menschen als einem der Natur nicht schlechterdings unterworfenen Wesen beigelegt werden, obgleich nur insofern, als wirklich noch die reine Natur aus ihm handelt; aber durch einen Effekt der poetisierenden Einbildungskraft wird es öfters von dem Vernünftigen auf das Vernunftlose übertragen. So legen wir öfters einem Tiere, einer Landschaft, einem Gebäude, ja, der Natur überhaupt, im Gegensatz gegen die Willkür und die phantastischen Begriffe des

Menschen, einen naiven Charakter bei. Dies erfordert aber immer, dass wir dem Willenlosen in unsern Gedanken einen Willen leihen und auf die strenge Richtung desselben nach dem Gesetz der Notwendigkeit merken. Die Unzufriedenheit über unsere eigene schlecht gebrauchte moralische Freiheit und über die in unserm Handeln vermisste sittliche Harmonie führt leicht eine solche Stimmung herbei, in der wir das Vernunftlose wie eine Person anreden und demselben, als wenn es wirklich mit einer Versuchung zum Gegenteil zu kämpfen gehabt hätte, seine ewige Gleichförmigkeit zum Verdienst machen, seine ruhige Haltung beneiden. Es steht uns in einem solchen Augenblicke wohl an, dass wir das Prärogativ unserer Vernunft für einen Fluch und für ein Übel halten und über dem lebhaften Gefühl der Unvollkommenheit unseres wirklichen Leistens die Gerechtigkeit gegen unsre Anlage und Bestimmung aus den Augen setzen. Wir sehen alsdann in der unvernünftigen Natur nur eine glücklichere Schwester, die in dem mütterlichen Hause zurückblieb, aus welchem wir im Übermut unserer Freiheit heraus in die Fremde stürmten. Mit schmerzlichem Verlangen sehnen wir uns dahin zurück, sobald wir angefangen, die Drangsale der Kultur zu erfahren, und hören im fernen Auslande der Kunst der Mutter rührende Stimme. So lange wir bloße Naturkinder waren, waren wir glücklich und vollkommen; wir sind frei geworden und haben beides verloren. Daraus entspringt eine doppelte und sehr ungleiche Sehnsucht nach der Natur, eine Sehnsucht nach ihrer Glückseligkeit, eine Sehnsucht nach ihrer Vollkommenheit. Den Verlust der ersten beklagt nur der sinnliche Mensch; um den Verlust der andern kann nur der moralische trauern.

Prärogativ Vorrecht

Dieser Weg, den die neuern Dichter gehen, ist übrigens derselbe, den der Mensch überhaupt sowohl im Einzelnen als im Ganzen einschlagen muss. Die Natur macht ihn mit sich

Eins, die Kunst trennt und entzweit ihn, durch das Ideal kehrt er zur Einheit zurück. Weil aber das Ideal ein Unendliches ist, das er niemals erreicht, so kann der kultivierte Mensch in seiner Art niemals vollkommen werden, wie doch der natürliche Mensch es in der seinigen zu werden vermag. Er müsste also dem letztern an Vollkommenheit unendlich nachstehen, wenn bloß auf das Verhältnis, in welchem beide zu ihrer Art und zu ihrem Maximum stehen, geachtet wird. Vergleicht man hingegen die Arten selbst miteinander, so zeigt sich, dass das Ziel, zu welchem der Mensch durch Kultur strebt, demjenigen, welches er durch Natur erreicht, unendlich vorzuziehen ist. Der eine erhält also seinen Wert durch absolute Erreichung einer endlichen, der andere erlangt ihn durch Annäherung zu einer unendlichen Größe. Weil aber nur die letztere Grade und einen Fortschritt hat, so ist der relative Wert des Menschen, der in der Kultur begriffen ist, im Ganzen genommen, niemals bestimmbar, obgleich derselbe, im Einzelnen betrachtet, sich in einem notwendigen Nachteil gegen denjenigen befindet, in welchem die Natur in ihrer ganzen Vollkommenheit wirkt. Insofern aber das letzte Ziel der Menschheit nicht anders als durch jene Fortschreitung zu erreichen ist und der letztere nicht anders fortschreiten kann, als indem er sich kultiviert und folglich in den erstern übergeht, so ist keine Frage, welchem von beiden in Rücksicht auf jenes letzte Ziel der Vorzug gebührt. [...]

Also auch hier in der Idylle, wie in allen andern poetischen Gattungen, muss man einmal für allemal zwischen der Individualität und der Idealität eine Wahl treffen; denn beide Forderungen zugleich Genüge leisten zu wollen, ist, so lange man nicht am Ziel der Vollkommenheit steht, der sicherste Weg, beide zugleich zu verfehlen. Fühlt sich der Moderne griechischen Geistes genug, um bei aller Widerspenstigkeit seines Stoffs mit den Griechen auf ihrem eigenen Felde, nämlich dem Felde naiver Dichtung, zu ringen, so tue er es ganz und tue es ausschließend und setze sich über jede Forderung des sentimentalischen Zeitgeschmacks hinweg. Erreichen zwar dürfte er seine Muster schwerlich; zwischen dem Original und dem glücklichsten Nachahmer wird immer eine merkliche Distanz offen bleiben; aber er ist auf diesem Wege doch gewiss, ein echt poetisches Werk zu erzeugen. Treibt ihn hingegen der sentimentalische Dichtungstrieb zum Ideale, so verfolge er auch dieses ganz, in völliger Reinheit, und stehe nicht eher als bei dem Höchsten stille, ohne hinter sich zu schauen, ob auch die Wirklichkeit ihm nachkommen möchte. Er verschmähe den unwürdigen Ausweg, den Gehalt des Ideals zu verschlechtern, um es der menschlichen Bedürftigkeit anzupassen, und den Geist auszuschließen, um mit dem Herzen ein leichteres Spiel zu haben. Er führe uns nicht rückwärts in unsere Kindheit, um uns mit den kostbarsten Erwerbungen des Verstandes eine Ruhe erkaufen zu lassen, die nicht länger dauern kann, als der Schlaf unserer Geisteskräfte, sondern führe uns vorwärts zu unserer Mündigkeit, um uns die höhere Harmonie zu empfinden zu geben, die den Kämpfer belohnet, die den Überwinder beglückt. Er mache sich die Aufgabe einer Idylle, welche jene Hirtenunschuld auch in Subjekten der Kultur und unter allen Bedingungen des rüstigsten, feurigsten Lebens, des ausgebreitetsten Denkens, der raffiniertesten Kunst, der höchsten gesellschaftlichen Verfeinerung ausführt, welche, mit einem Wort, den Menschen, der nun einmal nicht mehr nach Arkadien zurück kann, bis nach Elysium führt.

Georg Friedrich Wilhelm Hegel

Vorlesungen über die Philosophie der Religion

1831

Die Sünde wird so beschrieben, dass der Mensch vom Baum der Erkenntnis gegessen habe usf. Damit ist die Erkennung die Entzweiung, die Trennung, in der erst das Gute für den Menschen ist, aber damit auch das Böse. Es wird als verboten vorgestellt, davon zu essen, und so das Böse formell als Übertretung eines göttlichen Gebots vorgestellt, welches einen Inhalt hätte haben können, welchen es wollte. Hier hat aber das Gebot wesentlich eben diese Erkenntnis zum Inhalt. Das Aufgehen des Bewusstseins ist damit gesetzt; zugleich aber ist es vorzustellen als ein Standpunkt, bei dem nicht geblieben werden soll, der aufzuheben ist, denn in der Entzweiung des Fürsichseins soll nicht stehengeblieben werden. »Weiter sagt die Schlange, dass der Mensch durch das Essen Gott gleich werden würde, und hat so den Hochmut des Menschen in Anspruch genommen. Gott spricht zu sich selbst: »Adam ist worden wie unsereiner.« Die Schlange hat also nicht gelogen; Gott bestätigt, was sie sagte. Man hat sich mit der Erklärung dieser Stelle viele Mühe gegeben und ist so weit gegangen, dies selbst für Ironie zu erklären. Die höhere Erklärung aber ist, dass unter diesem Adam der zweite Adam, Christus, verstanden ist. Die Erkenntnis ist das Prinzip der Geistigkeit, die aber, wie gesagt, auch das Prinzip der Heilung des Schadens der Trennung ist. Es ist in diesem Prinzip des Erkennens in der Tat auch das Prinzip der Göttlichkeit gesetzt, das durch fernere Ausgleichung zu seiner Versöhnung, Wahrhaftigkeit kommen muss; oder mit anderen Worten: es liegt darin die Verheißung und Gewissheit der wiederzuerreichenden Ebenbildlichkeit. Solche Weissagung findet man bildlich auch ausgedrückt in dem, was Gott zur Schlange sagt: »Ich will Feindschaft setzen« usw. Indem in der Schlange das Prinzip der Erkenntnis als selbständig, außerhalb Adams vorgestellt ist, so ist es allerdings ganz konsequent, dass im Menschen als dem konkreten Erkennen die andere Seite des Umkehrens und der Reflexion enthalten ist und dass diese andere Seite jener den Kopf zertreten werde.

Es wird vorgestellt, der erste Mensch habe dies getan; das ist auch wieder diese sinnliche Weise, zu sprechen. »Der erste Mensch« will dem Gedanken nach heißen: der Mensch als Mensch, nicht irgendein einzelner, zufälliger, einer von den Vielen, sondern der absolut erste, der Mensch seinem Begriff nach. Der Mensch als solcher ist Bewusstsein, eben damit tritt er in diese Entzweiung, – das Bewusstsein, das in seiner weiteren Bestimmung Erkennen ist.

Insofern der allgemeine Mensch als erster vorgestellt ist, ist er als von anderen unterschieden. Da entsteht die Frage: Es ist nur dieser, der es getan hat, wie ist es an andere gekommen? Da ist denn die Vorstellung der Erbschaft; durch diese wird korrigiert diese Mangelhaftigkeit, dass der Mensch als solcher vorgestellt ist als ein erster. Die Entzweiung liegt im Begriff des Menschen überhaupt; die Einseitigkeit also, dass es vorgestellt wird als das Tun eines Einzelnen, wird integriert durch die Vorstellung der Mitteilung, der Erbschaft. Als Strafe der Sünde ist ausgesprochen die Arbeit usf.; das ist im Allgemeinen eine notwendige Konsequenz. Das Tier arbeitet nicht, nur gezwungen, nicht von Natur; es isst nicht sein Brot im Schweiß des Angesichts, bringt sein Brot sich nicht selbst hervor: von allen Bedürfnissen, die es hat, findet es unmittelbar in der Natur Befriedigung. Der Mensch findet auch das Material dazu, aber, kann man sagen, das Material, ist das wenigste für den Menschen, – die unendliche Vermittlung der Befriedigung seiner Bedürfnisse geschieht nur durch Arbeit. Die Arbeit im Schweiß des Angesichts, die körperliche und die

Arbeit des Geistes, bei der es saurer wird als bei jener, ist in unmittelbarem Zusammenhang mit der Erkenntnis des Guten und Bösen. Dass der Mensch sich zu dem machen muss, was er ist, dass er im Schweiße seines Angesichtes sein Brot isst, hervorbringen muss, was er ist, das gehört zum Wesentlichen, zum Ausgezeichneten des Menschen und hängt notwendig zusammen mit der Erkenntnis des Guten und Bösen.

Arbeitsanregungen

1. Welches Menschenbild kann man Genesis 3,1–24 entnehmen?

2. Interpretieren Sie Goethes Gedicht »Wanderers Nachtlied« bzw. »Ein Gleiches«, indem Sie die einzelnen Schichten der Natur (anorganische, organische, mit Bewusstsein begabte Natur), die Ruhe- und Unruhezustände und die Grade der Bewusstheit herausarbeiten und so die Stellung des Menschen bestimmen.

3. Vergleichen Sie die beiden Strophen des Hölderlin-Gedichtes und bestimmen Sie die Position, die jeweils das sich seiner selbst bewusste, hier sprechende lyrische Ich einnimmt.

4. Zeigen Sie, wie der Weg für Schiller von Arkadien nach Elysium führt und welche Bedeutung dabei der Kunst zukommt.

5. Wie legt Hegel die Genesis-Stelle aus der Bibel aus?

Zu »Über die allmähliche Verfertigung der Gedanken beim Reden«

Wilhelm von Humboldt

Über Denken und Sprechen _____________ 1830–1835

1. Das Wesen des Denkens besteht im Reflektieren, d.h. im Unterscheiden des Denkenden von dem Gedachten.

2. Um zu reflektieren, muss der Geist in seiner fortschreitenden Tätigkeit einen Augenblick stillstehen, das eben Vorgestellte in eine Einheit fassen, und auf diese Weise, als Gegenstand, sich selbst entgegenstellen.

3. Die Einheiten, deren er auf diesem Wege mehrere bilden kann, vergleicht er wiederum untereinander, und trennt und verbindet sie nach seinem Bedürfnis.

4. Das Wesen des Denkens besteht also darin, Abschnitte in seinem eignen Gange zu machen; dadurch aus gewissen Portionen seiner Tätigkeit Ganze zu bilden; und diese Bildungen einzeln sich selbst untereinander, alle zusammen aber, als Objekte, dem denkenden Subjekte entgegenzusetzen.

5. Das Denken, auch das reinste nicht, kann anders, als mit Hülfe der allgemeinen Formen unsrer Sinnlichkeit geschehen; nur in ihnen können wir es auffassen und gleichsam festhalten.

6. Die sinnliche Bezeichnung der Einheiten nun, zu welchen gewisse Portionen des Denkens vereinigt werden, um als Teile andern Teilen eines größeren Ganzen, als Objekte dem Subjekte gegenübergestellt zu werden, heißt im weitesten Verstande des Worts: Sprache.

7. Die Sprache beginnt daher unmittelbar und sogleich mit dem ersten Akt der Reflexion, und so wie der Mensch aus der Dumpfheit der Begierde, in welcher das Subjekt das Objekt verschlingt, zum Selbstbewusstsein erwacht, so ist auch das

Wort da – gleichsam der erste Anstoß, den sich der Mensch selbst gibt, plötzlich stillzustehen, sich umzusehen und zu orientieren.

Wilhelm von Humboldt

Über die Verschiedenheit des menschlichen Sprachbaues ... 1830–1835

Ich nehme hier das Verfahren der Sprache in seiner weitesten Ausdehnung, nicht bloß in der Beziehung derselben auf die Rede und den Vorrat ihrer Wortelemente, als ihr unmittelbares Erzeugnis, sondern auch in ihrem Verhältnis zu den Denk- und Empfindungsvermögen. Der ganze Weg kommt in Betrachtung, an dem sie, vom Geiste ausgehend, auf den Geist zurückwirkt.

Die Sprache ist das bildende Organ des Gedanken. Die intellektuelle Tätigkeit, durchaus geistig, durchaus innerlich und gewissermaßen spurlos vorübergehend, wird durch den Laut in der Rede äußerlich und wahrnehmbar für die Sinne. Sie und die Sprache sind daher eins und unzertrennlich voneinander. Sie ist aber auch in sich an die Notwendigkeit geknüpft, eine Verbindung mit dem Sprachlaute einzugehen; das Denken kann sonst nicht zur Deutlichkeit gelangen, die Vorstellung nicht zum Begriff werden. Die unzertrennliche Verbindung des Gedanken, der Stimmwerkzeuge und des Gehörs zur Sprache liegt unabänderlich in der ursprünglichen, nicht weiter zu erklärenden Einrichtung der menschlichen Natur. [...] Das Verfahren der Sprache ist aber nicht bloß ein solches, wodurch eine einzelne Erscheinung zu Stande kommt; es muss derselben zugleich die Möglichkeit eröffnen, eine unbestimmbare Menge solcher Erscheinungen und unter allen, ihr von dem Gedanken gestellten Bedingungen hervorzubringen. Denn sie steht ganz eigentlich einem unendlichen und wahrhaft grenzenlosen Gebiete, dem Inbegriff alles Denkbaren gegenüber. Sie muss daher von endlichen Mitteln einen unendlichen Gebrauch machen, und vermag dies durch die Identität der gedanken- und spracheerzeugenden Kraft. Es liegt hierin aber auch notwendig, dass sie nach zwei Seiten hin ihre Wirkung zugleich ausübt, indem diese zunächst aus sich heraus auf das Gesprochene geht, dann aber auch zurück auf die sie erzeugenden Kräfte. Beide Wirkungen modifizieren sich in jeder einzelnen Sprache durch die in ihr beobachtete Methode und müssen daher bei der Darstellung und Beurteilung dieser zusammengenommen werden. [...]

Wilhelm von Humboldt

Sprache als Organismus ______________ 1830–1835

Die Sprache, in ihrem wirklichen Wesen aufgefasst, ist etwas beständig und in jedem Augenblicke Vorübergehendes. Selbst ihre Erhaltung durch die Schrift ist immer nur eine unvollständige, mumienartige Aufbewahrung, die es doch erst wieder bedarf, dass man dabei den lebendigen Vortrag zu versinnlichen sucht. Sie selbst ist kein Werk (Ergon), sondern eine Tätigkeit (Energeia). Ihre wahre Definition kann daher nur eine genetische sein. Sie ist nämlich die sich ewig wiederholende Arbeit des Geistes, den artikulierten Laut zum Ausdruck des Gedanken fähig zu machen. Unmittelbar und streng genommen, ist dies die Definition des jedesmaligen Sprechens; aber im wahren und wesentlichen Sinne kann man auch nur gleichsam die Totalität dieses Sprechens als die Sprache ansehen. Denn in dem zerstreuten Chaos von Wörtern und Regeln, welches wir wohl eine Sprache zu nennen pflegen, ist nur das durch jenes Sprechen hervorgebrachte Einzelne vorhanden und dies niemals vollständig, auch erst einer neuen Arbeit bedürftig, um daraus die Art des lebendigen Sprechens zu erkennen und ein wahres Bild der lebendigen Sprache zu geben. Gerade das Höchste und Feinste lässt sich an jenen getrennten Elementen nicht erkennen und kann nur (was um so mehr beweist, dass die eigentliche Sprache in dem Akte ihres wirklichen Hervorbringens liegt) in der verbundenen Rede wahrgenommen oder geahndet werden. Nur sie muss man sich überhaupt in allen Untersuchungen, welche in die lebendige Wesenheit der Sprache eindringen sollen, immer als das Wahre und Erste denken. Das Zerschlagen in Wörter und Regeln ist nur ein totes Machwerk wissenschaftlicher Zergliederung.

Dieter E. Zimmer

Sprache und Denken ______ 1986

Von manchen, nein von vielen unserer Bewusstseinsinhalte lässt sich nur schwer oder gar nicht sprechen. Nicht weil es uns unangenehm wäre oder weil uns ein innerer Zensor abhielte. Wir können es einfach nicht. Wir können nicht beschreiben, wie ein Wein schmeckt, ein Parfüm riecht, ein Schmerz sich anfühlt, eine musikalische Phrase klingt. Wir wissen es zwar, unter Umständen sogar ganz genau, aber die Erfahrung ist höchst frustrierenderweise nicht übersetzbar in Sprache oder nur auf eine unvollkommene und grobe Art. Was hindert uns?

Manchmal hindert uns die Grobschlächtigkeit der uns zu Gebote stehenden sprachlichen Kategorien. Ein Verhalten etwa, über das wir sprachlich urteilen sollen, mag für uns mehrere positive und gleichzeitig mehrere negative Seiten haben – wir müssen es am Ende in ein paar binäre Kategorien wie »gut« oder »schlecht«, »moralisch« oder »unmoralisch« pressen. Unsere Einstellung zu einem anderen Menschen mag Hunderte von Facetten haben und sich über die Zeit hin vielfach verschieben – für ihr Resümee bietet uns die Sprache nur ungeschlachte Kategorien vom Schlage »Freundschaft« oder »Rivalität«. Wir denken oft wohl weniger einfältig, als die Sprache es auszudrücken erlaubt.

binär **aus zwei Einheiten bestehend**

Resümee **Ergebnis, Zusammenfassung**

Die sprachliche Ohnmacht aber hängt auch damit zusammen, dass unsere Sprache an auch nur mäßig komplexen analogen Repräsentationen in unserem Geist schmählich versagt. »Analog« hier wiederum im Sinne der Computersprache gebraucht, als Gegenteil zu »digital«: Analog sind jene Repräsentationen, die die Erscheinungen der Außenwelt mit ihren fließenden Übergängen im Medium des Geistes nachbilden, sich überlagernd, changierend, unregelmäßig – und nicht in säuberliche, quasi geometrische Einheiten zerlegt, also quasi digital. Die unzählbaren, ineinanderfließenden Farben des Regenbogens sind die Analogie, die sich unser Geist zu den gleitend sich verschiebenden Wellenlängen des Lichts bildet. Wenn er jedoch den gleitenden Übergang von b zu p nicht hört, sondern entweder b oder p, und alle b's oder p's gleich klingen, obwohl es da erhebliche, fließende Unterschiede gibt, so verfährt er eher »digital« oder kategorisch. Analog sind in unserm Kopf all die vielen »Bilder« repräsentiert, die sichtbaren, aber auch die Hör-»Bilder«, die Fühl-»Bilder«, die Geruchs-»Bilder«, die Geschmacks-»Bilder«, kurz, die ganze sinnlich wahrgenommene Welt. Ein geometrischer Ziegelstein lässt sich in den Kategorien »Länge«, »Breite«, »Höhe«, »Gewicht«, »Farbe« relativ vollständig und befriedigend beschreiben; ein unregelmäßiger Feldstein aber gar nicht.

Wir mögen imstande sein, uns zum Beispiel ein bestimmtes Blatt in allen seinen Einzelheiten vorzustellen. Das heißt, es ist in unserm Geist analog sehr genau repräsentiert. Aber wir sind völlig außerstande, es jemand anderem rein sprachlich so darzustellen, dass es in seinem Geist aufs neue entstünde – seine Gestalt, seine Größe, seine Färbung, seine Oberflächenbeschaffenheit, seinen Duft. Ja, schon an einer einzigen unregelmäßig gekrümmten Linie scheiterte die Sprache: Ihre genaue Form können wir niemandem durchtelefonieren. Wir können nur versuchen, einzelne Merkmale unserer analogen Vorstellungen zu erfassen und möglichst geschickt zu umschreiben. Sachverstand hilft dabei. Der Botaniker hätte viele Blattformen klassifiziert und könnte sich behelfen. Er sagte zum Beispiel: »handförmig gelappt, mit gezähntem Rand«, und sein Botanikerkollege wüsste sofort: »also ahorn- oder hopfenförmig«, und beide hätten sich viele Worte gespart, die der Nichtbotaniker machen müsste, um ebensoviel Information zu übermitteln; aber die besondere Gestalt dieses besonderen Blattes hätten auch sie damit noch lange nicht in Sprache gefasst. Sie entzieht sich der Sprache.

Denn die Sprache ist digital oder kategorisch, auch wenn ihre Begriffe unscharf sind und nicht definiert durch eine Liste ausreichender und notwendiger Definitionsmerkmale. In ihrem inneren Aufbau tragen die Begriffe der Sprache den gleitenden Veränderungen der Wirklichkeit Rechnung; aber ihre Wirkung ist die, dass sie die ganze Welt in lauter diskrete Einheiten zergliedern. Es gibt unzählbare kontinuierliche Abstufungen der Temperatur; die Sprache zerlegt sie in wenige, in sich Einheitlichkeit vorschützende große Gruppen wie »kalt«, »lau«, »warm«, »heiß«. Milliarden verschiedener Dinge werden von einem Begriff zusammengefasst und damit scharf von Milliarden anderer Dinge abgegrenzt: Der Begriff »Baum«, unscharf an seinen Rändern und auf einen in unserm Geist gebildeten Durchschnittsbaum hin orientiert, dem jeder konkrete Baum mehr oder minder gut entspricht, unterscheidet die Klasse der »Bäume«, die »guten« wie die »schlechten«, dennoch gnadenlos von allem, was nicht Baum ist. Die Begriffe der Sprache kästeln die gesamte Welt ein; da sie aber selber zumeist nicht in gekästelter Form existiert und von uns auch in der Regel nicht so wahrgenommen wird, tut Sprache ihr Gewalt an, bleibt sie hinter der verschwimmenden Mannigfaltigkeit der gegenständlichen Welt zurück. [...]

Ganz sicher hilft die Sprache dem Denken ganz ungemein. Indem ein Konzept mit einem Wort belegt wird, wird es zu einer Art Gegenstand: Es existiert, auch wenn es gerade nicht gedacht wird, es erhält Dauer, man kann damit sehr leicht hantieren, ganze Gefüge von Konzepten zu neuen Aussagen zusammenstellen, man kann mit einem Wort ein Konzept in seinem Geist hervorrufen, man kann seine eigenen Konzepte mit anderen Menschen austauschen. Im Experiment wurde gezeigt, dass umfangreiche logische Probleme besser gelöst werden, wenn man während der Arbeit an ihnen alle seine Denkschritte verbalisiert. Die Erfindung der Sprache hat die denkerischen Möglichkeiten des Menschen gewiss potenziert. Und nur sprachlich gefasste Gedanken sind mitteilbar; alle anderen gehen mit dem, der sie denkt, zugrunde.

Die Sprache hält ihre Sprecher nicht gefangen; denken lässt sich auch, wofür die Sprache keine bequemen oder gar keine Mittel zur Verfügung stellt. Aber wofür fertige Ausdrucksmittel bereitstehen, lässt sich leichter denken; und wofür es sehr geläufige Ausdrucksmittel gibt am allerleichtesten.

Wenn verschiedene Sprachen nicht zu einem völlig verschiedenen Denken führen, so vor allem darum, weil sie alle auf einem ähnlichen Fundament ruhen. Die Grundbegriffe *kognitiv* auf Erkenntnis beruhend

Whorf Benjamin Lee Whorf (1897–1941), amerikanischer Linguist

für die konkrete Welt und wahrscheinlich auch die Grundregeln ihrer grammatischen Verknüpfung sind für alle sehr ähnlich. Hier, bei den fundamentalen Kategorisierungen, werden alle Sprachen von ähnlichen kognitiven Mechanismen geformt. So treiben die Sprachen nie allzu weit auseinander; Verständigung bleibt möglich. Bei den abstrakten Begriffen aber kann sie schon sehr schwierig sein. Und die Bedeutungsnuancen, die den Begriffen durch die Kulturgeschichte ihrer Benutzer zugewachsen sind, sind oft schlechthin unübersetzbar. In einem sehr eingeschränkten Sinn hatte Whorf also recht. Alles dies sind keine klaren, handlichen, endgültigen Wahrheiten. Eher sind es die Reflexe erster tastender Versuche, nicht durch reine Introspektion und Spekulation, sondern erstmals mit den Methoden kontrollierter Empirie in den unwegsamen Dschungel unseres Geistes vorzudringen, dorthin, wo sich Worte und Gedanken der Benennbarkeit und dem Bewusstsein entziehen. Erst seit wenigen Jahrzehnten sind die kognitiven Wissenschaften dabei, etwas Licht in diese überaus undurchschaubaren Verhältnisse zu bringen. Wenn auch das meiste unaufgeklärt bleibt, so haben sie gar nicht so wenig geschafft. Noch vor dreißig Jahren wäre eine plakative Parole wie »Sprache bestimmt das Denken« schlechthin unüberprüfbar gewesen.

Ronald Langacker schrieb einmal: »Die Beziehung zwischen Sprache und Denken zu analysieren ist ein wenig, als versuchte man eine Wolke zu umarmen.« Er selber hoffte, davon mit mehr als einer Handvoll Nebeldunst zurückgekommen zu sein.

Arbeitsanregungen

1. Wie bestimmt Humboldt das Verhältnis von Denken und Sprechen?

2. Wie bestimmt Humboldt das Verhältnis von Denken, Sprechen und Selbstbewusstsein?

3. Warum ist Sprache für Humboldt ein Organismus?

4. Was leistet Sprache als »bildendes Organ« des Gedankens?

5. Erläutern Sie, was Humboldt mit dem unendlichen Gebrauch endlicher Mittel meint.

6. Wie bestimmt Zimmer das Verhältnis zwischen Denken und Sprechen.

7. Was leistet bei Zimmer der »Begriff«?

8. Suchen Sie neben den Beispielen, die Zimmer gibt, weitere Beispiele, die das Verhältnis von Denken und Sprache verdeutlichen könnten.

M

Zu »Anekdoten«

Killy Literaturlexikon

Anekdote 1992

Historiografie Geschichtsschreibung

Die Anekdote ist eine lebendige epische Kleinform; Definitionsschwierigkeiten ergeben sich aus dem Wortsinn von griechisch »anedoton« (das Nichtherausgegebene, Unveröffentlichte) und der abweichenden neuzeitl. Bedeutung, ferner aus dem Verhältnis zur mündl. Überlieferung, zu den volkstümlichen einfachen Formen (Witz, Memorabile u. Ä.), zur Historiografie sowie zu anderen pointierten epischen Formen (z. B. Novelle, Kalendergeschichte). Vom editionstechn. Terminus wandelte sich der Begriff im Kontext der frz. Memoirenliteratur des 17./18. Jh. zur heutigen Bedeutung, die weniger die Art der Mitteilung als die geheimgehaltenen Vorgänge selbst, die »Geschichtchen« der großen polit. Persönlichkeiten meint. In diesem Sinn wird das Wort im 18. Jh. ins Deutsche übernommen. Zumeist falsch ist es, die griechische mit der späteren Bedeutung zu verbinden. Die A. ist die Schnittstelle folgender Sinn- u. Formkriterien: die abgegrenzte, wahre oder mögliche, Begebenheit von bes. Wirkkraft; der histor. Augenblick in seiner schicksalhaften, polit. u. menschl. Bedeutsamkeit; die Charakteristik einer Persönlichkeit; eine prägnant, pointiert oder dramatisch gestaltete Handlung u. Sprache; oft eine witzige oder humoristische Erzählstruktur; der Zeit- u. Publikumsbezug. Die Funktionen reichen von der geselligen Unterhaltung (Klatschanekdote) über das Informieren u. Belehren (Charakter- u. Zeitbild) bis zur symbolischen oder krit. Darstellung einer den Menschen, die Geschichte, die Gesellschaft charakterisierenden Situation. Als Urform gilt die mündlich erzählte A.

A. ist sowohl ein volkstümlich-vorliterar. Element alltägl. Erzählens als auch eine unterhaltende, lehrreiche oder künstlerische literar. Gattung, eine Zweckform (Exempel) in Geschichtsschreibung, Predigt, Traktat oder Satire. In der historiografischen A. schwankt das belehrende Moment zwischen der Vermittlung histor. Fakten u. einer moralisierenden bis lobpreisenden Haltung. Letztere dominiert seit dem 18. Jh. u. zeigt sich in der Verherrlichung großer polit. Persönlichkeiten, z.T. mit nationalistischen Tendenzen. Der histor. Gehalt einer A. ist schwer zu bestimmen. Im Unterschied zu Schwank u. Witz zielt die A. auf das Menschliche u. Existentielle in einem bes. Ereignis, begnügt sich nicht mit dem Ausschöpfen der Komik. Die Grenze wird dort deutlich, wo der Erzähler die individuellen sozialen, histor. Besonderheiten typischer Situationen herausstellt u. ihren existentiellen Hintergrund transparent macht, wo er nicht nur durch die Pointe »glänzt«, sondern ein Stück Geschichte bewältigt. A. u. Kalendergeschichte haben geschichtliches, belehrendes u. schwankhaftes Element gemeinsam. Sie sind gattungsgeschichtlich verwandt; Schreibart u. Publikationsform sind jedoch zu unterscheiden. Ob die Kurzgeschichte Funktionen der A. übernimmt, ist im Einzelfall zu prüfen.

Die Komplexität des Begriffs A. macht eine Gattungsgeschichte schwierig. Erkennbar ist, dass sich die A. in der Renaissance aus der Historiografie löst u. über schwankhafte Formen zur selbständigen literarischen Gattung wird. Im 16./17. Jh. lassen sich lehrhafte Ausprägungen erkennen (Abraham a Sancta Clara, Grimmelshausen), im 18. Jh. entsteht unter frz. Einfluss die biografische A., in der bisher unbekannte – gefundene oder erfundene – Details von den »Großen der Welt« mitgeteilt werden. Im 19. Jh. kristallisieren sich bei Johann Peter Hebel u. Heinrich von Kleist die bis heute anerkannten Vorbilder der »dichterischen« A. heraus. An Hebel knüpfen u. a. Berthold Auerbach u. Ludwig Anzengruber an, während gleichzeitig die Trivialanekdote des 19. Jh. Erstarrung u. Verfall der Gattung dokumentiert. Lebendig bleibt die A. bei Jeremias Gotthelf, Adolf Glaßbrenner u. Theodor Fontane. Im 20. Jh. versuchen u. a. Wilhelm Schäfer u. Hans Franck eine Erneuerung, leisten z.T. der Ideologisierung der Gattung Vorschub. Franz Carl Weiskopf wie Oskar Maria Graf u. Bert Brecht wollen die Kluft zwischen »hoher« Literatur u. »einfachem« Geschmack überbrücken u. die A. wieder zur Aussage »bedeutender« Inhalte befähigen. Heute zeigt sich die A. weniger als selbständige Form denn als Strukturelement in Roman, Drama, Essay, Tagebuch, Biografie, z.B. bei Robert Musil, Ödön von Horváth, Max Frisch, Peter Handke, Jürgen Becker u. Peter Bichsel, die sich z.T. kritisch-parodistisch mit der Anekdotentradition auseinandersetzen.

Arbeitsanregungen

1. Beschreiben Sie die Verfahrensweisen, derer sich der Autor des Artikels zur »Anekdote« bedient, um diesen Begriff zu definieren. Worin unterscheiden sich die drei Abschnitte?

2. Formulieren Sie – unter Zuhilfenahme des hier wiedergegebenen Artikels – einen eigenen Artikel zur »Anekdote«, der in ein Schülerlexikon für den Literaturunterricht aufgenommen werden soll.

3. Schreiben Sie eine Anekdote aus Ihrem Schulleben.

Textquellen

Primärquellen

Kleist, Heinrich von: Brief an Ulrike von Kleist. 5.Februar 1801. In: Heinrich von Kleist, dtv-Gesamtausgabe, Bd.6 Briefe 1793–1804, München: Deutscher Taschenbuch Verlag 1964. S. 155–159.

Kleist, Heinrich von: Brief an Wilhelmine von Zenge. 10.Oktober 1801, ebd., S. 216–221.

Kleist, Heinrich von: Sonderbare Geschichte ... Nach: Heinrich von Kleist, dtv-Gesamtausgabe, Bd. 5 Anekdoten, Kleine Schriften, ebd., S.16–18.

Kleist, Heinrich von: Brief an Wilhelmine v. Zenge, in: Heinrich v. Kleist, dtv.Gesamtausgabe Bd.6, Briefe 1793-1804, Deutscher Taschenbuch Verlag, München 1964,S. 41f.

Sekundärquellen

Anonym. In: Gesammelte Nachrichten von dem Erdbeben der Stadt Lissabon und anderer Orte nebst einer geistlichen Betrachtung über diese Materie, hrsg. v. J.H.R. Frankfurt/Leipzig 1756. S. 54 ff.

Benjamin, Walter: Erdbeben in Lissabon. In: ders.: Gesammelte Schriften, VIII, hrsg. v. Rolf Tiedemann u.a. Frankfurt/M.: Suhrkamp 1989. S. 221–226.

Fricke, Gerhard: Das unbedingt gewisse Gefühl. In: Gefühl und Schicksal bei Heinrich von Kleist. Studien über den inneren Vorgang im Leben und Schaffen des Dichters. Berlin: Junker & Dünnhaupt 1929. S. 138 f.

Gellert, Christian Fürchtegott: Inkle und Yariko. In ders.: Fabeln und Lieder, hrsg. v. Gottfried Honnefelder. Frankfurt/M.: Insel 1986. S. 27–30.

Goethe, Johann Wolfgang von: [Über Kleist]. In: Heinrich von Kleists Nachruhm. Eine Wirkungsgeschichte in Dokumenten, hrsg. v. Helmut Sembdner. München: Deutscher Taschenbuch Verlag 1977. S. 234.

Goethe, Johann Wolfgang von: Dichtung und Wahrheit. In: ders.: Werke, Hamburger Ausgabe in 14 Bänden, Bd. 9, hrsg. v. Erich Trunz. Hamburg: Wegner 1955.

Goethe, Johann Wolfgang von: Wandrers Nachtlied. In: ders.: Werke, Hamburger Ausgabe in 14 Bänden, Bd. 1, hrsg. v. Erich Trunz. Hamburg: Wegner 1955.

Greiner, Bernhard: Kleists Dramen und Erzählungen. Tübingen u. Basel: Francke 2000. S. 314 f.

Große, Wilhelm: Geschichte Haitis. Originalbeitrag

Hölderlin, Friedrich: Hälfe des Lebens. In: ders.: Sämtliche Gedichte, hrsg. v. D. Lüders. Bad Homburg v.d.H.: Athenäum 1970.

Hegel, Georg Friedrich Wilhelm: Vorlesungen über die Philosophie der Religion. In: ders.: Werke, Bd.17, hrsg. v. Eva Moldenhauer und Karl Markus Michel. Frankfurt/M.: Suhrkamp 1971. S. 258 ff.

Hotho, Heinrich Gustav: Kritik der Gesammelten Schriften Kleists. In: Heinrich von Kleists Nachruhm. Eine Wirkungsgeschichte in Dokumenten, hrsg. v. Helmut Sembdner. München: Deutscher Taschenbuch Verlag 1977. S. 235–238.

Humboldt, Wilhelm von: Über Denken und Sprechen. In: ders.: Schriften zur Sprache, hrsg. v. Michael Böhler. Stuttgart: Reclam 1995. S. 3.

Humboldt, Wilhelm von: Über die Verschiedenheit des menschlichen Sprachbaues u. Sprache als Organismus. In: ders.: Schriften zur Sprachphilosophie, Bd. 3. Darmstadt: Wissenschaftliche Buchgesellschaft 1963. S. 426 f., 477, 419 f.

Kant, Immanuel: Geschichte und Naturbeschreibung. In: Breidert, Wolfgang (Hrsg.): Die Erschütterung der vollkommenen Welt. Die Wirkung des Erdbebens von Lissabon im Spiegel europäischer Zeitgenossen. Darmstadt: Wissenschaftliche Buchgesellschaft 1994, S. 108, 130 f.

Kant, Immanuel: Schlussbetrachtung. Zit. nach: Immanuel Kant, Gesammelte Schriften, Akademie-Ausgabe, Abt.1, Bd.1; Berlin: Reimer 1910. S. 459 f.

Killy Literaturlexikon. Begriffe, Realien, Methoden. Hrsg. v. Volker Meid. Bd.13. Gütersloh/München: Bertelsmann Lexikon Verlag 1992. S. 27 f.

Lauer, Gerhard/Thorsten Unger (Hrsg.): Das Erdbeben von Lissabon und der Katastrophendiskurs. In: Exposé zur Ankündigung der Jahrestagung der DGEJ vom 6. bis 8. Oktober 2005 in Göttingen, www.goethezeitportal.de/fileadmin/PDF/ic/aktuelles/cfp/katastrophendiskurs.pdf vom 19.01.2009

Leibniz, Gottried Wilhelm: Die beste aller möglichen Welten. In: ders.: Theodizee. Übers. v. A. Buchenau. Hamburg: Felix Einer Verlag 21968. S. 100–102.

Luhmann, Niklas: Vertrauen. In: ders.: Ein Mechanismus der Reduktion sozialer Komplexität. Stuttgart: Ferdinand Enke 1973. S.23–25.

Mann, Thomas: Heinrich von Kleist und seine Erzählungen. In: ders.: Gesammelte Werke in zwölf Bänden, Bd. 9. Frankfurt a. M.: S. Fischer 1960. S. 838 f.

Montaigne, Michel de: Essai über die Trunksucht. In: ders.: Gesammelte Schriften. Historisch-kritische Ausgabe mit einer Einl. und Anm. […] hrsg. v. Otto Flake und Wilhelm Weigand. Bd. 3: Essays, Buch 2, Kap. 1–12, München/Berlin: Georg Müller 1915. S.17 f.

Müller-Salget, Klaus: Heinrich von Kleist. Sämtliche Erzählungen, Anekdoten, Gedichte, Schriften. Frankfurt/M.: Deutscher Klassiker Verlag 2005. S. 841.

Rohmer, Eric: Anmerkungen zur Inszenierung. In: Heinrich von Kleist: Die Marquise von O… Mit Materialien und Bildern zu dem Film von Eric Rohmer und einem Aufsatz von Heinz Politzer, hrsg. v. Werner Berthel. Frankfurt/M.: Insel 1979. S. 111 f. © Insel-Verlag Frankfurt/M.

Rousseau, Jean-Jacques: Brief über die Vorsehung. In: Breidert, Wolfgang (Hrsg.): Die Erschütterung der vollkommenen Welt. Die Wirkung des Erdbebens von Lissabon im Spiegel europäischer Zeitgenossen. Darmstadt: Wissenschaftliche Buchgesellschaft 1994, S. 81 f.

Schiller, Friedrich: Über naive und sentimentalische Dichtung. In: ders.: Sämtliche Werke, Bd. 5, hrsg. v. G. Fricke u. H.G. Göpfert. München: Carl Hanser 1958/59. S. 709 ff.

Staiger, Emil: H. v. Kleist, »Das Bettelweib v. Locarno«. Zum Problem des dramatische Stils. In: ders.: Meisterwerke deutscher Sprache aus dem neunzehnten Jahrhundert. München: Deutscher Taschenbuch Verlag 1973. S. 99 f., 102. © Atlantis Verlag Zürich 1945 u. 1948

Voltaire: Gedicht über die Katastrophe von Lissabon. In: Breidert, Wolfgang (Hrsg.): Die Erschütterung der vollkommenen Welt. Die Wirkung des Erdbebens von Lissabon im Spiegel europäischer Zeitgenossen. Darmstadt: Wissenschaftliche Buchgesellschaft 1994, S. 58–60.

Wekhrlin, Wilhelm Ludwig: Monolog einer Milbe im siebenten Stock eines Edamerkäses. In: Das graue Ungeheuer, Bd. 10. Nürnberg: Felssecker 1787. S. 88–91.

Wolf, Christa: Kein Ort. Nirgends. Frankfurt/M.: Suhrkamp 2006. © Luchterhand Literaturverlag, München 1979.

Zimmer, Dieter E.: Sprache und Denken. In: ders.: So kommt der Mensch zur Sprache. Über Spracherwerb, Sprachentstehung und Sprechen & Denken. Zürich: Haffmanns 1986. S. 154–157, 162 f.

Textquellen ohne Verfasserangaben

Theodizee. In: wikipedia, 15.01.2009.

Der Sündenfall, Lutherbibel, revidierter Text 1984, durchgesehene Ausgabe in neuer Rechtschreibung, © 1999 Deutsche Bibelgesellschaft, Stuttgart.

Bildquellen

Seite 152: Kleist-Museum, Frankfurt/Oder.
Seite 153: 154: akg-images, Berlin.
Seite 156: ullstein bild, Berlin.
Seite 185: Verlag für Filmschriften, Christian Unucka, Herbertshausen.
Seite 186: akg-images, Berlin/ALBUM.
Seite 187: Cinetext, Frankfurt/M.
Seite 188: Hans-Jürgen Syberberg, Nossendorf.
Seite 216: Deutsches Filminstitut - DIF, Frankfurt/M.
Seite 220: Technisch grafische Abteilung, Westermann.
Seite 229: Hans-Jürgen Syberberg, Nossendorf.

Anmerkungen

S. 12

Haubitzenspiel Kampf mit Haubitzen: größeren Geschützen, mit denen Kugeln und Granaten verschossen werden.

S. 15

Reverberen Lampen, deren Licht durch einen Spiegel reflektiert wird.

S. 17

Phantasus und Morpheus Traumgötter der antiken Mythologie, Söhne des Schlafgottes Hypnos, die sich für die Träumenden in allerlei Gestalten und bunte Bilder verzauberten. Morpheus' Symbol ist die Kapsel des Schlafmohns, aus der Opium hergestellt werden kann. Das Opiat Morphin ist danach benannt.

S. 45

Cherub Die Cherubim (hebräisch Plural cherubim) waren im Alten Orient und im Alten Testament geflügelte Fabelwesen, zumeist mit Tierleib und Menschengesicht. In der Bibel sind Cherubim Engel von hohem Rang, die für besondere Aufgaben herangezogen werden. So versperrten sie nach dem Sündenfall und der Vertreibung von Adam und Eva aus dem Garten Eden als Wächter den weiteren Zugang zum Paradies und ließen damit den Baum des Lebens für Menschen unerreichbar werden.

S. 60

Chili Das südamerikanische Land Chile. »Das Erdbeben in Chili«: Der Erstdruck trug den Titel »Jeronimo und Josephe«. Eine Scene aus dem Erdbeben zu Chili, vom Jahre 1647.

S. 60

Königreich Chili Chile war Mitte des 16. Jahrhunderts spanische Kolonie, regiert von einem Generalkapitän (= Generalkapitanat) als Statthalter der spanischen Krone.

S. 60

Karmeliterkloster unsrer lieben Frauen vom Berge Kloster der Angehörigen des Karmeliter(bettel)ordens. Karmeliten sind die Mitglieder des römisch-katholischen »Ordens der Brüder der allerseligsten Jungfrau Maria vom Berge Karmel«, der um das Jahr 1150 am Karmelgebirge im heutigen Israel gegründet wurde und der Tradition des Eremitentums entspringt. Die

Mitglieder des in der zweiten Hälfte des 15. Jahrhunderts gegründeten weiblichen Ordenszweiges werden Karmelitinnen genannt.

S. 60

geschärfteste Prozess Verfahren, bei dem Folterungen zur »Wahrheitsfindung« angewandt werden.

S. 67

Granatapfelbaum Baum der Erkenntnis im Paradies, gilt sowohl als Symbol für Todesverfallenheit als auch für Fruchtbarkeit, zudem verweist er auf Maria.

S. 67

La Conception Conceptión, Hauptstadt der gleichnamigen Provinz und der Region Bio-Bió in der Mitte Chiles.

S. 70

Römergröße Größe in Hinsicht auf stoische Tapferkeit, wie sie den Römern zugeschrieben wurde.

S. 73

Rose Rosette (französisch »kleine Rose«), in der Architektur ein großes kreisrundes Glasfenster über dem Portal in spätromanischen, vor allem aber gotischer Kirchen.

S. 79

St. Domingo Die Insel Haiti wurde nach ihrer Entdeckung durch Christoph Kolumbus (1492) zunächst Hispaniola genannt, danach nach der späteren Hauptstadt Santo Domingo. Heute teilen sich die Insel die beiden Staaten Haiti und die Dominikanische Republik.

S. 79

auf die unbesonnenen Schritte des Nationalkonvents Klaus Müller-Salget: »Der Bezug ist nicht ganz klar. Hinsichtlich der Beteiligung der Mulatten (der »freien« Farbigen) an den Kolonialversammlungen in St. Domingue hatte der Nationalkonvent im Jahre 1792 einander widersprechende Dekrete (zunächst pro, dann contra) verabschiedet. Am 4.2.1794 beschloss er dann die Abschaffung der Sklaverei in den Kolonien. Die Kämpfe der aufständischen Schwarzen begannen aber schon 1791, und schon 1793 war in mehreren Departements der Insel die Freilassung der Sklaven verfügt worden.« (S. 841)

S. 80

Mestize Mischling von Weißen und Indern; hier Mischling von Weißen und Mulatten.

S. 80

General Dessalines Jean-Jacques Dessalines (1758–1806) Unterführer unter dem zum Brigadegeneral ernannten ehemaligen Sklaven Toussaint, der eine Generalamnestie erlassen hatte. Dessalines liquidierte trotz der Amnestie die Elite der Mulatten.

S. 84

Fort Dauphin Hafenplatz im äußersten Nordosten des damals französischen Teils von Haiti gelegen.

S. 104

Zunder pulverige Masse, welche durch einen am Stein geschlagenen Funken entzündet werden kann.

S. 127

Teniers niederländische Maler: David Teniers d. Ä. (1582–1649) und David Terniers d. J. (1610–1690), sie malten vor allem Szenen aus dem Volksleben.

S. 129

Logarithmen Der Logarithmus ist die Zahl b, mit der man in der Gleichung ab = c die Zahl a potenzieren muss, um die Zahl c zu erhalten.

S. 129

Asymptote eine Gerade, der sich eine Kurve annähert, ohne sie zu erreichen.

S. 129

Hyperbel eine Kurve, die aus zwei zueinander symmetrischen, sich ins Unendliche erstreckenden Ästen besteht. Die Hyperbel gehört wie die Parabel und die Ellipse zu den Kegelschnitten.

S. 129

Vestris Marie-Jean-Augustin Vestris-Allard, ein zur damaligen Zeit berühmter Tänzer (1760–1842).

S. 131

Najade Die Najaden sind der griechischen Mythologie nach Nymphen, die über Quellen, Bäche, Flüsse, Sümpfe, Teiche und Seen wachen. Sie waren entweder Töchter des Zeus oder des Okeanos. Trocknete das Gewässer einer Najade aus, so musste sie sterben.

S. 131

Bernin Gianlorenzo Bernini (le Bernin), italienischer Bildhauer (1598–1680).

S. 131

Entrechat Ballett: gerader Sprung in die Höhe, bei dem die Fersen in der Luft (mehrmals) gekreuzt übereinandergeschlagen werden.

S. 132

Jüngling »Der Dornauszieher«, eine berühmte antike Bronze, die sich damals in Paris befand.

S. 134

Bild des Hohlspiegels Wenn man von einem Hohlspiegel wegtritt, wird das Bild zunächst verschwommen, dann wieder klar.

S. 137

Mirabeau Honoré-Gabriel Riqueti, Comte de Mirabeau (1749–1791) gewählt als Abgeordneter des dritten Standes in die Versammlung der französischen Generalstände. Er gab mit seiner Rede vom 23.6.1789 das Signal dafür, dass sich die Nationalversammlung als gesetzgebende Körperschaft etabliere.

S. 138

Kleistische Flasche Ein elektrischer Kondensator in Flaschenform, 1745 von dem Domdechanten Ewald J. von Kleist erfunden, heute meist Leidener Flasche genannt.

S. 139

quant au berger [...] chimerique empire Was den Schäfer betrifft, so kann man sagen, dass er alles Schlechte verdient hat, da er zu jenen Leuten gehört, die sich eine eingebildete Herrschaft über die Tiere anmaßen.

S. 148

Königstein alte Festungsstadt südöstlich von Pirna in der Sächsischen Schweiz.

S. 150

Herzog von Parma Alessandro Farnese (1545–1592), seit 1578 spanischer Statthalter der Niederlande, eroberte 1585 Antwerpen.

S. 150

Brander mit brennenden Lumpen versehene Wasserfahrzeuge, die man mit der Strömung auf Hindernisse zutreiben ließ, damit sie sie in Brand setzten.

S. 150

Fahnenjunker heute: Offizieranwärter des Heeres im niedrigsten Unteroffizierdienstgrad. Der nächst höhere Dienstgrad ist der Fähnrich. Historisch waren die Fahnenjunker diejenigen jungen Edelleute, die im Alter von 14–16 Jahren in die militärische Ausbildung kamen und denen als besondere Auszeichnung das Tragen der Fahne anvertraut wurde.

S. 158

Schönfeld Johann Heinrich Schönfeldt (1773–1812), ein Vetter von Heinrich von Kleist.

S. 158

Wackerbarth Ludwig von Wackerbarth, Gutsherr auf Briesen bei Cottbus, der 1800 das Gut Guhrow von Kleists Vater gekauft hatte.

S. 160

Porsenna Kleist meint hier (in Anspielung auf den etruskischen König Porsenna) den syrischen König Antiochus IV., der auf diese Weise von dem römischen Gesandten Lucius Popilius Laenas zur Räumung Ägyptens gezwungen wurde.

S. 161

Cohen Ezechiel Benjamin Cohen, in Holland geborener Berliner Kaufmann, in dessen Haus Kleist verkehrte.

S. 161

Clausius Christian Friedrich Clausius, angesehener Berliner Tuchhändler, mit dessen Tochter Sophie Henriette Wilhelmine Kleist und Wilhelmine von Zenge befreundet waren.

S. 161

Huth Johann Sigismund Huth (1763–1818), Professor der Physik und Mathematik in Frankfurt an der Oder.

S. 164

Gaspari Adam Christian Gaspari (1752–1830), Verfasser geographischer und historischer Handbücher.

S. 164

Hebe griechische Göttin der Jugend, die beim Mahl den Göttern den Nektar einschenkt.

S. 164

Emilien Emilia, Tochter von Fabian Wilhelm von Schätzel, Oberst in Frankfurt an der Oder.

S. 164

Wilhelmine von Zenge (1780–1852), mit Kleist zwei Jahre verlobt, heiratete 1804 Professor Wilhelm Traugott Krug.

S. 167

vestalische Priesterin Priesterin der Vesta, der altrömischen Göttin des Herdfeuers.

S. 180

Gentz Friedrich von Gentz (1764–1832), Publizist, seit 1802 in österreichischem Dienst.

S. 190

Pope Alexander Pope (1688–1744), englischer klassizistischer Dichter.

S. 191

Buffon Georges Louis Marie Leclerc, Comte de Buffon (1707–1788), französischer Naturforscher.

S. 191

Rousseau Jean-Jacques Rousseau (1712–1778), französischer Philosoph. Hauptwerke: »Julie oder Die neue Heloise«, »Emile oder über die Erziehung« und »Die Bekenntnisse«.

S. 195

numerische Individualität gemeint ist das Einzelne, in seiner Einmaligkeit und Eigenart als einzelne Zahl unter vielen betrachtet.

S. 199

Leibniz Gottfried Wilhelm Leibniz (1646–1716), Universalgelehrter, Philosoph.

S. 199

Shaftesbury Anthony Ashley Cooper, 3. Earl of Shaftesbury war ein englischer Politiker, Philosoph und Schriftsteller; Begründer des englischen Sensualismus.

S. 199

Bolingbroke Henry St John, 1. Viscount Bolingbroke (1678–1751), englischer Politiker und Philosoph.

In unserer Reihe Texte.Medien sind folgende Textausgaben mit Materialien für die Sekundarstufen I und II erschienen:

Georg Büchner: Dantons Tod (47022)
Georg Büchner: Woyzeck (47028)
Friedrich Christian Delius: Der Spaziergang von Rostock nach Syrakus (47012)
Annette von Droste-Hülshoff: Die Judenbuche (47001)
Theodor Fontane: Irrungen, Wirrungen (47004)
Johann Wolfgang von Goethe: Faust I (mit DVD) (47009)
Johann Wolfgang von Goethe: Die Leiden des jungen Werthers (mit DVD) (47030)
Gerhart Hauptmann: Bahnwärter Thiel (47025)
E.T.A. Hoffmann: Der Sandmann (47010)
Franz Kafka: Die Verwandlung und andere Erzählungen (47005)
Heinrich von Kleist: Michael Kohlhaas (47027)
Gotthold Ephraim Lessing: Nathan der Weise (47011)
Hans J. Massaquoi: »Neger, Neger, Schornsteinfeger!« (47002)
Moritz Rinke: Republik Vineta (47014)
Friedrich Schiller: Don Karlos (47024)
Friedrich Schiller: Die Räuber (47058)
Arthur Schnitzler: Traumnovelle (47006)
Theodor Storm: Der Schimmelreiter (47059)
Władysław Szpilman: Der Pianist (47023)

Die Anthologien:
Literatur des 20. Jahrhunderts (47000)
Liebe, Tod und Spiel (47007)
Barock: Lyrik (47039)
Märchenreise (47038)

Kinder- und Jugendliteratur:
Hans Joachim Schädlich: Der Sprachabschneider (47003)
Frederik Hetmann/Harald Tondern: Die Rache der Raben (47008)
Paul Maar/Christian Schidlowsky: F.A.U.S.T. Furiose Abenteuer und sonderbare Träume (47013)
Paul Maar/Christian Schidlowsky: Klaras Engel (47029)
Gabriele Maute: Das Gespenst von Canterville (nach Oscar Wilde) (47021)

Die einzelnen Bände werden jeweils durch
- **Arbeitshefte**
- **Informationen für Lehrerinnen und Lehrer** und z.T.
- **mediales Zusatzangebot** ergänzt.

In unserer »**Grünen Reihe**« (64-seitige Arbeitshefte mit Materialien und Arbeitsanregungen zu ausgewählten Lektüren *ohne* den titelgebenden Originaltext) sind bisher erschienen:

Friedrich Dürrenmatt: Der Besuch der alten Dame (47126)
Robert Musil: Die Verwirrungen des Zöglings Törleß (47131)
Christa Wolf: Kassandra (47132)
Auch diese Reihe wird durch **Informationen für Lehrerinnen und Lehrer** ergänzt.

Eine aktuelle Übersicht zu Ausgaben in Vorbereitung unter:
www.schroedel.de/textemedien